赵晓雷 主编

Economic History of
Foreign Countries
2nd

21世纪高等院校经济学系列教材

财政部第三届全国财政系统大中专优秀教材二等奖
上海财经大学重点教材出版基金资助

外国经济史

东北财经大学出版社
Dongbei University of Finance & Economics Press

大连

第二版

图书在版编目（CIP）数据

外国经济史 / 赵晓雷主编. —2版. —大连：东北财经大学出版社，2018.3（2019.2重印）

（21世纪高等院校经济学系列教材）

ISBN 978-7-5654-2889-0

Ⅰ．外… Ⅱ．赵… Ⅲ．经济史–国外–高等学校–教材 Ⅳ．F119

中国版本图书馆CIP数据核字（2017）第197512号

东北财经大学出版社出版

（大连市黑石礁尖山街217号　邮政编码　116025）

网　　址：http://www.dufep.cn

读者信箱：dufep@dufe.edu.cn

大连图腾彩色印刷有限公司印刷　东北财经大学出版社发行

幅面尺寸：170mm×240mm　　字数：258千字　　印张：14.25

2018年3月第2版　　　　　　　　2019年2月第4次印刷

责任编辑：蔡　丽　　　　　　　　责任校对：蓝　海

封面设计：冀贵收　　　　　　　　版式设计：钟福建

定价：38.00元

教学支持　售后服务　联系电话：（0411）84710309

版权所有　侵权必究　举报电话：（0411）84710523

如有印装质量问题，请联系营销部：（0411）84710711

第二版前言

经济史的教学和研究在我国一直较受重视。作为一种历史背景的介绍和经济发展过程的阐述，经济史学知识对于高等院校的学生，尤其是经济学专业的学生是相当必要的。在授课过程中，我感到已有的一些外国经济史及资本主义发展史方面的著作议论评述过多，简明精练欠缺，于是就产生了编著此书的计划。在编撰过程中，我力求达到以下几条要求：

（1）多叙述客观经济史实，少作主观评价和议论，结构简洁，线索明晰。

（2）内容涉及欧洲、亚洲、美洲、非洲、大洋洲各主要国家，避免将外国经济史写成欧美几个主要国家的资本主义发展史。

（3）各国经济史的上限尽量追溯到古代中世纪，下限延展至20世纪末，以展示较完整和简明的经济发展过程。

美国经济史学家道格拉斯·C.诺斯在其《经济史中的结构与变迁》一书中指出："我把按时序解释经济结构及其实绩作为经济史的研究任务。"所谓"实绩"，主要可用总产出、人均产出以及收入分配等指标来反映和计量；所谓"结构"，是指决定经济实绩基本要素的社会特征，包括社会的政治和经济制度、技术、人口及意识形态等方面。应该说，诺斯关于经济史研究对象的概括是具有说服力的，它指出了经济史这门学科的基本特征。但是，同样是将这两方面作为研究对象，由于研究方法的不同，经济史研究的理论深刻性及对现实社会的启迪意义则大相径庭。20世纪中期以后，西方一些经济学家致力于在经济研究中引入新的分析方法，并形成了一些新的理论。他们用这些新方法对历史资料作了精密分析，从新的角度、新的观点上揭示了经济发展的新的内涵和性质。1993年10月，道格拉斯·C.诺斯和罗伯特·福格尔以他们在新经济史学领域的开创性贡献而获诺贝尔经济学奖。他们构造了一个以制度、制度结构、制度变迁与创新为主线的新经济史理论体系。这一理论认为，制度是个人与资本存量、物品与劳务产出及收入分配之间的过滤器，它确立了构成一个社会或更确切地说是一种经济秩序的合作与竞争关系。经济发展不仅是资源配置问题，更是组织演进问题。市场发育、技术进步等都是制度变迁与创新的结果。所以，在客观描述经济发展史的基础上，通过构建新的理论框架，从技术、制度乃至文化等元素探究经济发展的条件和动力，是经济史学研究发展的方向。

本教材由我制定内容框架，并编撰大部分章节。第一章第五、六节，第二章第四、五节，第三章第四、五节，第四章第三、四节，第五章第四、五节，第六章第四、五节，第七章第三节由缪德刚博士编撰。第八章第二节，第九章第三节，第十章第四节，第十一章第三、四节，第十二章第三节，第十三章第三节，第十四章第五节由张明博士编撰。本书的第二版主要是修正了部分错漏之处，如规范译法等。

本书是在我教学讲义的基础上编著而成的，获上海财经大学重点教材出版基金资助，由东北财经大学出版社出版。本书荣获财政部第三届全国财政系统大中专优秀教材二等奖。

感谢东北财经大学出版社及本教材的责任编辑。我主编的数量不多的几部教材皆由东北财经大学出版社出版。该出版社以其高质量的编辑能力和强有力的营销渠道，扩展了教材的学术影响和使用范围，这对编写教材的教师而言是最好的鼓励。我希望与东北财经大学出版社长期合作。

赵晓雷

2018年1月于上海财经大学

↘ 目 录

[第一章]
英国经济史

第一节　中世纪英国社会经济概况

一、盎格鲁–撒克逊人的村社经济

盎格鲁–撒克逊人是日耳曼民族的一支。从5世纪中叶起，盎格鲁–撒克逊人和裘特人等日耳曼部落由欧洲大陆渡北海侵入不列颠。他们遭到不列颠克尔特人的顽强抵抗，征服过程延续了一个半世纪之久。

盎格鲁–撒克逊人和裘特人征服了不列颠之后，形成了许多小国。到7世纪初，这些小国合并为7个王国，即南部撒克逊人的西撒克斯、南撒克斯和东撒克斯王国，东北部和中部盎格鲁人的麦西亚、诺森伯里亚和东盎格里亚王国，东南部裘特人的肯特王国。各国互相争霸称雄达200年，英国历史上称为"七国时代"。

在国家形成过程中，盎格鲁–撒克逊人的氏族制度渐趋解体，村社代之而起。据盎格鲁–撒克逊法律汇编，村社每户自由农民领有约120英亩（1英亩约合4 046.86平方米，下同）的世袭份地，称为"海得"，在战时须出一名自备武装的战士。从氏族中分化出来的贵族，拥有较多、较好的土地，逐渐变成封建主。法律还提到奴隶和半自由农民，主要来源是被征服的克尔特人，也有一部分是丧失份地的自由农民。半自由农民没有份地，大多以耕种贵族土地为生，缴纳实物地租或服劳役。奴隶一部分是贵族的家庭仆役；一部分耕种小块土地，向主人缴纳贡物。

自由农民在封建化过程中逐渐减少。当时不列颠和法兰克一样流行委身制，大封建主往往强迫整村的农民隶属于自己。国王把土地分封给亲兵，受封的亲兵形成军事贵族。到7世纪末，军事贵族都拥有大量土地，其地位高于一般贵族。

基督教于6世纪后期传入不列颠。教会因国王和贵族的赐予以及对农民的兼并而获得大量土地，高级教士成为大封建主。

二、诺曼征服及封建化的完成

诺曼人居住在与不列颠群岛一海之隔的日德兰半岛和斯堪的纳维亚半岛。8—9世纪，诺曼人仍处于氏族公社阶段，主要从事渔猎，善于航海，农业不甚发达。诺曼人的军事首领经常率部落向外侵略，英国、法国、意大利、基辅罗斯等都受到过诺曼人的侵袭。诺曼人的侵袭在初期具有海盗劫掠性质，登陆后大掠而去，并不久居，后来逐渐侵占土地，整族迁入。

侵入不列颠的诺曼人部落称为丹麦人，侵袭开始于8世纪末，延续近300年。在与丹麦人的抗争中，盎格鲁-撒克逊人等所建立的小国逐渐形成政治联盟。到了阿尔弗烈德统治时期（871—899年），阿尔弗烈德大帝不仅依靠自由农民组成军队反抗丹麦人，还建立了骑兵队。这种骑兵与以前的亲兵不同，他们领受国王采邑，后来成为封建骑士阶层。

10世纪末，欧洲大陆上的丹麦人大规模入侵，于1017年征服整个英格兰。丹麦国王卡纽特（1017—1035年）把英格兰、丹麦、瑞典、挪威都置于其统治之下。卡纽特去世后，盎格鲁-撒克逊贵族恢复英国王统。新王爱德华（1042—1066年）曾长期流亡诺曼底，登基后任用很多诺曼的教俗封建主，并与诺曼底公爵联盟，以与国内封建贵族相抗衡。爱德华去世后，诺曼底公爵威廉于1066年征服英国，史称"诺曼征服"。

9—11世纪，盎格鲁-撒克逊自由农村公社分化现象已有一定的发展，不少农村公社变成了封建庄园。对丹麦人的战争更是加速了农民的分化和破产。但到11世纪中叶，英国封建化过程还未完成，各地还有不少自由农民。这些自由农民虽在某种程度上依附于领主，但还未变成真正的农奴。诺曼征服后，威廉没收大量盎格鲁-撒克逊贵族的土地，分给自己的亲属和部下。随着土地主人的更换，农民遭到进一步的奴役，许多自由农民和半自由农民都成为征服者的农奴。这样，诺曼征服后，英国的封建制度广泛确立。

三、封建土地制度

1086年，威廉一世在英国全境实行广泛的土地调查，编成土地清册。其中详细记载了每郡有多少领地属于国王，多少领地属于大封建主或教会领主，每个封建主有多少臣属，每个庄园有多少土地、牲畜，多少依附农民、奴隶、自由农民，多少森林、草地、牧场、鱼塘、磨坊以及各种手工业等。编制土地清册的目的主要是便于向领主征税。这种土地清册被称为"末日审判书"。

根据清查的数字，11世纪末到12世纪初，英国约有150万人口，其中有5%住在城市，其余住在农村。农业是主要生产部门，畜牧业只盛行于东北部的约克郡和林肯郡一带。在诺曼征服前后已形成的庄园，是英国封建经济的基础。

这时的农业人口成分复杂。据土地清册中所列举的有半自由农奴（villein）、边农、茅舍农（cotter）、奴隶、自由农民等多种类别。半自由农奴与法国的农奴相仿，拥有15~30英亩的份地，可以使用公共牧场和草地。他们向领主履行沉重的劳役、地租、捐税等封建义务。边农和茅舍农的份地更少，前者5~10英亩，后者2~3英亩。他们必须在领主的土地上耕作。奴隶则没有份地，大多是庄园主的家庭仆役。到12世纪时，依附农民和奴隶已汇合成为农奴阶级。

四、城市的兴起及封建经济的发展

英国的城市在诺曼征服前已开始产生。到12世纪时，随着生产力的发展，城市数量及城市人口不断增加。为了摆脱封建义务的束缚，城市往往用金钱向领主赎取自治权。城市市民阶层主要由商人和手工业者组成，他们具有共同的政治利益和经济利益，最早的资产阶级就是从市民阶层中产生的。12世纪时，城市中出现了商人公会和手工业行会。

13世纪时，英国的封建经济已发展到较高的水平。耕作方法的改进使农业产量提高。国内外对羊毛的需求刺激了养羊业的发展。到13世纪中叶，城市已增加到160多个。农产品有了较大的市场，城乡之间的商品流通随之增多。在对外贸易方面，羊毛是主要的输出品，面粉也成为输出品之一。

由于商品货币关系渗入农村，许多领地以货币地租代替劳役和实物地租。这一转变在英国称为"折算"。货币地租的流行促进了农民的分化。小部分富裕农民通过劳役折算赎得自由，大部分农民却因不堪货币地租的剥削而愈加贫困。羊毛和粮食的商品化引起封建主新的贪欲。他们从13世纪初开始抢夺村社公地，将其变为牧场，或分成小块出租。国家赋税的增加也使农民处境恶化。

经济发展对不同封建主阶层也产生了影响。中小封建主日益失去在军事上的地位，开始变为经营农业的地主，形成"新贵族"或"乡绅"阶层。他们的领地与市场发生较多的联系，向农民征收货币地租，有的开始剥削雇佣劳动。这个阶层关心国内市场扩大，支持统一王权，在经济、政治利益上与市民以及自由农民的上层渐趋一致。一些富裕农民和购买土地的商人也经常补充新贵族的队伍，新贵族的人数和社会地位日益增长。大封建主则不能适应新的经济变化。他们大多将土地出租给富裕农民经营，依靠地租生活。由于地租数额是固定的，所以他们的经济地位和社会作用大大下降了。

农业的发展及农业中商品率的提高促进了工商业的发展。14—15世纪，英国手工业中较为发达的是毛纺织业，许多城市都因为制造精细呢绒而成为纺织业中心。城市行会制度已成为生产发展的障碍。在商业方面，从前是外国商人来英国收购羊毛，现在则是呢绒大量输出。呢绒商人组织批发公司，把从农村中收购的粗呢运到佛兰德斯（Flanders）和佛罗伦萨加工染色，于15世纪初成立了"商人拓业家"公司，从事海上货运，有武装护航，英国商船出现于西欧沿海各地。

到了15世纪，无论在农业还是手工业中，英国的资本主义都在萌芽。新贵族和城市富裕市民的经济力量和政治作用日益加强。

第二节　封建经济解体和资本主义的发展

一、农奴制的瓦解

农村中商品货币关系的发展导致英国农奴制度从14世纪起开始逐步瓦解。14世纪末，农奴制基本废除，多数农民通过折算赎取了自由。15世纪，英国成为小农经济占优势的国家，在农村中形成了一个广泛的独立小农阶层，其中主要是公簿持有农和自由持有农。公簿持有农（copyholder）原先都是农奴，他们获得了人身自由，但没有获得土地。他们耕种的土地仍归领主所有，只是在庄园法庭文件中记载着他们租种领主土地的权利、年限（世袭、终身或定期）以及在继承份地、改变或延长租期时向领主缴纳许可税的义务。公簿持有农一般向领主缴纳固定的货币地租，并履行其他若干义务。根据传统习惯，只要履行封建义务，封建主无权加租加佃，驱逐农民。自由持有农（freeholder）在农奴制时代就有人身自由，他们一般不为封建主提供劳役，只缴纳一些实物地租或货币地租，并可自由支配自己的世袭份地。15世纪时，他们基本上已是份地的实际所有者，只向领主缴纳少量地租，其土地权利受到国王法庭的保护。除了公簿持有农和自由持有农，农民中还有茅舍农和租佃持有农（lease-holder）。

在15世纪英国的农村中，小农经济占统治地位，但已开始发生分化。一些富裕自耕农购买破产农民的土地并租入地主的土地，使用雇佣劳动，进行带有资本主义性质的经营，逐渐成为大租佃农场主。一部分农民因贫困而失去土地，沦为农村中的无产者。

二、重商主义政策及对外贸易的发展

重商主义是欧洲资本原始积累时期代表商业资本利益的一种经济学说和经

济政策。它流行于 16—17 世纪，是资产阶级对资本主义生产方式最初的理论考察，是封建社会末期商业资产阶级和封建专制国家狂热追求金银货币的要求在国家经济政策上的反映。重商主义的基本观点是：只有金银才是一国真正的财富；除了开采金银矿，只有对外贸易才是财富的真正源泉。对外贸易的原则是"少买多卖"，追求外贸出超以使金银进口；为了保证贸易出超，国家应当干预社会经济，发展对外贸易，奖励和监督工业生产。

重商主义思想首先在英国得到了发展。16 世纪，当时的都铎王朝在实行国王专制统治的同时，大力推行重商主义政策，保护和奖励工商业及航海业，借以增强国力。亨利七世对百吨以上船只的建造，每吨给予 5 先令的津贴。政府法令规定外国商人装运货物到英国，必须将全部价款转换成英国货物；英国商人到海外经商，至少须将一部分售货所得以现金形式带回本国。1651 年英国颁布的《航海法》成为重商主义政策的典型。

重商主义政策的推行、地理大发现以及国内经济的发展，推动了 16 世纪英国对外贸易的发展。过去，英国的对外贸易为外商所控制，威尼斯和汉萨同盟的商人分别操纵英国与东方国家和北欧诸国的贸易。到了 16 世纪，全部对外贸易已由本国商人经营。商人从国王那里获得特许，成立贸易公司，专营海外某一地区的商业。1554 年，莫斯科公司成立，专营范围由俄国扩展到中亚和波斯。1579 年成立的伊士特兰公司，经营波罗的海沿岸的贸易；1581 年成立的勒凡特公司，经营地中海东岸的贸易；1588 年成立的几内亚公司，专门从非洲输出黄金和向美洲贩运黑奴。最重要的是 1600 年成立的东印度公司，它独占从好望角到东方所有国家的贸易，后来还享有对殖民地军事和政治的全权统治。英国商船贩运着欧、亚、非、美各洲的物产，其中尤以呢绒、羊毛、铅、锡、粮食、皮革、酒类及东印度的物产为大宗。呢绒出口额一直占所有出口商品总额的 2/3 以上。

三、工场手工业的发展

工场手工业是以手工技术和雇佣工人的分工为基础的资本主义大生产。它是从手工业生产向资本主义机器大工业过渡的准备阶段。在 16 世纪以前，英国的工场手工业并不发达，工业发展落后于法国、荷兰①和西班牙等国。以毛纺织业为例，英国只能制造少量粗呢，每年将大量羊毛原料输往佛兰德斯。但进入 16 世纪以后，英国工场手工业得到巨大的发展，其中占首位的仍是毛纺织业。毛纺织业成为普及城乡的"全民性"工业，不仅生产规模空前地扩大

---

① 19 世纪 30 年代前，广义上的尼德兰包括今天的荷兰、比利时和卢森堡等。19 世纪 30 年代后，南尼德兰独立为"比利时"。今天的荷兰这个国家全名叫"尼德兰王国"，官方简称"尼德兰"。"荷兰"是英语中非正式的叫法，在汉语翻译中，把"荷兰"定为这个国家的官方名称。在目前的中文著作中，使用"尼德兰"一词较少，为了保持惯例，使用"荷兰"。

了，而且在技术上也有了很大的进步。随着生产和技术的发展，16世纪以后，毛纺织业加速向资本主义手工工场过渡。

16世纪至17世纪中叶，资本主义手工工场在采矿、冶金、制盐等部门也都发展起来。造船业也因海外贸易的刺激而迅速发展，重要港口往往是造船中心。其他如造纸、酿酒、玻璃、肥皂、火药等行业也有所发展。有些新兴的制造业部门由于生产过程比较复杂，一开始就采取资本主义手工工场的经营方式。

随着资本主义手工工场的发展，行会制度日趋瓦解。行会是手工业者的经济组织。在中世纪的欧洲，每个行业的手工业者都组成行会，每个作坊主必须加入一个行会，否则无法在城市从事生产。每个行会都制定了行规，包括手工业经营、作坊规模、经营方式、产品质量和价格、技术要求等具体规定。组建行会的目的在于限制竞争，保护城市手工业者的利益。在封建社会，行会对手工业的发展起了保护和促进作用。但随着社会生产力的发展，行会的种种限制性规定束缚了手工业的进一步发展，成为一种封建性的生产关系而受到冲击，并最终消亡。许多行业的行会组织成了手工工场主统治帮工、学徒等手工业工人的工具；或者合并起来，归商人同业公会控制，成为大商人控制小手工业者的组织。

四、圈地运动与资本原始积累

16—17世纪是英国从封建社会急剧向资本主义社会转变的时期，是开始大规模资本原始积累的时期。对农民土地的剥夺是资本原始积累全部过程的基础。在英国历史上，对农民土地的剥夺采取了圈地的形式。

由于毛纺织业迅速发展，手工工场对羊毛的需求大为增加，羊毛的价格不断上涨。养羊所需要的劳动力较耕种土地要少，牧羊人的工资又低，因此养羊业获利颇丰，10英亩的牧场收益超过20英亩的耕地收益。许多逐利的贵族地主利用暴力、退佃等方法，把农民从土地上赶走，侵占公地，然后用栅栏或篱笆把大片土地圈围起来作为牧场。这便是英国历史上的圈地运动。

圈地运动首先在15世纪末从与市场联系最密切的东南部农村开始。地主最先圈占森林、荒地、牧场、沼泽等公地，后来扩及小农的租地及公簿持有农的定期的、终身的乃至世袭的租地。地主把强占来的土地改为牧场，有时则出租给租地农业资本家。16世纪的地理大发现及殖民贸易使美洲的廉价金银大量流入欧洲，引起物价上涨，造成16世纪欧洲的"价格革命"。英国的贵族地主为了获取养羊业的巨大利润以及避免"价格革命"所造成的损失，继续掀起大规模的圈地运动，变小耕地为大牧场，出租给大租佃农场主或者自营。

圈地运动的重要后果是地主和租佃农场主增加了土地和货币收入，大批农民则失去土地，成为丧失生产资料的无产者，不得不把自己的劳动力作为商品出卖，这样就为资本主义生产关系的发生提供了必要的前提条件。因为创造资本关系的过程，只能是劳动者和他的劳动条件的所有权分离的过程，这个过程一方面使社会的生活资料和生产资料转化为资本，另一方面使直接生产者转化为雇佣工人。因此，所谓资本原始积累只不过是生产者和生产资料分离的历史过程。

16世纪中期，因打击教廷势力而进行的宗教改革与随之而来的对寺院土地的没收，也加速了剥夺农民土地的过程。天主教会是英国的大封建土地所有者，占有全国1/3的土地。在经济上日益依赖新贵族和资产阶级的亨利八世为了增加王室收入、满足新贵族及资产阶级的要求，在16世纪30年代实行了以摆脱罗马教皇的控制为目的的宗教改革，封闭了数以千计的天主教修道院，没收了它们的土地。这些土地，一部分被国王赠给了宠臣亲信，一部分以极低廉的价格卖给了乡绅、土地投机者、商人和企业主。这些土地的所有者变成了新贵族，他们把土地上的世袭佃农赶走，租给大租佃农场主，这样又形成一批失去生产资料的一无所有的"自由"人。

第三节 英国工业革命

一、工业革命的社会经济条件

从15世纪末到18世纪60年代将近3个世纪中，英国的社会经济发生了深刻的变化。在国内，英国通过圈地运动实现了对小农的彻底剥夺，从而基本上消灭了农业中的封建制度和小农经济，为资本主义大工业的发展提供了充足的劳动力和广大的国内市场；大力发展了以毛纺织业为主的工场手工业，为过渡到机器大生产准备了必要的物质技术条件；完成了资产阶级革命，建立了资产阶级君主立宪制政权，为资本主义的迅速发展提供了有利的政治保障。在国外，英国先后战胜了西班牙、葡萄牙、荷兰和法国，消除了竞争者，取得了海上霸权和世界贸易中心的地位；进行殖民掠夺和奴隶贸易，掠取了巨大的财富，积累了发展资本主义大工业所必需的货币资本。所有这些都为英国首先发生工业革命准备了必要的条件。同时，随着国内外市场的扩大，手工工场的生产已经不能满足市场的需要和资产阶级追求利润的贪欲。手工工场是以手工劳动为基础的资本主义生产方式，它既不能进行大规模的生产，又不能把小生产者完全排挤掉。此外，由于手工技巧的熟练在手工业生产中起决定作用，手工工场不能大量利用童工和女工来代替具有高度技巧的熟练劳动力。这种情况推动着资产阶级进行生产技术的改革，以机器生产代替手工生产。

总之，18世纪中期，英国不仅具备发展大机器生产的一般条件——劳动力和资本，还拥有欧洲最先进的工场手工业。手工工场日趋细密的技术分工，使各个生产过程得以简化，使之能用机器生产代替手工劳动；手工工具的改革，使之能适应专门操作，便于联合使用；手工工人具有专门技术，有利于发明创造。因此，工业革命首先发生于英国，机器的出现是工业革命的起点，手工工场的发展为机器的发明和应用创造了技术条件。

二、工业革命的一般进程

工业革命是以机器为技术基础的工厂制度代替以手工技术为基础的手工工场的革命。它既是技术的革命，又是生产关系的重大变革。工业革命变革了生产工具，极大地提高了劳动生产率，成为资本主义国家工业化的起始阶段。而以机器为技术基础的工厂制的出现，使资本主义雇佣劳动制最终确立，社会日益分裂为两大对立的阶级——资产阶级和无产阶级。

由于轻工业需要的投资较少，资本周转较快，获利较丰，工业革命最先从轻工业开始。在轻工业中，棉纺织业是比较新的工业，不受封建行会和传统法规的束缚，因而容易采用先进技术。棉织物比较便宜，需求量较大，而旧棉织工场又无力满足市场的需求，这就推动了棉织业的技术革新。

1733年，机械师凯伊发明了飞梭。飞梭的使用提高了织布的效率，使棉纱供不应求。1765年，织工哈格里夫斯发明了手摇纺纱机"珍妮机"，可带动16至18只纱锭同时运转，这被认为是英国工业革命的开端。1769年，钟表匠阿尔克莱制成了他自称是他发明的水力纺纱机，并于1771年在曼彻斯特建立了纺纱厂，这是英国的第一家工厂。1799年，工人克隆普顿发明了"缪尔"纺纱机，兼有珍妮机和水力机的优点，所纺的纱精细结实，一次转动可以推动300到400只纱锭。纺纱技术的不断革新，促使织布技术相应改进。1785年，卡特莱特发明了水力织布机，把织布效率提高了40倍，从此出现了大规模的织布工厂。与此同时，棉布的漂白、染色、印花等工艺也都发生了变化，化学方法的应用既缩短了这些工序的时间，又提高了产品的质量。

随着工作机的发明和应用，解决动力问题便提上日程。以水力作为原动力，就必须把工厂建在乡间河流沿岸，远离市场，也受季节限制。要发展工业，必须有新的动力。机械师瓦特对纽可门蒸汽抽水机进行了改进，于1769年制成蒸汽发动机，并于1784年试制成功联动式蒸汽机。1784年，英国建立了第一座蒸汽机纺纱厂。不久，蒸汽机推广到其他工业部门，如织布业、冶铁业，很快引起这些部门的技术革新。蒸汽发动机的采用，为英国整个工业的发展提供了强大的原动力，使工厂制得以完全确立。

在棉纺织业的带动和刺激下，毛纺织业、麻纺织业、丝织业也从工场手工业逐步向机器大工业过渡。由于纺织业技术改革的推动，其他轻工业部门，如造纸业、印刷业等，也纷纷实行技术改革，采用机器。

机器的大量制造和蒸汽机的广泛运用，推动了冶铁和采煤工业的发展。到18世纪末，英国采掘业和冶炼业的产量迅速提高，为大机器工业奠定了基础。

冶铁和煤炭工业的发展，为机器制造业的发展创造了物质条件。在工业革命初期，机器是手工制造的，而且大多是木质的。18世纪末期，开始运用蒸汽锤和简单的车床制造金属部件。19世纪初，陆续发明了各种锻压设备和金属加工车床，开始逐渐用机器制造机器。1825年，英国解除禁止机器出口的法令，开始输出机器。

工业革命所引起的生产增长以及国内外市场的扩大，促进了交通运输业的技术革新。1788年，约克郡最早架设铁桥。1807年，美国人富尔顿制造了世界上第一艘轮船，英国人在1811年仿造成功，并在内河航运和沿海贸易中广泛使用。1814年，英国人史蒂芬逊发明机车，陆路运输进入铁路时代。从1825年建成从斯托克顿至达林顿的第一条铁路起，到19世纪40年代，英国的主要铁路干线已大部分建成。

英国的工业革命从18世纪60年代开始，到19世纪30—40年代，各主要工业部门都已采用机器。英国从工场手工业占统治地位的国家变成了机器大工业占优势的国家。

三、工厂制度的确立及工业的发展

工业革命不仅是生产技术和生产力的革命，同时也是整个生产方式的革命。机器只是一种生产力，以应用机器为基础的现代工厂则是生产上的社会关系。工业革命使工厂制在英国工业中占了统治地位。根据1841年的统计资料，工厂工人在棉纺织业中占68.7%，在毛纺织业中占50%，在丝织业中占40%。

工业革命开始后，英国工业生产迅猛发展，逐渐成为"世界工厂"，在世界工业生产和国际贸易中取得了垄断地位。1820年英国工业生产占世界工业总产量的50%，1850年仍占39%。1801—1850年，英国的出口额增加了6倍。1820年英国在世界贸易总额中所占的比重为18%，1850年上升到21%。英国成了世界各国工业品的主要供应者。这一时期欧美各国先后开始的工业革命，都在不同程度上依靠从英国输入技术装备来进行。

工业革命使英国的社会阶级结构和阶级关系发生了重大变化。工业资产阶级在政治和经济生活中确立了主导地位，工业无产阶级逐渐形成和壮大。无产阶级同资产阶级的矛盾成为社会主要矛盾。

第四节 19世纪英国自由资本主义的发展

一、工业经济的高涨

从18世纪60年代英国开始工业革命到1870年的100多年，是资本主义上升发展的全盛时期。这期间，从19世纪50年代到60年代的20年间，又是资本主义经济的黄金时代。总之，从18世纪60年代到19世纪70年代，资本主义在100多年的时间中所创造的生产力，比过去一切时代所创造的全部生产力还要多、还要大。

19世纪中叶，英国已用机器制造机器，进入经济蓬勃发展的时期。工业革命的完成和机器的普遍使用，交通运输业的发达，殖民扩张和自由贸易政策的推行，都给英国经济发展提供了条件。当时英国的工业生产占世界第一位，有"世界工厂"之称。

1850年，英国有棉纺织工厂1 900家，到了1870年增至2 400家。出口商品的年总值中，棉纺织品占第一位，1850年为2 800万磅（1磅合0.4535924千克，下同），到1870年增至7 100万磅。1855—1864年，煤的年产量由6 000万吨增至9 000万吨，铁的年产量由300万吨增至470万吨。1854—1864年，铁路线增加2 000千米，共达6 000千米。1851年，城市和农村人口约各占一半；到1871年，城市人口已占总人口的62.8%。英国是当时世界上城市人口超过农村人口最多的国家。

二、农业经济的发展

在英国，农业中的资本主义关系是在16世纪至18世纪末通过圈地运动对农民进行长期的、彻底的土地剥夺的过程中发展起来的。通过圈地运动，与大地主土地所有制相结合的租佃农场经营制度最终占据了统治地位，资本主义在英国农业中取得了完全的胜利。到19世纪中叶，根据1851年的调查，英格兰和威尔士的农场总面积为2 470万英亩，其中经营面积在100~500英亩以及500英亩以上的大农场约占78.2%，经营面积在50~100英亩的中等农场约占13%，经营面积在5~50英亩的小农场仅占8.6%。

资本主义大农场的发展及工业革命的开展为农业的技术变革创造了条件。英国最先在农业中采用机器。19世纪上半叶，各种以畜力、水力或蒸汽机为动力的农业机器陆续出现，同时，化学肥料在农业中开始应用，推广优良畜种、增加种植品种、改进排水方法等方面也有很大发展。1846年英国废除《谷物法》以后，外国农产品大量涌入英国市场，迫使英国农场主进一步改进农业生产技术。这一时期，英国修建了规模巨大的排水工程，采用圈养牲畜和人工种植饲料的新方法，应用施肥机，采用处理黏土的新方法，更多地使用矿物质肥料，采用蒸汽机以及其他各种新式工作机等。总之，耕地经营的更加集约化是这一时期的特点。1855年英国每公顷（1公顷合0.01平方千米，下同）小麦的产量达1 840千克，比法国高出1倍；1870年增至2 020千克。

三、对外贸易和殖民扩张

工业的飞速发展和海上运输业的优势，保证了英国在世界市场上的垄断地位。在工业迅速发展的基础上，英国实行了自由贸易政策。1821年，英国在世界上首次实行金币本位制，1846年废除《谷物法》，1849年又废除《航海条例》。自由贸易意味着英国对内、对外全部财政和贸易政策都已变得适合工业资本的利益。19世纪50—60年代，英国及其殖民地在世界贸易中所占的比重最大，超过法、德、美三国的总和。1850年，英国输出的机器总值为100万英镑，1870年达530万英镑。

英国的经济繁荣是与它不断掠夺殖民地的扩张政策相联系的。英国力图把一切其他国家都变为供应原料和农产品的经济附庸，以保证它在世界上的最大工业中心的地位。到1876年，英国殖民地面积已达2 250万平方千米，殖民地人口达2.519亿。英国成了世界上最大的殖民帝国。

四、经济危机

在19世纪70年代以前，英国是世界上最强大的工业国家和殖民帝国，在世界工业、贸易、海运和金融方面，都居于垄断地位。但英国的工业力量主要建立在纺织、煤炭和冶铁等几个旧工业部门，这些部门的技术装备到19世纪70年代后都已陈旧，且市场扩展的余地日益缩小。因此，这三个工业部门的生产在1870—1913年的基本特点是发展缓慢和技术陈旧。

19世纪70年代以后，在整个资本主义世界的技术革命浪潮推动下，英国也开始建立了一些新的工业部门。这一时期，在英国各主要工业部门中发展较快的是炼钢业、机器制造业和造船业。但是，由于国内资本大量输出，特别是美国和德国的激烈竞争，英国的新工业部门发展很慢，规模很小，其产值在1907年只占工业总产值的6.5%。因此，新工业部门生产的增长抵补不了旧工业部门滞缓的发展，整个工业的发展速度下降了。1850—1870年，英国工业每年平均增长3.12%；1870—1913年，每年平均只增长1.9%。

英国工业发展趋于缓慢，也和这一时期英国发生的经济危机和萧条有关。英国自从1825年发生第一次经济危机到1866年，共发生了5次经济危机；1878—1907年也发生了5次经济危机。19世纪70年代以后的经济危机比70年代以前的经济危机，深刻程度大大加强了。这不仅表现为危机对生产和贸易的打击越来越沉重，也表现为经济危机和萧条的时间延长。频繁而深刻的经济危机、短暂而微弱的高涨、慢性的长期萧条，使社会生产力受到很大的破坏，从而使这一时期的生产发展速度减慢了。1870—1913年，美国工业生产增长了8.1倍，德国增长了4.6倍，法国增长了1.9倍，而英国只增长了1.3倍。结果，英国在世界工业总产量中所占的比重，从1870年的31.8%下降到1913年的14.0%。英国工业总产量在19世纪80年代被美国超过，随后1900—1910年又被德国超过，成为世界第3位。1913年，英国的生铁产量只及美国的1/5，是德国的一半多一点；钢产量只及美国的1/4，不到德国的一半；机器产量只占世界机器总产量的12.2%，而美国占51.8%，德国占21.3%。所有这些都表明，英国的"世界工厂"地位到19世纪末已经丧失了。

第五节   20世纪上半叶英国经济概况

一、垄断资本主义的发展

随着资本主义大工业的发展和竞争的加剧，在19世纪五六十年代，生产和资本集中的趋势在英国开始出现。股份公司不断增加，这一企业制度形式不仅便利了大资本企业的建立，也为原有的大企业积累资本和吞并竞争对手提供了有效手段。进入19世纪90年代，许多工业部门中较大的独资或合资企业纷纷改组成为股份公司，新建的企业一般也采取股份公司的形式。在这一基础上，生产和资本的集中加速了。

19世纪末20世纪初，在英国国内各主要工业部门中，都产生了不同形式的垄断组织。但是，发展较快的垄断组织主要集中在工业部门中，如化学工业、铁路运输业、烟草业、水泥业等。同时，与美、德等国相比，英国垄断组织较少，垄断程度也较低。

与工业中的情况相反，英国银行业发展的规模和垄断程度都超过了美国和德国。随着世界贸易中心和世界金融中心地位的确立，英国银行业从19世纪中叶开始有了大的发展。原来的独资银行纷纷改组为股份银行。到1913年，银行数只剩61家，它们占有存款额的100%。在银行业高度集中的基础上形成了高度的垄断。19世纪末20世纪初，英国已形成了银行业的"五巨头"，即密德兰银行、威斯敏斯特银行、劳埃德银行、巴克莱银行和国民地方银行。1913年，这5家银行掌握了全国银行存款的39.7%。

二、第一次世界大战时期的经济状况

第一次世界大战主要是由英国、德国的矛盾引起的。德国在其经济力量急

剧增长的同时，在全球范围内向英国这个殖民地大国展开了攻势。在英国、德国矛盾基础上，形成了两大军事集团：英国、法国、俄国组成协约国集团（以后日本、美国、意大利、中国等加入）；德国、奥匈帝国、意大利（后转入协约国）、保加利亚、土耳其等国结成同盟。1914年8月，两大军事集团借口巴尔干问题挑起了第一次世界大战。

　　第一次世界大战时，英国经济发展的基本特点是在国家的统制下实行全面的军事化。在政府大力扶植下，直接为战争服务的冶金工业、化学工业和汽车工业得到了相当大的发展。但是，由于原料缺乏、出口萎缩和民用工业衰落，在战争期间，整个工业生产是下降的。英国的工业生产指数，以1918年为100，1915年为94.7，1916年为89.5，1917年为80.8。1913—1918年，生产资料生产下降了14.3%，消费品生产下降了23.9%。

　　在第一次世界大战中，以英、法为首的协约国战胜了以德、奥为首的同盟国。根据《凡尔赛和约》，大批德国殖民地归入英帝国统治范围。然而，战争给英国带来的损失比它获得的要多。首先，在德国的袭击下，英国丧失了70%的船只，到1919年，英国商船的吨位比战前降低了14%，使其丧失了海运的垄断地位。其次，德国的封锁、商船的减少、民用工业生产的下降，使英国的对外贸易受到严重打击。1913—1918年，按实物量计算，英国出口贸易减少了一半，进口贸易基本停滞。为了弥补巨额逆差，英国不得不变卖10亿英镑的国外投资，并欠下了美国9亿英镑的债务。英国在世界贸易和金融上的优势地位被美国取代。最后，在第一次世界大战中，英国的殖民地和自治领都发展了民族工业，对英国的经济依赖有所削弱。因此，经过第一次世界大战，英国殖民统治的基础开始动摇，"大英帝国"开始衰落（见表1-1）。

表1-1　　　　英、德、美三国工业生产率指数（1900—1929年）

年份	英国	德国	美国
1890—1899	100	100	100
1900	104	112	105
1902	108	111	118
1904	103	118	116
1906	108	121	120
1908	103	128	103
1910	106	135	119
1912	109	145	129
1925	112	145	174
1927	115	159	183
1929	118	164	198

　　资料来源　布朗. 工业生产率和实际工资水平与变动的国际比较，1890—1970［M］//罗志如，厉以宁. 二十世纪的英国经济："英国"病研究. 北京：人民出版社，1982：40.

三、20世纪20—30年代的经济衰落

20世纪20年代，英国的工业生产不甚稳定，在1925—1928年和1928年曾两次出现下降。1920—1929年，英国的工业生产达到第一次世界大战前1913年水平的只有1927年和1929年两年，到1929年，工业总产量只超过1913年水平的5.7%。和其他主要资本主义国家相比，英国工业生产增长最少。1929年与1920年相比，美国工业生产增长39%，法国增长77%，德国增长87%，英国仅增长15.6%。

从大体上看，纺织、采煤、钢铁、机器制造、造船等5个老工业部门（它们构成英国营业的基础部门）的生产是绝对衰落了。而汽车、电气、有色金属和化学等若干新工业部门则有相当的发展，这些工业部门的发展使英国的工业结构发生了一定的变化，新工业部门的产值从1907年占整个工业产值的6.5%，上升到1929年的13.6%。

但是，新工业部门的发展没能根本改变英国技术装备落后、工业长期萧条和经济发展落后于其他主要资本主义国家的趋势。英国在资本主义世界工业生产中所占的比重，由1913年的14%下降到1929年的9%，同时期美国则从36%上升到48%，德国到1930年也占到11%。

20世纪30年代，英国遭受严重经济危机的打击。1929年世界经济危机爆发后，英国工业生产指数从危机前的最高点到危机中的最低点，下降了23.8%。1932年失业人数接近300万。在危机中，英国出口贸易额下降了50%。1931年，在英国历史上第一次出现了1.04亿英镑的国际收支赤字；同年9月，英国放弃金本位制，实行英镑贬值。但是总的说来，英国还是世界上最大的债权国，且1938年作为债权国的地位与1913年不相上下（见表1-2）。

表1-2   **1913年和1938年世界主要债权国的相对地位**

项　目 国　别	总债权	
	1913年（%）	1938年（%）
英国	40.9	43.3
法国	20.4	7.4
德国	13.2	1.3
美国	8.0	21.8
比利时、荷兰、瑞士	12.5	14.6
其他各国	5.0	11.6
总　计	100.0	100.0

资料来源　罗志如，厉以宁. 二十世纪的英国经济：“英国”病研究［M］. 北京：人民出版社，1982：40.

英国在放弃金本位制后，为了巩固英镑作为世界货币的作用，逐步组成了英镑集团。英国的殖民地、自治领（加拿大除外）和伊拉克、葡萄牙、瑞典、挪威、芬兰、丹麦、希腊、伊朗、泰国、中国，以及拉丁美洲的阿根廷、巴西、哥伦比亚、巴拉圭、玻利维亚等国先后加入了这个集团。参加英镑集团各国的通货对英镑的比价维持固定不变，而对美元和其他各种通货的汇价，则按照英镑对美元的汇价来确定；各国的外汇准备金存放在伦敦各银行内，以供国际清算之用。

1929年的经济危机经过1932年的最低点后，世界各国生产开始回升，但回升速度很慢。到1934年，英国工业生产指数仍较1929年低1.2%。进入1935年以后，英国工业出现了短期的高涨，工业生产指数以1929年为100，1935年为105.8，1937年达123.7。英国在资本主义世界工业生产中所占的比重由1929年的9%上升到1937年的12.5%。

四、第二次世界大战时期的经济状况

1939年9月，德国进攻波兰，挑起了第二次世界大战。第二次世界大战一直到1945年9月结束。战争的爆发和国民经济的军事化，使英国的工业生产在1939年以后有了较快的发展。整个工业生产在1944年达到战时最高点，超过1939年水平的25%。战争期间，国家对工业的投资达10亿英镑，其中50%用于建立国有军需工厂，另外50%则直接用于扩大私营企业的拨款，所以发展较快的主要是军事工业和与之有关的重工业。战时最高产量与1937年相比，飞机生产增加9倍，载重汽车增加36%，船舶增加31%，电力增加63%，钢产量也有一定的增长，但其他工业则普遍下降。

战时，政府采取干预农业生产的措施。各地区建立农业管理委员会，对农业生产进行监督；同时，提高农产品价格，供给产业机械，奖励开垦荒地。1940—1945年，英国一共开垦了800万英亩的荒地，农业中机械动力增长1.6倍，农业劳动力增加8%～9%。因此，战时谷物生产有了很大的增长。1938—1944年，英国小麦产量由197万吨增加到314万吨，甜菜产量由220万吨增加到327万吨。

第二次世界大战使英国损失惨重。战争中死亡41.2万人，全国1/4的财富毁于战火。在工业生产方面，英国在资本主义世界工业生产中的比重，从1937年的12.5%下降到1948年的11.7%。在海上力量方面，战前英国商船和军舰的总吨位均居世界第一位，战后远远落在了美国后面。在对外贸易方面，按1935年的价格计算，1939—1944年，英国出口贸易减少69%，进口贸易减少40%。英国在资本主义世界贸易总额中的比重，由1937年的14%下降到1945年的13%，而美国却从12%上升为22%。战时英国国际收支逆差达40亿英镑。

战争使英帝国内部的离心力增长，英国的殖民体系趋于瓦解。在战争期间，埃及、印度、加拿大、澳大利亚、南非联邦等国的工业生产大幅度增长，削弱了英帝国内部联系的经济基础，削弱了英国商品对殖民地、自治领的推销力度，以及殖民地、自治领在销售原料上对英国的依赖。此外，英国本身的衰弱以及美国对英国殖民地和自治领的渗透，也大大削弱了英国对英帝国内部的控制力量。"大英帝国"无可挽回地没落了。

第六节　20世纪下半叶英国经济概况

一、1950—1980年英国的经济状况

第二次世界大战结束之后，美国政府实行了援助西欧恢复重建的"马歇尔计划"，英国经济迅速得到恢复。1951年英国的个人消费恢复到第二次世界大战前的水平，工业生产则超过了1938年的50%，出口额比战前增加了75%。英国的经济状况在西欧国家中是最好的，国内生产总值仅次于美国，居资本主义国家的第2位。20世纪50年代的英国经济较为繁荣，没有出现大的衰退，但是从1956年开始经济进入下行趋势。英国的经济自身存在诸多矛盾，这导致20世纪50年代至60年代英国经济走走停停。1956—1970年，英国年均工业生产仅为2.8%，远远落后于日本的15.3%、联邦德国的6.5%、法国的7.2%及美国的4%。英国1960年的国内生产总值在联邦德国之后，而到了1970年，退居资本主义国家第5位。

英国经济增长缓慢与固定资本投资的不足紧密相关，伦敦市场的高利率吸引了大量短期投资的热钱，20世纪70年代上半期国内投资才有所增长。同时作为老牌的殖民帝国，英国长期依赖殖民地的廉价原材料，原材料的大量进口导致了巨额贸易逆差。1950年英国贸易逆差为9.8亿美元，1960年增为23.7亿美元。生产技术较其他资本主义国家进步缓慢也是影响英国经济发展的重要因素。

到了20世纪70年代，原本发展缓慢的英国经济又陷入"滞胀"，引起西方经济学家的重视，称之为"英国病"。1970—1979年，英国经济年平均增长率仅为2.2%，在主要的工业国家中最低；而同期的年平均通货膨胀率为12.5%，在主要工业国家中最高。利率居高不下，实际利率为负，产品竞争力不足，失业率不断上升。1976年，英国政府的财政赤字曾一度靠国际货币基金组织的紧急贷款弥补。造成经济不振的主要原因基本上可以归结为：一是经济危机频繁。1951—1979年，英国发生了7次经济危机，英国经济不断遭受严重破坏。二是英国工业设备陈旧，技术落后，产业结构调整缓慢。三是英国殖民体系瓦

解，使严重依赖殖民地经济的英国经济受到严重影响。

英国的农业由于科技进步、机械化和电气化的普及而取得了较快的发展，增长速度居欧洲前列。1960—1980年，农业劳动生产率提高了1.5倍，小麦和大麦的单位面积产量分别提高了50%和40%。1980年，小麦、大麦、马铃薯、甜菜平均每公顷产量分别为5.65吨、4.43吨、34.50吨、34.49吨。英国的畜牧业、林业、渔业都有较大的发展。

二、20世纪80年代保守党改革中的英国经济发展

第二次世界大战以后，英国出现了两次国有化高潮：第一次是1945年7月至1951年10月，第二次是1975年3月到1979年5月。第二次国有化高潮之后，到1979年撒切尔夫人上台之前，英国政府控制了主要的基础工业部门。在煤炭、电力、煤气、铁路、邮政、电信等部门，国有企业的比重达到了100%；在钢铁、航空部门，达到了75%；在汽车制造部门，达到了50%；在石油工业部门，达到了25%。国有企业的劳动力占全部劳动力的8.1%，其生产总值占全国生产总值的11.1%，固定资产占国内固定资产总额的20%。国有化一方面降低了生产成本；另一方面对政府来说，国有企业是有力的宏观调控工具。但是，国有企业效率低下的问题得不到解决。

撒切尔夫人上台之后，一改原来信奉凯恩斯主义的政策取向，以新自由主义的货币主义理论来制定经济政策，包括推行国有企业私有化、控制政府的财政支出等。保守党的改革取得了良好的效果，英国终于摆脱了"英国病"，经济状况有了很大的起色。1981—1989年，英国国内生产总值年均增长率为3.6%，这个数字不仅是战后最高的，而且高于欧共体的平均数。其中，1988年的经济增长率高达4.7%。紧缩政策使英国的通货膨胀率从1979年的13.4%下降到1983年的5.1%，1988年降为4.9%。政府的财政也出现了20多年来未曾有过的盈余。私有化运动之后的企业经营取得了较明显的经济效益，国家货运公司在私有化的3年时间中股票价值增加了12倍，英国电信公司的劳动生产率则从1979—1983年的1.9%上升到1984—1989年的3.2%。1982—1988年，英国对外直接投资增长3.66倍，从40.8亿英镑增加到143.9亿英镑；对外投资的经济收入由47.4亿英镑增加到123.8亿英镑。1982—1989年，英国经济出现了第二次世界大战之后唯一的持续增长势头。但是这些改革也产生了一些负面效应，如紧缩的财政政策导致了失业率的上升。1979年英国的失业率为4.9%，1983年则上升到11.7%，1990年为7.0%。

三、20世纪90年代英国经济概况

在连续7年的增长之后，英国经济在1989年增长减速。随着整个西方经济

的不景气，1990年开始英国也出现了负增长，1992年第三季度开始缓慢回升，1992年下半年到1996年，英国经济持续稳定增长，国内生产总值的平均增长率始终保持在2.8%的水平。

1992年的黑色星期三，梅杰任内的英国政府动用数亿元英镑，企图防止英镑脱离欧洲汇率机制，使得英国民众对保守党的理财能力失去了信心。再加上20世纪90年代伊始的经济衰退，1995年，英国工党击败保守党赢得了大选的胜利，组成了以布莱尔为首的政府。布莱尔提出"第三条道路"的主张，强调政府调控和市场机制的平衡、经济发展与社会公正的平衡。布莱尔在国内政策方面的措施包括：采用货币政策，运用利率杠杆调节经济；运用财政手段，减税增支，确保经济增长；在失业问题方面，实行最低工资制，采取多种方式提高就业水平。

布莱尔执政后的几年里，英国进入"低通胀的稳定增长阶段"。1996年，英国个人实际可支配收入增长3.75%，消费支出年增长率达4%，通货膨胀率为2.8%。个人实际可支配收入的增加和消费信心的增强，直接推动了经济的持续增长。联合国经济合作与发展组织的调查数据显示，1997年到21世纪初英国的经济年平均增长率为2.7%，人均GDP由1997年的22 781美元上升到2000年的24 542美元。另外，布莱尔政府的政策也显著提高了就业水平（见表1-3）。

表1-3 英国20世纪90年代失业率变动表

项目＼年份	1990	1991	1994	1996	1997	1998	1999
失业率	7.0	8.8	9.6	8.2	7.0	6.3	6.1
青年失业率	7.7	10.1	11.2	10.2	9.4	9.1	8.8
长期失业率	2.3	2.5	4.4	3.3	2.7	2.7	1.8
男子失业率	7.4	9.9	11.2	9.5	7.9	7.0	6.7
女子失业率	6.6	7.5	7.5	6.5	6.0	5.5	5.3

资料来源 王建初. 20世纪90年代以来英国主要的再就业战略［J］. 世界职业技术教育，2002（4）：4-9.

复习与思考

1. 工业革命为什么最早发生在英国？

2. 第一次世界大战和第二次世界大战对英国的经济各造成了什么影响？

[第二章]

法国经济史

第一节 中世纪法国社会经济概况

一、法兰克墨洛温王朝的建立

现在法国的地方，古代称之为高卢，居住于此的许多种族统称为高卢人。高卢地理条件优越，气候适宜，故农业相当发达。公元前58年，罗马帝国皇帝恺撒领兵入侵高卢，将高卢并入罗马帝国的版图。罗马化了的高卢成为罗马帝国的富庶之区，主要物产有小麦、木材和葡萄酒等。

3世纪起，日耳曼人的部落联盟开始侵袭罗马帝国。侵入高卢地区的日耳曼部族有法兰克人、勃艮第人和西哥特人。5世纪末，高卢全部被法兰克人征服。法兰克人部落原居莱茵河下游，共分两大支：萨利克法兰克人和普利安法兰克人。西罗马帝国灭亡后，萨利克法兰克的一个部落酋长克洛维联合其他部落，并与基督教会的力量相结合，占领了高卢全境。以后，他翦灭其他酋长，统一各部落，成为法兰克人的第一个国王。他所建立的王朝依其出身的家庭称为墨洛温王朝（481—751年）。教会从王朝得到很多土地，王权和教权密切结合起来。

克洛维的后裔继续扩张领土。到6世纪中叶，法兰克王国已经成为西欧日耳曼人最强大的国家，其版图包括今天的法国、德国和意大利。

法兰克人在进入高卢之前还处在氏族制度阶段。随着生产力的发展，氏族制度渐趋解体，开始发生阶级分化。进入高卢以后，法兰克人已经按照地域关系组成农村公社，称为马克。马克的土地制度是从公有到私有的过渡。土地归马克所有，村社成员只享有对宅旁土地的所有权。耕地和一部分草地分给成员世袭使用，但不得买卖转让；土地的最后处置权仍属于村社集体。村社还实行强制的轮耕制。从法兰克人侵入高卢起直到8世纪初，马克的土地所有制是法兰克社会的经济基础。

二、法兰克国家的封建化过程

日耳曼人在罗马帝国废墟上建立的国家以法兰克王国最为强大，存在时间最久。法兰克王国360多年的历史，为西欧封建制度的形成和发展提供了典型的说明。

法兰克王国封建化过程约始于6世纪下半叶。法兰克人征服高卢之初，曾夺取全部土地的2/3，一部分分配给村社成员，未分配的土地则属于法兰克人全体。但是部落酋长及其亲兵占有罗马皇帝的土地，部分高卢-罗马大地主又被保存下来，这样，新兴的法兰克贵族和旧有的高卢-罗马贵族都成了大土地所有者。

法兰克王国的封建化过程经历了数百年之久。6—7世纪，法兰克社会的基础是自由农民，封建化正处于初始阶段。随着封建化程度的加深，自由农民越来越趋于没落。农民担负着沉重的兵役和各种捐税，他们的自由份地通过各种途径逐渐转到教俗贵族手中，公有地也受到教俗贵族的侵占。农民最终沦为固着在土地上的农奴。

752年，墨洛温王朝灭亡，加洛林王朝代之而起。8世纪以后，法兰克国家的封建制度进一步发展，形成封建采邑制。

加洛林王朝的宫相查理·马特实行采邑改革。他改变墨洛温王朝无条件赏赐贵族土地的旧制，代以采邑分封。采邑是承担一定义务的封地，受封者必须服军役。不论对受封者还是封主，采邑分封关系都是及身而止。如受封者死亡，采邑收还封主，不得世袭。如封主死亡，受封者须将采邑归还给封主的继承者。

采邑是连同居住在土地上的农民一起分封的，因而加强了农民对封建主的依附性。采邑制巩固了中小封建主阶层，是骑士制度的基础。采邑制建立了以土地为纽带的领主与附庸之间的关系。随着时间的推移，国王以下的各级封建主也把土地作为采邑层层分封，形成了封建等级制度。

三、加洛林王朝的封建庄园经济

从8世纪末到9世纪初，加洛林王朝进行了多次征服战争，使法兰克王国的版图大为扩张，全境与西罗马帝国相差无几。800年，教皇列奥三世在罗马圣彼得大教堂为法兰克国王查理加冕，号为"罗马人皇帝"。于是法兰克王国成为"查理帝国"。查理大帝时期，采邑制更加普遍。9世纪下半叶，采邑成为世袭领地。在领地的再分封过程中，不同等级的封建主都获得了大小不等的采邑。至此，法兰克国家的封建制度基本确立。

封建制度确立以后，原先作为法兰克社会基础的马克归于消亡，兴起了封建庄园。从查理大帝时期起，封建庄园已成为社会经济和政治的基本组织形式。关于加洛林王朝封建庄园的结构，在8世纪末查理大帝颁布的"庄园敕令"和其他文献中有充分反映。庄园的土地通常分为两部分，即由领主直领的土地和交给农奴使用的份地。直领地是庄园中最好的耕地，由农奴携带自己的工具耕种。过去属于马克的森林、牧场、荒地等，都成了领主的财产。农民必须缴纳一定的费用后才能利用。耕地划成条状，份地分条交错，还有宅地和宅边的菜地、果园等。庄园中实行轮耕制，休耕地和收割完毕的土地则作为公共牧场。

封建庄园是一种典型的自然经济。领主和农奴的生活必需品基本上都由庄园自己生产，只有少数产品，如盐、铁之类才到庄园以外去交换，一般不用货币。许多庄园都有城堡式的领主住宅、教堂以及农奴的茅舍，还有磨坊、面包房、铁工房、酒坊和仓库等。

农奴依附于庄园主，是庄园的主要劳动者，被世世代代固着在土地上，没有人身自由，可以连同土地一起被出卖、转让或者赠送。领主对农奴的剥削主要采取劳役地租和实物地租的形式。

领主的权力主要是领有土地，占有农奴，以及拥有庄园内的司法权。每个庄园都有自己的军队和法庭，缺乏与外界的经济、文化联系。到10世纪，西欧以庄园为基础的封建割据局面普遍形成，每一个封建领主相当于一个独立的小国君。国王徒拥虚位，其实际权力不能越出直接的领地。

四、10—15世纪的法国经济

在查理大帝的儿子路易统治时期（814—840年），帝国离心趋势日益滋长。路易去世后，他的三个儿子之间发生混战。843年，在签订《凡尔登条约》之后，帝国分裂为东、西、中三个王国，形成后来德意志、法兰西和意大利三国的雏形。

查理帝国分裂后，其西部疆域成为法兰西王国。9—11世纪，法国封建王权衰弱，王室领地仅限于巴黎一带，面积相当于一个小公国，被称为"法兰西岛"。其他地区分裂为许多大封建领地，如布列塔尼公国、诺曼底公国、安茹伯国、香槟伯国、勃艮第公国、阿奎丹公国、土鲁斯伯国等。领有这些封土的公爵和伯爵对国王几乎是完全独立的。他们单独宣战媾和、铸造货币、行使司法审判权，国王无权干预。在大封建领地之下，又分为许多小封建领地，也各自为政。

987年，加洛林王朝绝嗣。奥多伯爵的后代休·加佩在教俗诸侯支持下被选为王，从此开始了加佩王朝（987—1328年）的统治。

法国的农奴被称为"塞尔夫"，被束缚在土地上，随土地而转让。农奴领种份地，对领主负担劳役地租和其他杂役，缴纳各种捐税。封建主把公有的森林、沼泽、牧场等占为己有，农奴使用必须承担义务。与农奴有关的争讼受领主法庭管辖，诉讼时须缴纳讼金。任何农奴无权控告主人。农奴对教会缴纳什一税。一小部分依附农民被称为"维兰"（villa），一般不对领主负担与人身依附有关的义务，并且世袭占有土地，但仍须向领主纳租，受领主法庭的管辖。

从10世纪起，法国城市开始发展起来。当时较大的工商业中心集中在南部。马赛是经营东西贸易的主要港口，法国各地出产的呢绒、麻布、金属品、皮革、食品等都通过马赛和其他南方各城运往东方；由东方输入的物品主要是香料，其次有染料、糖、原棉和奢侈品等。

北方的经济比南方落后。到12世纪，北方的城市已有比较显著的发展。北方各城的手工业以毛麻纺织为主，除纺织业外，还有制革业、首饰业等。城市发展促进各地区的经济联系。从12世纪中叶起，香槟伯爵领地的市集开始发达。香槟集市是当时欧洲典型的集市，以羊毛和毛制品的交易占首位，并经营东方货物。

12世纪中叶起，加佩王朝开始联合城市和教会的力量加强王权，打击封建主。到路易九世（1220—1270年）时期，国王实行司法、货币和军事改革，进一步增强了中央国家机器。腓力四世（1285—1314年）时期，王权继续加强。到了13世纪末，王室领地已经包括法国大部分领土。

1328年，法国加佩王朝无嗣，支裔华洛瓦家族的腓力六世继位，开始华洛瓦王朝的统治。英王爱德华三世以法王腓力四世外孙的资格争夺继承权，由此引发英法百年战争（1337—1453年）。战争最终以法国的胜利而结束。在经济恢复和发展的基础上，政治统一的趋势日益发展。查理七世（1422—1461年）和路易十一（1461—1483年）时期，法国实现了政治统一，由等级君主制走向专制君主制。

第二节 封建经济解体和资本主义的发展

一、重商主义经济政策与工商业的发展

16世纪前期的法国，封建经济仍占统治地位。然而资本原始积累过程已经开始，封建社会内部已经出现资本主义因素的萌芽。在呢绒、印刷、玻璃、陶瓷等行业中，开始形成资本主义手工工场。

对外贸易也很活跃。马赛是地中海沿岸最重要的商港之一，同西班牙、意

大利、非洲以及西亚一带进行贸易。地理大发现以后，法国大西洋沿岸的港口城市逐渐兴起。

但与荷兰、英国相比，法国经济的发展还是缓慢的。法国人口的90%仍从事农业生产，封建关系仍占优势。除巴黎是拥有30万人口的大城市外，其他城市虽有发展，但规模不很大。

法兰西斯一世（1515—1547年）时期，专制制度进一步加强。法兰西斯一世采取符合新兴资产阶级利益的工商业政策。他曾下令禁止从佛兰德斯和西班牙输入毛织品，扶植国内的毛纺织业；与土耳其缔结商约，使商人取得商业优惠的权利。资产阶级也支持国王与大封建主的斗争和对外扩张。

胡格诺战争后，波旁家族的亨利继承法国王位，被称为亨利四世（1589—1610年），开始了波旁王朝的统治。亨利四世采取重商主义政策。1599年，法国实行保护关税，禁止羊毛、蚕丝等原料出口。法国商人因有政府的资助，重新获得在内战时期失去的地中海东岸、西亚和伊比利亚半岛的商业地位。1604年，法国开始在印度成立商业公司，在加拿大成立诺曼底商人公司，发展殖民地贸易。

为稳定农业生产，亨利四世豁免农民欠税，降低部分税额，严禁强迫农民以耕畜农具抵税；疏通河道，排干沼泽，奖励种植玉米、甜菜等农作物；允许农产品在国内自由运售。这些措施促进了农业的发展。

亨利四世去世后，年幼的路易十三（1610—1643年）继位。1624—1642年，黎塞留任首相。黎塞留致力于专制王权的强化，他说：第一个目的是国王的威严，第二个目的是国家的强大。为此，他继续实行重商主义经济政策，促进工商业的发展，增殖财富，借以巩固专制制度。从17世纪20年代起，法国商人和手工工场主加强对殖民地的贸易和掠夺。黎塞留政府保护新成立的贸易公司，鼓励航海和殖民。黎塞留的内外政策使法国的实力日益强大，成为以后路易十四称霸欧洲的基础。

路易十四（1643—1715年）执政时期，法国封建专制制度发展到顶点。1661年，路易十四亲政，宣称"朕即国家"，厉行中央集权，加强国家机器。为了开辟税源，增强国家经济实力，在财政大臣柯尔贝的推动下，法国创办大规模的集中手工工场——"王家工场"，开凿运河，修建道路，取消一部分国内关卡，降低税率；重奖工业生产，补助地毯、丝织和花边等工业；为促进海外贸易，建立了一支满足商业和军事需要的大舰队，设立专利特许贸易公司等。

长期推行重商主义政策，极大地推动了法国工场手工业的发展。17世纪末，法国已有手工工场将近200家，其中柯尔贝当政时期建立了45家。这时的手工业产品主要有丝织、毛织、麻织等纺织品，花边、绦带等服饰品，首饰、器皿、地毯、瓷器、精美家具等奢侈品。此外，印刷、造纸、制糖业等也很发达。到 18 世纪时，法国的工场手工业又获得了进一步的发展，并开始从英国输入机器。当时，法国整个工业的水平在西欧大陆是最高的，法国工匠的精湛技艺在欧洲享有盛誉。但是，到法国大革命前，法国的工业总的说来仍是分散的手工工场占优势，工业产品主要是供王室及贵族享受和对外输出的高级奢侈品。

二、海外贸易与资本原始积累

重商主义经济政策的一个主要内容是发展海外贸易和殖民掠夺。地理大发现极大地刺激了法国进一步扩大海外贸易和进行殖民掠夺。17 世纪初期，路易十三大力发展造船业，积极进行海外扩张。1599—1649 年，法国共建立了 22 个商业公司，与加拿大、西印度群岛、非洲西岸和马达加斯加进行贸易往来，并通过这些公司在中美、南美、安的列斯群岛和西印度群岛建立了殖民据点，从而奠定了法国殖民体系的基础。路易十四时期，法国是欧洲军事上最强大的国家。

在重商主义政策和殖民扩张的支持下，法国的对外贸易有了很大的发展，并一直是国民经济中最为发达的部门之一。还在 17 世纪时，大量的商业资本就已集中在波尔多、南特、拉罗舍尔、马赛等港口。18 世纪，在工场手工业发展的基础上，法国的对外贸易进一步扩大。1716—1789 年，法国的贸易总额增加了 4 倍，1789 年为 11.5 亿法郎，居世界第 2 位。对殖民地的贸易在法国对外贸易中占有相当大的比重，约为外贸总额的 1/4。法国输出的主要是精致的纺织品、各种奢侈品和葡萄酒，输入的主要是茶叶、烟草、棉花、甘蔗等农产品，以及英国的钢铁与加拿大的木材和皮毛等。

海外贸易和殖民掠夺是法国资本原始积累的重要手段。因此，法国积累了大批货币资本，刺激了资本主义工商业的发展。在法国的资本原始积累中，具有重要意义的是包税和国债。国债的利息率极高，一般达 20% 左右（英国只有 4%）。国债款不断增加，资产阶级便通过大量向国家贷款和承包税收的办法来赚取巨额利息。通过对外贸易、殖民掠夺、包税及买国债，法国资产阶级在 16—18 世纪积累了相当数量的货币资本，为资本主义大工业的发展准备了条件。但是，法国积累起来的资本很大部分都转化为高利贷资本。高利贷资本比较发达，金融资产阶级有较强的实力，这对以后法国资本主义的发展有很大的影响。

三、封建土地制度及农民的分化

法国的农奴制从 12 世纪开始瓦解，到 17 世纪，绝大部分农民都已通过赎买获得了人身自由。16—18世纪，法国封建土地制度的特点是领主一般不亲自经营土地，而是通过纳赋地和租地两种形式将土地交给农民耕种。纳赋地具有永佃性质，归农民世袭使用，领主收取贡赋。租地是领主以租佃的形式出租给农民耕种土地，领主按照租约的规定收取地租。17世纪后，租地农民的数量逐渐增加。

17—18世纪，农村中农民的分化日益加剧。在法国，没有发生像英国那样大规模的圈地运动，不是用强制的办法把农民从土地上赶走。农民的被剥夺是通过加强封建剥削迫使农民出售份地的方式实现的。在17世纪，农民与土地分离的情况已不少见。到18世纪，领主为了攫取更多的地租，大量侵占公社土地，并以极苛刻的条件出租，农民被剥夺的过程加速了。1789年，法国大革命前的总人口为2 500万，其中农业人口约2 200万，失地农民有150万～200万。

17—18世纪，资本主义关系日益渗入农村，农村中出现了资本主义性质的分散的手工工场。农民为了缴纳封建贡赋，在家里为包买商从事各种手工生产。另外，富裕农民雇佣农业劳动者的现象也出现了。但总的来说，18世纪的法国资本主义农场还为数不多。封建制度下的小农经营在法国农村中仍居统治地位。农民的耕作方法落后，租佃负担沉重，这种情况限制了国内市场及社会生产力的发展。

第三节 法国工业革命

一、法国大革命后农业经济的发展

1789—1794年的法国大革命是继17世纪英国资产阶级革命和18世纪美国独立战争后的一次更彻底、更深刻的资产阶级革命。它从根本上推翻了统治法国1 000余年的封建制度，确立了资产阶级政权；用民主的方式解决了农民的土地问题，为建立工业资本主义国家奠定了基础。

法国大革命废除了封建土地制度，使农民获得了一定数量的土地，农民的小土地所有制普遍建立起来。法国大革命后，拿破仑政权巩固或调整了一些政策，保证农民能够自由地利用他们所得到的土地，并满足其强烈的私有欲，使自由的农民土地所有制得到了很大的发展。

法国大革命所造成的小农经济，规模很小，多数农户拥有不足25英亩的土地，少的则不到2.5英亩。这种细碎的小块土地所有制与资本主义生产关系的发展是不相适应的。因为小块土地不允许耕作时进行分工、应用任何科学技术，因而也没有任何丰富的社会关系。每一个农户差不多都是自给自足的，都是直接生产自己的大部分消费品，因而他们取得生活资料多是与自然交换，而不是通过与社会交往。自给自足的小农经济不仅造成了农业商品率的低下，还限制了工业市场的扩大，阻碍了资本主义生产关系的发展。

从资产阶级革命后到19世纪中期，虽然在法国广泛地存在小土地私有制，但是，这一时期农村发展的基本趋向仍是农业资本主义生产关系的成长。在小农分化过程中，一部分富裕农民购进土地，组织起资本主义大农场。在法国大革命年代掠夺了大量土地的资产阶级逐渐组织了资本主义农场经营。法国大革命后部分保留下来的贵族领地，也逐渐转化为资本主义农场。土地集中过程日益加快，农业中雇佣劳动的使用也有相当规模。资本主义农场使用机器和化学肥料，采用新的耕作方法，促进了农业生产力的发展。1812年农业生产总值为30亿法郎，1850年增加到50亿法郎，1870年达到75亿法郎。若剔除这一时期农产品价格显著下跌的因素，农业生产的实际增长幅度更大。

在资产阶级革命以后，法国农业也是沿着资本主义道路发展的。但由于法国小土地所有制的长期存在，因而农业中资本主义的发展相对缓慢。到19世纪60年代，农业人口还占总人口的2/3以上。

二、工业革命的一般进程

法国工业革命大体上是从拿破仑第一帝国时期（1804—1814年）开始的。拿破仑政府大力推行扶持工商业和扩大国外市场的经济政策，实行保护关税、国家订货、津贴补助、奖励竞争、保护专利以及大规模侵略战争等政策措施，为资本主义工商业的发展创造了有利的条件，推动了工业生产的发展。在棉纺织业中，1790年法国只有"珍妮"机900架，1805年增加到1.25万架，1811年机械纺纱厂已达200多家。其他如麻织业、丝织业、冶金业等也都发展了机器生产。

1815年拿破仑第一帝国覆灭，波旁王朝复辟。从19世纪20年代中期起，法国工业革命在拿破仑时期奠定的基础上大规模开展起来。到1848年欧洲革命前，工厂制度在纺织业各部门中普遍推广开来。1814年法国只有15家工厂使用机器生产，到1830年已有625家工厂使用蒸汽机和新式机器。19世纪40年代末，法国已有棉纺织厂566家。丝织业、毛织业的机器生产有较大的发展。纺织工业是法国最重要的工业部门，在法国输出的工业品中占首位。法国的纺织工业生产仅次于英国而占世界第2位。

在冶金业、采煤业、金属加工业、造纸业、化学工业、玻璃制造业和陶瓷业等部门中，技术的变革及生产的发展也很快。机器制造业在19世纪20—30年代奠定了基础，开始制造机床和蒸汽机。1831年建成第一条铁路，1848年，铁路总长度已达 1 931 千米。

到 19 世纪中叶，法国的工业较前已有很大的发展，其发展水平在世界上仅次于英国。但是，在工业生产的各个方面，法国仍然落后英国很多。

19 世纪 50—60 年代，法国工业发展的显著特点是重工业发展较快。1851—1889 年，煤产量从 450 万吨增至 1 350 万吨；铁产量从 44.5 万吨增至 138.1 万吨；钢产量由 1.4 万吨增至 11 万吨。主要工业部门如冶金和采煤已广泛使用机器。1852 年，法国共有蒸汽机 6 000 台，1869 年增至 2.6 万台。1840 年，铁路路线只有 1 800 千米，1860 年增至 9 400 千米。1870 年，商船达 1 578 艘。在 50—60 年代，法国国民收入增长了 1 倍，工业总产值增长 2 倍，达到 120 亿法郎。60 年代末，农业生产总值为 75 亿法郎。至此，机器大生产成为工业生产的主要形式，法国工业革命基本完成。

从总体上说，法国工业结构中重工业落后于轻工业。19 世纪 60 年代末，奢侈品、服装等行业每年生产总值为 15 亿法郎，而全部矿业、采煤和金属工业产品的生产总值只有 5.6 亿多法郎。在轻工业中，中小企业还占优势地位。19 世纪 60 年代以前，法国的工业生产居世界第 2 位，但其工业产量要比居首位的英国落后很多。此后，由于在发展速度上赶不上新兴的美国和德国，法国到 60 年代即被美国、德国超过，退居世界第 4 位。

三、借贷资本的发展

借贷资本的迅速发展是法国资本主义经济的一个重要特点。19 世纪初期，法国借贷资本的发展大大超过了工业资本。1800 年法兰西银行成立。1815 年有价证券已达 15 亿法郎，1830 年达到 48.5 亿法郎，1850 年更是达到 89.8 亿法郎。银行交易额在 1826 年为 60 亿法郎，1847 年激增为 440 亿法郎。

19 世纪 50—60 年代，法国工业革命加速进行，但借贷资本仍居领先地位。这一时期相继出现了许多新的金融组织，如信贷总公司、地产信托公司、巴黎证券交易所等。1869 年，仅巴黎的交易所就拥有 307 种有价证券，总数达 330 亿法郎，几乎是当时工业总产值的 2 倍。19 世纪 60 年代，法国的金融资本家实际上已控制了国家的经济命脉。他们拥有雄厚的实力，与工业的联系也日益加强。1870 年，法国已是 14 个国家的债主，对外投资和贷款达 120 亿法郎。巴黎开始成为世界金融中心之一，银行业及借贷资本发达，使财富日趋集中。1863 年，183 个大富豪拥有 200 亿法郎的股票和债券，控制着银行、铁路、工厂企业等。

第四节　20世纪上半叶法国经济概况

一、第一次世界大战时期法国经济的破坏和恢复

1.第一次世界大战时期法国经济的破坏

19世纪末20世纪初，法国也开始了生产的集中和垄断。法国工业生产的集中相对缓慢，工业垄断资本的发展程度较低。但银行资本的集中非常迅速，集中和垄断程度也很高。由于法国的银行业与资本输出有着密切联系，大部分资本又都是采用贷款的形式投放出去，而不是对工业企业的直接投资，所以列宁称法国为高利贷资本主义。1914年，法国输出资本总额达600亿法郎，其中有一半投在欧洲。

在第一次世界大战中，法国是欧洲的主要战场，而且东北部的10个省被德军占领，致使法国的经济遭到严重破坏。据统计，战时法国的物资损失达2 000亿法郎。战争中丧失了136.5万劳动力，加上原料、燃料缺乏，法国工业生产水平急剧下降，直到1919年仍只达到战前水平的57%，甚至在1923年还未恢复到战前水平。

战争也对法国农业生产造成了严重损害。据统计，法国农业在战时所受的直接损失达90亿法郎。各种作物产量大大减少。1913—1917年，小麦的播种面积由654万公顷减少到419万公顷，产量从8 690 000吨降到3 660 000吨。其他主要农作物的播种面积和产量也都大幅度下降。

2.第一次世界大战后法国经济的恢复与发展

第一次世界大战结束，1919年签订的《凡尔赛合约》为法国经济的恢复和发展提供了有利条件。1919年，法国的工业生产指数只及战前1913年的57%，到1924年已比1913年高出9%，到1930年更是增长到1913年的140%。在20世纪20年代，法国工业的增长速度比英、美等国都要快。1920—1929年，法国工业增长77%，美国增长39%，英国增长15.6%。

工业的发展推动了对外贸易的增长。按实物量指数计算，1913—1929年，法国的出口量由111增加到161，进口量由98增加到124。在出口中，重工业产品和制成品的比重有一定的扩大。但20世纪20年代法国对外贸易的增长仍落后于美、日等国，在世界贸易中的地位相对下降。1929年，法国的出口贸易占世界出口贸易的比重由1913年的7.2%降为5.9%，进口贸易的比重由8.3%降为6.4%。

总之，在20世纪20年代，法国的经济有了飞跃发展。1901—1913年，法国国民生产净值平均增长率为2.6%，1920—1929年猛增到5.9%。在此期间，

法国工业发展速度居世界第一，而且工业发展主要在重工业部门，一些大型的汽车厂、飞机厂、冶金厂、化学厂和机械制造厂纷纷建立。法国在世界资本主义工业生产中所占的比重由1920年的5%上升到1930年的8%。1929年法国工业就业人数占全国就业人口的36.6%，农业占32.5%，服务行业占30.9%。法国已由农业-工业国发展为工业-农业国。

二、20世纪30年代的经济危机

在1929年开始的世界性经济危机中，法国的经济受到严重破坏，从危机前的最高点到危机时的最低点，工业生产下降了36.2%。法国的工业生产指数，以1929年为100，1931年为89.2，1932年为69.1，1933年为77.4，1934年为71，1935年为67.4。1937年，法国在资本主义国家工业产量中的比重，由1913年的6%降为5%。这次危机使法国的工业几乎倒退到1911年的水平。危机不仅使生产缩减，而且引起技术停滞。由于生产能力闲置，法国工业的固定资产在危机年代基本上没有更新。法国工业技术装备远远落后于其他发达资本主义国家。

工业生产下降对贸易产生了影响。法国在世界资本主义国家贸易中所占的比重由1929年的6.4%降为1937年的5.1%。到1937年，法国的出口比1929年减少近3/4，进口减少2/3。同时，资本输出下降，对外投资收入缩减，国际收支逆差扩大。1936—1937年，国外投资纯收入比1910—1913年的平均减少52%，只能抵偿当年贸易逆差的40%。

三、第二次世界大战时期及战后恢复期的经济状况

1.第二次世界大战时期的法国经济状况

从1940年6月到1942年12月，法国北部约占全国领土3/5的富庶工业区被德军占领。从1942年到1944年9月，法国全境由德军占领。在被占领期间，法国同欧洲各国以及它的殖民地完全隔绝了。德国有计划地对法国进行掠夺，将黄金储备、外汇储备、生产资料、战略原材料等大批运往德国，并将大批法国劳动力驱往德国。法国每天要向德国缴纳4亿～5亿法郎的占领费。在德国的勒索下，法国经济残破不堪，濒临崩溃。

法国工业生产大幅度下降。如以1938年的生产总指数为100，则1941年为65，1942年为59，1943年为54，1944年为40。对外贸易严重恶化。1938年法国的进口量为461亿法郎，1942年为260亿法郎，1943年又降为139亿法郎，只及1938年的30%。出口量下降较少，1943年比1938年减少19.3%，但主要是对德国的单方面输出，而不是正常的国际贸易。

据统计，法国在整个被占领期间所受的损失，按1945年的价格计算，总

计高达48 930亿法郎，相当于战前3年全法国的国民生产总值。

2.第二次世界大战后法国经济的恢复状况

战后初期，法国经济面临着严重困难，面对当时百废待兴的局面，法国政府用了5年左右的时间对整个国民经济进行恢复和调整。

政府采取了一系列紧急经济措施，如实行原材料配给制、优先发展煤炭工业、恢复交通运输业、发行公债、更换纸币、实行定量配给制和物价管制、对外贸进行统制等。法国政府在1944年底到1946年推行了"国有化"运动，到1946年，政府在工商业中所占的股份达到50%以上，将法兰西银行、四大商业银行及34家保险公司收归国有，在电力、煤气等部门的资本中国家控制了85%，在电信、铁路、航空、飞机制造等部门中，国有资本占到了1/3以上。同时，把战时与德国有密切合作的企业收归国有，并颁布了部分工业企业国有化法律。这些措施的实施，使得政府在主要的经济部门中掌握了控制权，保证了一系列经济计划的实施。从1947年起，法国政府实施了第一个"现代化和装备计划"，把投资重点放在能源、交通运输、钢铁和农业机械等基础工业部门。通过上述政策措施的施行，法国经济逐步得到了恢复，到1948年，工业生产已恢复到1938年的水平，而到1949年，国内生产总值已超过1939年的水平。

第五节　20世纪下半叶法国经济概况

一、第二次世界大战恢复期后持续增长的法国经济

第二次世界大战后到20世纪70年代中期之前，是法国经济持续增长的时期。1947—1953年，法国实行了10个中期计划中的第一个计划，该计划的经济目标是在3年内超过1929年的25%。最终的结果虽然是1952年的工业生产水平比1929年高出9%，但是如果按照不变价格计算，1952年的国内生产总值比1930年多出了27.6%。煤炭从原来的4 700万吨增加到5 800万吨，发电量从210亿千瓦时增加到400亿千瓦时，钢产量从600万吨增加到1 000万吨。遭到战火破坏的交通运输设施得到了修复和改善，国内就业状况稳定，社会保障制度完善，人民生活水平有了显著的提高，良好的实施效果使得政府增强了计划干预经济的信心。

整个20世纪50年代成为法国经济持续稳定发展的时期（见表2-1）。1950年法国的国内生产总值为1 849亿法郎，1958年增加到2 603亿法郎。在工业方面，1957年发电量为580亿千瓦时，钢产量为1 400万吨，化学工业产量翻了一番。生产率不断提高，专业化不断加强，生产的集中程度越来越高，不少中小企业被大企业兼并。1950年农业生产超过了战前的水平。1954年与1951

年相比，小麦产量增加了48%，土豆产量增加了32%，葡萄酒产量增加了11%，法国成为继美国之后第二大农业产品出口国。1959—1973年，按不变价格计算，法国农业最终产品平均每年增长2.6%。

表2-1　　　　第二次世界大战后法国国内生产总值构成的变化（%）

产业＼年份	1950	1960	1965	1970	1974	1979
第一产业	15.0	11.4	8.8	7.2	6.3	4.9
第二产业	48.0	42.2	43.4	42.8	41.6	38.7
第三产业	37.0	46.4	47.8	50.0	52.1	56.4
总计	100.0	100.0	100.0	100.0	100.0	100.0

资料来源　复旦大学世界经济研究所法国经济研究室. 法国经济 [M]. 北京：人民出版社，1985：19.

经济的繁荣导致了国际收支账户的逆差，从而使得法郎在1957年、1958年两度贬值。法郎贬值之后，从1959年起，法国的国际收支状况大为改善。随之到来的20世纪60年代，法国出现了"经济奇迹"。1963—1972年，法国经济年均增长率达到5.7%，经济增长率在4.7%~7.4%之间波动。为了使经济增长的速度能够持续，法国政府采取了一些经济措施，鼓励私人消费，对国有化工业增加投资。法国在1962—1965年的政府计划中还提出了公共事业投资每年增长10%的目标；同时，积极引导把工业发展的重点转向新兴产业，大力发展核能、电子、航空等尖端产业。产品竞争力的提高使得出口换取的外汇储备从1963年的20亿美元增加到1972年的60亿美元。这一时期的经济发展超过了法国历史上任何一个时期（见表2-2）。

表2-2　法国同主要资本主义国家国内生产总值年平均增长率的比较（%）

国家＼年份	1951—1979	1951—1959	1960—1969	1970—1979
法国	4.9	4.8	5.7	4.1
美国	3.6	3.3	4.2	3.2
日本	8.2	7.2	11.6	6.1
联邦德国	4.7	6.9	5.0	3.3
英国	2.6	2.6	3.0	2.3
意大利	5.1	5.5	6.6	3.2

资料来源　复旦大学世界经济研究所法国经济研究室. 法国经济 [M]. 北京：人民出版社，1985：19.

二、1975年之后的经济停滞

经过大约15年的经济快速发展之后,法国经济各部门的比例严重失调,生产和市场的矛盾日益尖锐,再加上国际竞争的激烈和石油危机的冲击,使得法国在1974—1975年陷入经济危机。从第二次世界大战后到20世纪80年代,法国前后共发生过5次经济危机,其中对法国经济打击最严重的是1974—1975年的经济危机,这次危机几乎涉及了所有的部门。1952—1953年、1958—1959年、1964—1965年的3次经济危机中,法国的工业生产总值分别下降了5.8%、5%、6%,1974—1975年经济危机的下降幅度为14%。前3次的失业人数分别为21.7万人、17.9万人、15.9万人,1974—1975年经济危机的失业人数高达102万人。第5次经济危机从深度和广度上来看没有第4次严重。1974年,法国的消费物价指数上升19.1%,股市下跌50%。法国政府在1974年有9亿美元的财政盈余,在1975年出现100.3亿美元的赤字。1974—1976年,法国农业最终产品的总产量下降了6.3%。

在度过经济危机之后的1975年,法国经济出现了停滞。1974—1979年,法国的国内生产总值年平均增长率只有3%左右。为了摆脱困境,法国政府采取了一系列经济调整政策,力图控制通货膨胀、就业矛盾、国际收支和财政等方面的失调现象。其采取的措施主要有:调整和淘汰工业中纺织、炼油、钢铁、造船等部门中某些消耗能源、原材料过多的企业,同时发展以电子技术为基础的精密机械制造、精密化工、遥控、海洋技术等;改革农业结构,大力发展农产品加工,尤其是食品工业,促进农业尤其是畜牧业和园艺业的发展;在对外经济中,强调对第三世界的"援助"和投资,确保原材料供应和商品的销售市场,同时采取了一些紧缩措施。但是这些措施的实施,没有解决失业和通货膨胀问题,也没有使法国摆脱"滞胀"的局面。1974—1979年法国国内生产总值年平均增长率只有3%,1980年更是下降到1.8%。密特朗上任之后采取的政策也未见效果,1981年国内生产总值比1980年只增长了0.2%。

到了20世纪80年代之后,法国进入了第二次世界大战后经济增长最为缓慢的时期。1981—1986年,法国国内生产总值年平均增长率降至1.6%。这个速度不仅拉大了同美、日等国的差距,而且低于欧共体的平均增长水平。

三、20世纪90年代的经济水平

到20世纪80年代末,法国在一些高科技领域,如核能、宇航、通信、汽车等方面具备优势。但从科技发展的总体水平来看,法国远远落在美、日等国家之后,与德国之间的差距也在增大,科技水平的降低使得其经济竞争力下降。据《全球经济竞争力报告》,法国在全球竞争力排名中的位次不断降低,

1982年为第15位，1995年为第17位，1996年和1997年均为第23位。

由于产品缺乏竞争力，法国的国内外市场不断流失。据法国相关部门统计，1970年外国产品在法国的市场占有份额为16%，1980年扩大至34.4%，1990年则扩大了40.8%。90年代之后虽有所好转，但是外国产品还是占据着法国1/3以上的市场。与此同时，法国产品的国际市场比重从20世纪80年代开始每年约缩小2%，出口商品在世界中的比重由1992年的6.3%下降到1996年的5.5%。

为了挽回经济颓势，法国政府从20世纪90年代开始采取了一系列措施，加快科技进步和产业调整，以增强其竞争力。1994年10月，法国政府开始计划实行信息高速公路，目标是在2015年建成覆盖全国的信息高速公路网。1997年8月，法国政府把建立信息社会列为其"重大工程"。1998年1月其又提出了一项信息社会政府行动计划，旨在弥补法国在信息技术方面与其他国家的差距，并使之成为经济增长的新动力。1998—2000年，法国政府为发展信息产业先后投入了50亿法郎。据统计，1996—1999年，法国经济增长的1/5是通过信息技术实现的。

整体上而言，20世纪90年代，法国经济增长较为缓慢，1991—1992年，年平均增长率仅为1.25%，1993年则为-1.0%，1994年回升至2.5%。1994年之后，在全球经济复苏的带动下，法国经济进入恢复性增长期，2000年经济增长率达到3.8%。

复习与思考

1.比较英国与法国在资本主义发展过程中的不同之处。

2.20世纪30年代和20世纪70年代的两次经济危机对法国经济造成的负面影响有哪些？为了促进经济增长，经济危机之后法国政府分别采取了哪些措施？

第三章

德国经济史

第一节 中世纪德意志社会经济概况

一、古代日耳曼人的社会经济制度

在罗马帝国的北方，居住着克尔特人、日耳曼人和斯拉夫人。这些民族当时处于氏族公社阶段，被罗马帝国称为"蛮族"。

日耳曼人分布的地区，大致东起维斯瓦河，西至莱茵河，南起多瑙河，北至波罗的海。在这一地区以东，则是斯拉夫人的居住地。

关于古代日耳曼人生活状况和社会经济制度的情况，恺撒于公元前1世纪中叶所写的《高卢战纪》和塔西佗于1世纪末写的《日耳曼尼亚志》的记载最为详尽。恺撒时代的日耳曼人还处在氏族公社阶段。他们过着半游牧的生活，还没有完全定居，从事畜牧和狩猎，并且知道农耕。土地是氏族的公有财产，农业经营具有原始的流动性质。到了塔西佗时代，日耳曼人的氏族公社已出现解体现象，但是还没有形成国家。日耳曼人的农业有了发展，开始了相对的定居生活；农业技术也有改善，重犁代替了轻的木犁；已能制造毛、麻织物和陶器，也能开采和冶炼金属；经常在罗马帝国的边境城市与罗马人进行贸易，使用罗马的货币。

在农业技术发展的同时，日耳曼人氏族公社土地的公有和共耕制已不能维持，但是土地还没有成为私有财产，仍由氏族公社管理。耕地定期按家族重新分配，每个家族各自经营份地。森林、牧场、荒地、水源等仍为氏族公社成员共有。

这时日耳曼人正处于社会分化的开端，贵族与自由民的区别并不显著，氏族联系仍很牢固。军事贵族业已形成，拥有很多亲兵，并结成依从关系。

从1世纪末到3世纪，日耳曼人的社会生产力有了进一步的发展，加速了阶级分化。各部落开始结成联盟，其中较重要的有东哥特、西哥特、汪达尔、法兰克、阿勒曼尼、盎格鲁-撒克逊、伦巴德等。从3世纪起，这些部落联盟经常向罗马帝国边境侵袭。

经过1个多世纪的渗透之后，人口不断增长、土地日益不足的日耳曼人开始了民族大迁徙。迁徙是在武力入侵的形式下进行的，一直延续到6世纪后期才基本结束。

在日耳曼人的大规模武力迁徙下，罗马帝国的领土到5世纪中叶已大部分丧失。日耳曼人在西罗马帝国的疆域上建立了许多蛮族国家，如高卢西南部的西哥特王国、北非的汪达尔王国、高卢东南部的勃艮第王国、意大利的东哥特王国、意大利半岛南部的伦巴德王国、高卢东北部的法兰克王国，以及不列颠的盎格鲁-撒克逊王国和肯特王国等。在日耳曼人的进攻及罗马帝国下层人民起义的打击下，476年，西罗马帝国灭亡。

入侵罗马帝国的蛮族，最初按氏族关系分配征服的土地。森林、牧场、池沼、河流等归氏族公有，耕地和草场则用抽签方法平均分配给各户。以后，日耳曼人的氏族关系逐渐解体，开始按地域原则结合为农村公社。随着土地变为私有财产，村社成员开始分化。破产的自由农民不但土地被兼并，人身也陷入依附大地主的地位。随着封建大土地所有制的形成和自由农民转化为农奴，西欧开始了封建化的过程。

二、德意志的封建化过程

查理帝国分裂后，莱茵河右岸讲德语的东法兰克王国成为后来德意志王国的基地。919年，萨克森公爵亨利一世当选为东法兰克王国国王，正式创立德意志国家。德意志国家最初包括萨克森、士瓦本、巴伐利亚、图林根、法兰克尼亚公国，后来又并取了洛林公国。

德意志的封建化过程开始于查理大帝统治时期，但发展缓慢且不平衡。9世纪初，封建关系在士瓦本已有了相当发展，在萨克森却刚刚萌芽。大体上在10—11世纪，日耳曼人的农村公社逐渐解体，村社内部发生阶级分化，农民份地和村社的公有地逐渐被封建化的贵族所兼并。失地农民不得不依附于贵族，领种份地并服劳役。有时整个马克都从属于一个封建主，形成封建庄园。12世纪，封建化基本完成，封建等级制度随之建立。

911年，日耳曼的加洛林王朝结束，王位于919年转入萨克森公爵亨利一世手中，开始了萨克森王朝的统治。961年，奥托一世出兵意大利，压服反对教皇的罗马贵族。教皇于962年在罗马为奥托加冕，称其为"神圣罗马帝国"皇帝。1024年，日耳曼的法兰克尼亚王朝开始。这一时期，德意志的封建经济有了较大的发展。11—12世纪，德意志的封建化过程完成。

三、德意志城市的发展

德意志的封建经济在12—13世纪有了显著的发展，耕地面积扩大，三圃制普遍流行，果艺和园艺也发展起来。13世纪，葡萄酒酿造业由莱茵河流域向东传播，亚麻、大麻等经济作物也大范围推广。莱茵河和多瑙河一带出现了许多大城市，如科伦、沃姆斯、奥格斯堡、纽伦堡、乌尔姆等。这些城市靠近边境，向国内外市场提供纺织业和金属制造业产品。波罗的海沿岸的城市也与法国、英国、佛兰德斯、斯堪的纳维亚诸国以及意大利北部城市有着商业联系。城市利益主要依靠对外贸易，与国内市场联系不多。因此，市民阶层虽有成长，但和王权没有发生密切联系，全国也没有形成像伦敦和巴黎那样的经济中心。

多数德意志城市处在教会的领地上，沿莱茵河一带的城市尤为如此。各城主教设立关卡，征收过境税；骑士则抢掠商族。商人不堪教俗封建主的侵扰，从12世纪起不断进行斗争，结果获得了不同程度的城市自主权。从主教控制下获得自主的城市被称为"自由城市"，享有完全的自主权。它们可以设立法庭、铸造货币、建立军队。附属于诸侯的城市也成立了市议会，但这些城市仍须向封建主缴纳定额捐税，在司法上也不能行使高级审判权。此外，还有被称为"帝国城市"的律贝克、不来梅、汉堡、奥格斯堡、纽伦堡、法兰克福等，它们在名义上属于皇帝，有纳税和提供军队的义务，但实际上也获得了某种独立地位。

四、14—15世纪的经济发展和城市同盟

14—15世纪，德意志城市手工业处于繁荣时期。呢绒、亚麻等工业分布很广，并有较广阔的市场。武器制造、金银首饰、镂刻工艺也很发达。由于采矿业的发展，15世纪德意志矿工在欧洲最为熟练。从中国经阿拉伯人之手传入欧洲的火药制造技术，也在德意志发展起来。城市手工业的繁荣刺激了农业生产，荒地的开垦使耕地面积不断扩大，染料植物及其他由外国传入的植物品种也开始培植。

德意志北部城市如律贝克、汉堡、不来梅等的商人，从13世纪起就在北海和波罗的海进行商业活动，经营西欧各国和斯拉夫东方之间的中介贸易。德意志封建主征服波罗的海沿岸后，这些城市的中介贸易更加发展。南部城市如奥格斯堡和纽伦堡，是当时著名的商业中心，从意大利运来的丝织品、印度香料和其他东方商品，都以这些城市为集散地。当时德意志尚未形成全国的经济中心，城市与国外市场的联系比与国内市场的联系要密切得多。由于缺乏强有力的统一王权的保护，因此各城市组成同盟以保护其经济利益。城市同盟曾出

现在德意志许多地区，其中影响最大的是汉萨同盟。

汉萨同盟最初只是律贝克、汉堡、不来梅等几个城市的联合，到14世纪中叶才扩大。同盟以德意志北部城市为主，在不同时期联合了约70到200个北欧城市。同盟中心经常在律贝克。加盟城市必须遵守同盟决议。同盟无常备军，必要时召集各城武装力量作战。

汉萨同盟在邻近国家中享有商业特惠，在英国伦敦、比利时布鲁日、挪威卑尔根、俄国诺夫哥罗德都设有商站。同盟统一了商业法，使商业诉讼不受封建法庭的管辖。汉萨同盟的贸易活动加强了广大原料产地和手工业中心的联系，对中世纪的欧洲经济具有积极意义。

从15世纪后期起，汉萨同盟开始衰落。邻近国家如英国、瑞典、俄国等都发展了自己的商业，不再依靠汉萨商人的中介贸易。荷兰的转运贸易也兴盛起来，北海沿岸在商业上逐渐超过波罗的海，汉萨同盟在竞争中失去优势。

德意志的西部和南部也形成城市同盟。莱茵河畔的城市如美因斯、沃姆斯、科伦、斯特拉斯堡等组成了莱茵同盟。多瑙河上游的城市如奥格斯堡、乌尔梅、纽伦堡等组成了士瓦本同盟。它们包括几十个相邻的城市。这些城市的金属制造业和毛织业非常发达，与意大利、法国等维持着密切的贸易联系。

第二节　德意志封建经济解体和资本主义的发展

一、16世纪末至17世纪的经济衰落

15—16世纪，德意志经济有显著发展。棉、麻、丝织业已相当发达。采矿业中利用水力抽水机，已能开采较深的矿井，矿工人数约有10万。在冶金、金银器制造、造纸、印刷、武器制造等工业中，生产技术也发展很快。手工工场日益增多。商业资本已渗入农村家庭手工业，商业相当发达。德意志处于欧洲商路中心，汉萨同盟虽在15世纪末衰落，但在北海和波罗的海的贸易中仍占重要地位。从15世纪末起，南部的一些城市和伊比利亚半岛产生商业联系。到16世纪初，西班牙和葡萄牙都出现了德国商人的代理处。

德意志的经济虽然有了很大的发展，但仍落后于欧洲其他主要国家。到了16世纪后期，德意志经济开始衰落。

新航路开辟后，欧洲的商路不再经由德意志，而从地中海移向大西洋，德意志在欧洲贸易中的地位一落千丈。在1618—1648年的30年战争后，瑞典与荷兰又分别夺取了德意志在波罗的海和北海的出海口，使德意志变成了一个内陆国家，进一步被隔绝于西方世界的贸易圈之外。

德意志长期存在的政治分裂和经济分散问题也是导致其经济衰落的主要原

因。到16世纪，德意志从中世纪以来所形成的政治割据局面依然存在。除7大选侯之外，德意志还有十几个大诸侯、200多个小诸侯、2 000多个独立的帝国骑士。政治上的分裂妨碍了经济的进一步发展。国内关卡林立，币制繁杂，达千种以上。皇帝、诸侯、骑士、城市之间的频繁冲突和战争严重影响了农业、手工业和商业的发展。

手工业在16世纪末至17世纪初日渐衰落。商人把工业原料输往国外，又从外国输入工业品，影响了手工业发展所必需的原料和市场。17世纪末，工场手工业在整个工业生产中的比重还不到10%。英国、法国、荷兰的毛织品充斥德意志市场。在商业上，德意志南部城市和意大利的联系日益减少，莱茵河一带的城市则不敌荷兰和英国的竞争。汉萨同盟由于受到荷兰和英国的排挤，逐渐丧失了以前在外国的贸易特权。这时，德意志向英国、荷兰等工业比较发达的国家大量输出农产品。特别是易北河以东的地区，如勃兰登堡、普鲁士、波麦拉尼亚、麦克伦堡、西里西亚等，粮食和原料的出口额相当大。因此，在易北河以东地区，贵族扩大私有领地，实行以农奴劳役为基础的大土地经营方式。

1618—1648年，欧洲爆发了第一次大规模的国际战争——30年战争。战争具有德意志内战和国际混战的双重特点，其主要战场在德意志。战争结束时所订立的《威斯特伐利亚和约》沉重地打击了哈布斯堡王朝。德意志依然分裂，帝国处于分崩离析的境地。许多矿井和手工工场被毁，难以计数的城市、寺院、村落被焚，人口大量减少。30年战争给德意志经济造成的损失超过了中世纪所有战争损失的总和。另外，从16世纪初开始的农奴制重新恢复，这阻碍了农业生产力的提高和工业的发展。所以，当欧洲其他主要国家的资本主义经济蓬勃发展的时候，德意志经济则衰落了。

二、普鲁士王国的兴起

在德意志诸邦中，普鲁士原是一个小邦，由霍亨索伦家族统治。霍亨索伦家族原是领有勃兰登堡的选侯，到17世纪初又占据了莱茵河下游的马尔克、克列夫兹与维塞尔河下游的拉文斯堡。1618年，霍亨索伦家族又从波兰获得了过去条顿骑士团的领地——普鲁士公国。他们因此具有双重身份，既是神圣罗马帝国的选侯，又是波兰王国的普鲁士公爵。

勃兰登堡选侯领土的地理条件对于经济发展极为有利，德意志向北出海的主要河流如莱茵河、易北河、维塞尔河、奥得河都流经境内，特别自商路移向大西洋沿岸后，勃兰登堡-普鲁士成为南德和中德地区对外通商的要道。

30年战争后，霍亨索伦家族建立常备军，统一了自己的领地，建立了中央集权的君主专制国家，并加紧向外扩张。选侯腓特烈·威廉一世及其后继者开凿运河，改建道路、桥梁，实行统一的币制，在所属各地区之间建立了邮政联系，并以保护工商业的方式来增加税源，充实国库。军需工业得到政府的资助和减税待遇。1685年法国废除"南特敕令"时，威廉一世即颁布法令收容胡格诺教徒。大批新教徒从法国、南尼德兰、瑞士和捷克迁往勃兰登堡，其中有很多是熟练手工业者和拥有一定资本的商人，他们到勃兰登堡后创办了一些纺织工场和生产铁、丝、纸的各种作坊。

腓特烈三世（1688—1713年）时期继续奉行扩张政策。他于1701年宣布自己为普鲁士国王，并迫使德意志帝国皇帝承认。从此，勃兰登堡选侯腓特烈三世改称为普鲁士国王腓特烈一世。普鲁士王国得到国际承认，并逐渐成为与哈布斯堡王朝争夺霸权的有力对手。

三、资本主义关系的缓慢发展

德意志经济在16—17世纪衰落，到17世纪末才有所改变。18世纪，德意志的工场手工业有了较大发展，资本主义关系初步成长起来。

资本主义工场手工业是在原有的手工业基础上，因商品经济的扩大而发展起来的。到18世纪，农村家庭手工业和城市手工业逐渐活跃起来，出现了为数不多的资本主义工场手工业。同时，包买商人也开始越来越多地向行会手工业者收购产品，使许多手工业者依附于他们。许多经济发达地区还兴建了一批资本主义手工工场及一些新兴的工业部门，如莱茵区的冶金、金属加工、纺织、玻璃和陶瓷业，以及萨克森的银矿及铜矿开采、金属加工和纺织业，都有较显著的发展。1786年德意志资本主义工场手工业总产值约为91亿马克，工人达到16.5万人。

18世纪下半叶，普鲁士国王腓特烈二世大力推行扶助工商业的政策，进行了一系列政治和经济改革，还从英国进口大批蒸汽机。到18世纪80年代中期，柏林已有1万名手工工人，年产值达1 800万马克，其中有1/4以上运销国外。

到18世纪末，德意志的工场手工业虽然有了一定的发展，但资本主义关系的扩大还受到封建制度和政治分裂的严重阻碍。与正处于工业革命进程中的英国相比，德意志尚处于资本主义工场手工业的初期阶段。

四、农奴制改革

1789年的法国资产阶级革命和以后的拿破仑战争，使德意志的封建农奴制度受到沉重打击，加速了废除农奴制的发展趋势。农奴制改革首先在普鲁士推行。1807年，普鲁士首相施泰因颁布了"十月敕令"，规定从1810年圣马丁节（11月11日）起，废除农民对地主的人身依附关系，允许农民有支配自己财产和自由选择职业的权利。1811年，普鲁士首相哈登堡又颁布了"调整法令"，对调整土地关系作了规定。法令允许农民赎买关于土地的封建义务，成为自己份地的所有者。

继普鲁士改革以后，德意志其他邦国也普遍推行了农奴制改革。到19世纪20年代，巴伐利亚、拿骚、符腾堡、赫森-达姆斯塔特和巴登等公国都先后废除了农奴制。

农奴制改革给资本主义关系在农业中的发展创造了有利条件。赎买了封建义务而成为小生产者的农民急剧分化，少数上升为富农，大多数破产沦为雇佣劳动者。同时，地主则利用所得到的大量土地和赎金，逐渐将其封建庄园变为资本主义大农场。

第三节　德国工业革命

一、关税同盟

拿破仑战争后，根据维也纳会议的决议建立起来的德意志联邦包括34个封建君主国和4个自由市。各邦在内政、外交、军事上依然独立。邦联议会由各邦代表组成，主席是奥地利帝国首相梅特涅。

随着工商业的发展，新兴资产阶级要求消除各邦国之间的关税壁垒，实现政治上和经济上的统一。普鲁士于1818年首先颁布法令，废除国内60个关税区，实行统一税则，后又和各邦订立统一关税条约。1826年，北德6个邦成立关税同盟；两年后，南德各邦也成立关税同盟。到1834年1月，两个同盟合并，以普鲁士为盟主，包括18个邦，称德意志关税同盟。

关税同盟的主要内容是：废除内地关税，同盟各邦之间的贸易免税；统一货币和度量衡制度；统一对外贸易的关税制度和税率。德意志关税同盟的建立是德意志走向经济、政治统一的重要一步。它将约2 500万人口的地区结成一个紧密的经济区域，促进了统一民族市场的形成和19世纪上半叶德意志工业的发展。

二、工业革命的一般进程

19世纪30年代以后，德意志的工业发展速度显著加快，生产的机械化程度逐年提高。纺织业的发展最为突出。1837—1846年，采用机器生产的亚麻织厂由5家增至14家。1834—1838年，在萨克森出现了40家较大的纺织厂。到1846年，普鲁士的毛纺织业已有机械纱锭45万枚。

1837年和1844年，柏林和开姆尼斯先后设立机械制造厂。到1847年，仅普鲁士已有蒸汽机1 100多架。19世纪初，全德只有极少数的工厂；到19世纪40年代，仅普鲁士境内，就有大小手工工场和工厂约7.8万家，雇佣工人约55万名。

采煤和冶金业也由于采用新的技术设备而有较大发展。莱茵河左岸的鲁尔区和萨尔区已成为德意志采煤业和冶金业中心。1850年，德意志的煤产量已达670万吨，生铁产量达21万吨。

铁路建设和汽船航运也发展起来。普鲁士于1835年开始修筑第一条全长12公里的铁路。到1845年，铁路干线已长达2 000多公里。1824年，第一艘汽船开始在莱茵河上航行。1825年，普鲁士莱茵汽船公司成立。1837年和1847年，又先后创设了汉萨汽船公司和汉堡-美洲汽船公司。汉堡成为海运业中心。

1848年德国爆发了资产阶级革命。这次革命虽未完成德意志的统一，但对封建专制统治进行了有力的打击。19世纪60年代，普鲁士首相俾斯麦通过3次战争（1864年的对丹麦的战争、1866年的普奥战争、1870年的普法战争），实现了德意志的统一。1871年1月，普鲁士国王威廉一世在凡尔赛宣布德意志帝国成立，并自立为皇帝。1871年通过的《德意志帝国宪法》确定德意志帝国是联邦国家，由22个邦和3个自由市组成。普鲁士是帝国中最大的邦，占帝国全部面积的55%和人口的61%。

1848年革命和1871年德意志的统一，促进了19世纪50—60年代德国工业革命的迅速发展。1848年革命后，农奴制进一步被废除，农业中资本主义关系逐步扩大。城市中的行会制度也进一步被削弱，并在1869年最终废除。这一切都为工业革命创造了有利条件。19世纪50年代以后，德国的轻纺工业、重工业、采矿业及铁路建设都迅速发展，并且开始建立自己的机器制造业。在50年代，工业生产增长了1倍以上，60年代又增长了27%。重工业的发展尤为迅速。1860—1870年，生产资料的生产增长了33%，消费资料的生产增长了20%。德国在工业革命进程中较早地注意发展重工业，这种工业结构成为后来德国经济迅猛发展的原因之一。

到19世纪70—80年代，德国建立了现代工业体系，工业革命基本完成。1870年，德国在世界工业总产量中的比重已达到13.2%，超过了法国，进入先进资本主义国家行列。到90年代，德国主要工业部门的生产开始赶上英国。

德国工业革命开始较晚，但具有一些有利条件。它广泛利用了外国的新技术，加快了大机器工业的发展。在工业革命进程中，注重铁路建设和发展重工业，培植国家资本主义，而且在德意志统一的王朝战争中，掠夺了大量战争赔款。如它从法国手中得到了50亿法郎的赔款，割占了阿尔萨斯和洛林，这一地区蕴藏有丰富的铁、钾矿，这些矿产和鲁尔的煤矿合在一起，构成了重工业发展的原材料及能源基础。这一切都大大加速了德国工业的发展。

三、农业资本主义发展的"普鲁士道路"

1848年革命后，德国的封建地主开始了自上而下的农奴制改革。之后，农村的阶级分化和资本主义关系缓慢发展。由于在农奴制改革后地主土地所有制保存下来，德国农业资本主义的发展在大部分地区主要是通过地主阶级向资本主义经济的转化而实现的，这就是所谓的"普鲁士道路"。"普鲁士道路"是一条封建地主阶级逐渐过渡到资产阶级-地主经济的改良道路。它的特点是：中世纪的土地占有关系不是一下子被消灭掉，而是慢慢地适应资本主义，因此资本主义长时期保留着半封建的特征。沿着这条道路，农奴制地主经济缓慢地转化为资产阶级的容克式经济，同时从农民中分化出少数富农，广大破产农民则沦为雇佣劳动者。

到19世纪70年代初，"普鲁士道路"在德国大部分农村中取得了胜利。资本主义关系的生长、工业革命的发展，推动了德国农业经营的进步和农业生产的发展。19世纪末20世纪初，德国农业已大量使用化肥，扩大了机器的使用，土地的利用也得到改善，农业产量有了较大幅度的增长。但是，由于保留了大量封建残余，德国农业生产力的提高相对于工业来说是比较缓慢的。到第一次世界大战前夕，德国粮食需求的很大一部分仍要依靠进口。

第四节　20世纪上半叶德国经济概况

一、垄断资本主义的发展

19世纪末20世纪初，德国工业迅猛发展。1860—1870年德国工业生产的年平均增长率为2.7%，1870—1880年为4.1%，1880—1890年为6.4%，1890—1900年为6.1%，1900—1913年为4.2%。1870年以后，德国工业生产的增长速度仅次于美国，居世界第2位。1910年，德国在世界工业总产量中的比重跃居第2位，而且在工业发展中，重工业和化学、电气等新兴工业发展得最为迅速。到第一次世界大战前，德国已在最新技术基础上建立起完整的工业体系，重工业已在整个工业中占优势地位。

德国工业的迅速发展，特别是重工业和新兴工业部门的迅速发展，使德国在生产的集中和垄断方面超过了英、法两国。德国的电气、化学等新兴工业部门的企业，从一开始就采用股份公司形式，在最新技术基础上建立起来。国家的保护关税政策以及政府为了反危机而直接参与企业集中的活动，都加速了生产集中的过程。在生产高度集中的基础上产生了垄断组织。1857年，德国出现了第一个卡特尔，1870年增加到6个，1890年增至210个。进入20世纪以后，垄断组织更是急剧增加，1911年卡特尔共有600个左右，并且已产生了辛迪加、托拉斯和康采恩。垄断组织在重工业和运输业中发展最快。在重工业中，许多部门往往被一两个垄断组织所控制。例如莱茵-威斯特伐利亚煤业辛迪加在第一次世界大战前夕已控制了全国50%的煤炭生产。德国铁业联盟和钢业联盟垄断了全国钢铁产量的98%。电子总公司和西门子公司两大集团控制了电气工业。克虏伯集团控制了军火工业。

工业的高度集中和垄断引起了银行业的集中和垄断。另外，国家干预经济的历史传统以及俾斯麦所实行的国有化政策，又使得德国的国家垄断资本主义得到迅猛发展。总之，卡特尔和辛迪加普遍发展，少数巨大的托拉斯和康采恩通过参与制控制了许多卡特尔和辛迪加，银行业与工业紧密结合，国家垄断资本主义不断发展，这一切都说明德国是垄断资本主义高度发展的国家。

二、第一次世界大战时期的经济统制及战后经济恢复

1.第一次世界大战时期的经济统制

1914年8月，德国以萨拉热窝事件为借口，首先向俄、法两国宣战，挑起了第一次世界大战。

战争开始后，德国政府加强了对经济的统制，国家垄断资本主义得到了迅速发展。1914年8月，政府成立了"德国战时工业委员会"，负责分配政府订货和管理军需生产；同时成立了"战时原料管理处"，负责调查和控制原料，以保证对军需生产的供应。1916年6月，德国政府设立了"帝国谷物局"和"帝国服装局"，分别负责征集和配售谷物和服装。居民必须凭证按限额购买生活必需品。

2.第一次世界大战后的经济恢复

第一次世界大战时，德国经济破坏严重。在协约国的封锁下，1913—1918年，德国的进口额缩减了3/5，出口额缩减了3/4。战时军事工业上升了10%，民用工业下降了59%，整个工业生产下降43%。农业生产方面，1914—1918年与1909—1913年比较，年平均播种面积缩减了14.8%，总收获量缩减了26.7%；1918年的物价较1913年上升了4倍。

1919年6月签订的《凡尔赛和约》是一个对德国进行掠夺的国际合约。根据和约，德国丧失了1/8的国土、1/12的人口、3/4以上的铁矿资源、2/5以上的生铁产量、1/3以上的钢产量、1/5的煤产量，以及1/7的耕地面积。和约剥夺了德国的全部殖民地。德国的全部国外投资也被各战胜国没收。和约还规定了巨额的战争赔款和实物赔偿。1919年，德国的工业总产量只及战前水平的33.8%。

自1924年起，德国经济开始恢复，进入了战后相对稳定的时期。1923年协约国推出"道威斯计划"，起到了帮助德国恢复经济的作用。同时，德国开

展了"产业合理化"运动，工业设备普遍更新，落后的企业被淘汰，生产实现了标准化。到1927年，德国工业已接近战前水平。

1929—1933年的世界经济危机使德国经济的恢复势头停止，转而直线下降，1932年8月落到最低点。按年度数字，从危机前的最高点到危机时的最低点，整个工业生产下降了40.6%。德国对外贸易一落千丈，1929—1935年，出口总额减少69.1%，进口总额减少70.8%。

经济危机引起了政治混乱和社会动荡。1933年1月，希特勒就任德国总理，开始了法西斯的第三帝国统治，德国经济也走上了军事化的道路。

三、第二次世界大战时期的经济状况

1939年9月7日，德国进攻波兰，挑起了第二次世界大战。

1938—1943年，德国的军费支出共6 220亿马克，占国家预算支出的92%，超过同一时期德国本土国民收入的15%。为了征集庞大的军费，希特勒政府推行了增税、国债和通货膨胀政策。

1938—1939年和1942—1943年，国家税收由177亿马克增加到404亿马克。战时全部税收共1 827亿马克。国债总额1939年为371亿马克，1945年为3 793亿马克。同一时期，德国货币流通量由110亿马克增加到675亿马克。财政、信贷及货币流通状况严重恶化。

1938—1943年，德国全部工业生产增长了19%。其中，生产资料生产增加63%，消费资料生产则缩减了近10%。德国军事工业在1939—1944年增长了4倍。此外，德国还在欧洲占领区大量生产军火。到1941年年末，被占领的法国、比利时、荷兰、丹麦、挪威及波兰等国就向德国提供了总值达128亿马克的武器军火。从1944年第三季度起，德国工业生产开始直线下降。如以1938年为100，1945年生产资料生产指数下降到30～44，消费品生产指数下降到18～28。战时农业、运输业及对外贸易都有不同程度的下降。

四、第二次世界大战后经济发展概述

根据雅尔塔会议，1945年5月德国战败后，苏联占领德国东部，英国占领德国西北部，美国占领德国西南部，后来英、美分别把所占地区划出南部的一块交给法国占领。柏林由四国共同占领。但是苏联和西方盟国的意见越来越不统一。根据《波茨坦公告》签订的惩罚德国的协议，作为赔偿，苏联在其占领区拆除了很多工厂并运回苏联。与此同时，美国参议院对外关系委员会则公开宣布对德国及欧洲进行经济援助。1946年，英美占领区合并，后来法国占领区也加入。

1948年3月成立了具有中央银行性质的德意志州际银行，同时，改革所需

要的新钞在美国开始印刷，同年6月，新马克取代旧马克的流通。经过一系列稳定和发展经济的改革，德国的美、英、法三国占领区的经济走上了复兴的道路。西方国家这些违反波茨坦会议精神的措施招致了苏联的报复，苏联关闭了三国占领区和柏林之间的所有公路和铁路。从1948年下半年开始，三国占领区的经济恢复加快，其1949年的工业生产比1948年提高25.8%，为1936年的113%。至此，德国三国占领区的经济已大体上恢复到战前的最高水平。

1949年5月，在原德国西部美、英、法占领区内建立了德意志联邦共和国。联邦德国的面积相当于1937年年末德国疆界的53%，约比德意志民主共和国大1.3倍。联邦德国成立后，完全被纳入了欧洲复兴计划和欧洲经济合作组织。

第五节　20世纪下半叶德国经济概况

一、1950—1973年联邦德国经济的高速发展

1950—1973年联邦德国的经济发展可以分为两个阶段，即50年代的高速发展和之后的平稳发展时期。

20世纪50年代被称为联邦德国"经济奇迹"时期。在这个10年中，联邦德国工业生产平均年增长率高达11.4%，工业产值从487亿马克上升到1 647亿马克，增长了2.4倍。国民生产总值从233亿美元增加到726亿美元，增长了2.1倍。联邦德国的国民生产总值分别在1959年、1960年超过法国和英国，第三次成为资本主义世界中的第二大国。

20世纪60年代联邦德国经济发展有所减缓，但这一时期，工业生产仍有平均每年5.8%的增速，工业总产值增长了2.1倍，国民生产总值增长了1.6倍。1950—1970年，联邦德国的钢产量从1 200万吨发展到4 500万吨，发电量从445亿度增加到2 426亿度，汽车产量由30万辆增加到384万辆，合成纤维由1 000吨增加到49.7万吨。联邦德国的经济增长大约持续了25年。据统计，1950—1973年，排除通货膨胀因素，联邦德国国民生产总值按照马克的固定价格计算，增长3.06倍，翻了两番，年均增长6.3%。其中，工业产值年均增长7.5%，增长了4.33倍；农业年均增长2.5%，增长了75%。

1950年，联邦德国进出口贸易总额只有46亿美元，1970年增加到646亿美元，增加了14倍之多。联邦德国的对外贸易总额在1953年超过法国，1954年超过加拿大，1962年超过英国，仅次于美国。20世纪50年代，联邦德国平均每年贸易顺差22亿马克；60年代平均每年贸易顺差27亿马克。1950年联邦德国的外汇储备为11亿马克，1960年增加到320亿马克，增长了28倍。1970年外汇

储备增加至124.4亿美元，占资本主义世界的15.2%，超过美国跃居第一。

经济的发展提高了国民的收入和生活水平。产业工人收入在10年之间翻了一番。1950年，平均每1 000户居民中拥有的小汽车数量为11辆，1970年为236辆。

20世纪50年代，联邦德国重点发展了电力、钢铁等基础工业。20世纪60年代，石油化工、汽车、飞机制造等部门得到了快速的发展。联邦德国的农业从战后到20世纪70年代初，占地1~10公顷的小农户数目及总面积减少了一半，占地20公顷以上的农场数目增加了70%，总面积增加了60%。

二、石油危机之后的联邦德国经济

20世纪70年代，石油危机席卷了全球资本主义国家，联邦德国经济进入中低速增长时期。1974—1981年，联邦德国国民生产总值年平均增长率仅为2.0%，这个速度不及高速发展阶段的1/3，也不及平稳发展时期的1/2。但总体来看，联邦德国的经济是在通货膨胀不太严重的情况下较为迅速而稳定地增长。1981年国民生产总值达15 431亿马克，比1950年实际增长3.86倍，平均每年增长5.2%，这在战前是极少有的。同其他主要资本主义国家比较，联邦德国的经济增长速度也是比较快的。

随着国际重化工产品需求疲软，又恰逢石油危机，联邦德国的工业进入低谷调整期。1973—1984年，联邦德国工业平均增长只有0.6%，其中石油冶炼、钢铁、造船、冶金等传统产业的发展相对停滞。联邦德国在新一轮的产业转型中抢占优势，微电子技术、生物技术等高科技产业得到了政府的重视。1979年后联邦德国工业生产上的技术革新非常快。

20世纪70年代之后的联邦德国虽然经济增长率下降，但是产业转型加快了。1970年，联邦德国的农业和工业的投资比重为36%，1978年就下降到28.5%，服务业的比重则逐渐上升。1978年服务业的固定资本投资比重达到42.8%，为工业投资的1.7倍。1975年，服务业比重在联邦德国产业转型中第一次超过农、工业。联邦德国的服务业的比重比美、日等国家较高，增长速度较快。1973—1984年，联邦德国农业、工业的比重分别从3%和47.7%下降到2.2%和42.6%，而服务业的比重则由49.3%上升到55.3%。

1981年联邦德国统一社会党提出"依靠科学技术，提高经济效益"的80年代经济发展战略。1981—1985年国民收入年平均增长速度为4.4%，1989年国内生产总值为3 534亿马克，人均21 500马克，成为世界上经济发展水平较高的国家。

经过10多年的产业转型阶段，联邦德国的工业发展在对外贸易持续扩大的背景下重新开始持续性增长。1984—1991年，工业年均增长2.7%，工业结构也得到了调整。机械、化工、电气、汽车制造成为其工业的支柱，这些产业占工业的比重为40%。对外贸易在联邦德国经济的重要性更加突出。

三、德国统一后的经济发展状况

统一之前的民主德国是一个比较发达的社会主义工业国，但与联邦德国相比经济实力相差较大。民主德国与联邦德人口之比为1：4，国内生产总值之比为1：6，民主德国的人均国内生产总值仅为联邦德国的2/3，技术水平落后20余年。20世纪70年代到80年代中期，民主德国经济稳步增长，到1988年，人均收入达8 500美元，其经济居东欧国家之首。

1990年，联邦德国和民主德国签订《统一条约》。同年10月份，东部的5个州加入联邦德国，两德正式统一。两德统一之后，在经济方面，统一使用联邦德国的马克，并逐步实现民主德国的国有企业私有化。两德统一之后，德国的经济呈现出空前活跃的状态，与此时进入衰退期的美、英等国家形成了鲜明的对照。但是好景不长，在1992年国内生产总值旋即下降，此后的10年间，德国经济发展缓慢，失业人数不断上升。

概括起来看，20世纪90年代之后经济增长缓慢的原因是，德国在微电子技术、生物工程技术等高科技领域的起步较晚，投资力度又较美、日等国家小，产业转型没有到位，因此不能保证其经济的稳定、高速增长。为了解决这个问题，德国政府采取了一些措施，并开始每年提供8.4亿美元资助生物技术的开发和产业化。1991—1994年投资生物技术的公司增加了100多个。基于政府对信息和通信基础建设的强有力支持，德国信息与产业技术市场1999年增长了9.6%，达到2 140马克的规模，相当于国内生产总值的5.5%。1997—1999年，德国就业增长率为0.7%（见图3-1）。

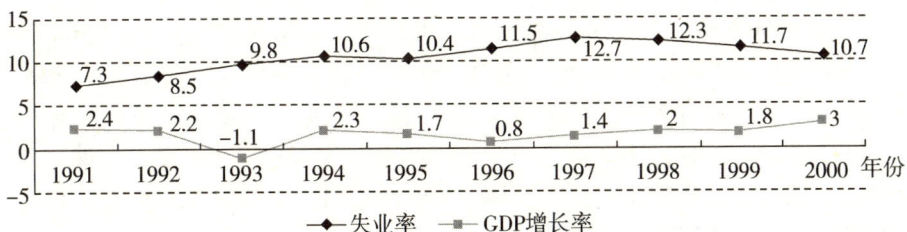

图3-1 20世纪90年代德国失业率和GDP增长率的变动（%）

资料来源 德国统计局网站. 数字中的德国（2002）.

复习与思考

1.比较英国、法国、德国在资本主义发展中农业运行所体现的不同特点。

2.工业革命对19世纪末德意志的统一起到了什么样的作用？

[第四章]
美国经济史

第一节　北美殖民地的经济概况

一、英属北美殖民地的建立

17世纪前，西班牙已在今北美的佛罗里达、佐治亚、南卡罗来纳、亚拉巴马和墨西哥沿岸建立了殖民点。1604年，法国在今加拿大建立第一个殖民地罗雅尔，1607年又建立魁北克。1609年，荷兰在哈得逊河开始建立殖民地，名为新尼德兰。1606年，英国伦敦和普利茅斯两个殖民公司取得由国王授予的向北美移民的特许状。1607年，英国人首先在今弗吉尼亚的詹姆士河口建立詹姆士城。到1733年，英国已占据东起大西洋沿岸、西至阿巴拉契亚山脉的整个狭长地带，共建立13个殖民地。

18世纪60年代，13个殖民地的人口迅速增长。除印第安人外，1760年居民约160万人，1775年增至260万。在白人中，来自英格兰、爱尔兰、苏格兰的占多数，此外还有德国人、法国人、荷兰人等。破产失地的农民构成英国移民的主要部分，其他还有工厂主、大商人、农场主及手工业工人。一般说来，美洲新大陆没有封建阶级，它是直接在从欧洲移植过去的资本主义关系上发展起来的。因此，美国没有前资本主义史。

英属北美13个殖民地大体上可分为3种类型：（1）北部4个殖民地（马萨诸塞、罗得岛、新罕布什尔、康涅狄格）在1643年联合为新英格兰。这里工商业和渔业发达，造船业是主要的工业部门。（2）中部4个殖民地（宾夕法尼亚、纽约、新泽西、特拉华）土地肥沃，谷物生产和畜牧业发达。（3）南部5个殖民地（弗吉尼亚、马里兰、北卡罗来纳、南卡罗来纳、佐治亚）以种植园奴隶制经济为主，主要农作物是烟草、蓝靛和棉花。

二、殖民地的农业和工商业

在殖民地时期，农业是北美殖民地经济的基础。在工业最发达的新英格兰，农业人口也达到90%。新英格兰普遍建立了自耕农土地私有制。农场规模一般在10～50英亩之间。农作物以玉米为主，其他还种植牧草、马铃薯等。南部殖民地是由英国国王特许贵族地主或富商组织的公司经营的。这里平原广阔、土地肥沃、气候温和，适宜于进行大种植园经营。中部殖民地自然条件很好，农作物以小麦、大麦、玉米为主，因而有"面包殖民地"之称。

17世纪，殖民地的工业主要是家庭副业。在沿海商业较发达地区，则有手工业作坊。18世纪50—70年代，分散的手工工场在北部殖民地已相当发达，其水平约相当于英国16世纪末期的情况。18世纪上半叶，集中的手工工场也出现了。比较发达的手工业部门主要有造船业、酿酒业、面粉业、皮革业、马具制造和铁器制造业等。北部新英格兰殖民地多良港，森林和矿产资源丰富，工业最为发达。中部殖民地次之。南部殖民地工业极少，主要依靠输入工业品。

对外贸易在殖民地经济中具有重要意义。与北美进行贸易的主要是英国和西印度群岛，还有荷兰、南欧诸国。主要出口商品有北部的鱼类、木材、船舶用品、皮货，中部的谷物，南部的烟草。进口商品主要有英国和荷兰的羊毛、铁器及其他工业制品，西印度群岛的砂糖、银等。

三、美利坚民族的形成和独立战争

随着殖民地经济的发展，出现了统一的市场。从17世纪末起，交通有了改进。沟通13个殖民地的公路陆续修建，邮政制度也建立起来，共同的经济生活联系加强了。英语是殖民地的公用语言。构成近代民族的各种因素逐渐具备，美利坚民族开始形成。

到18世纪下半叶，殖民地与宗主国之间的矛盾日益尖锐。殖民地的社会经济发展受到英国殖民统治的束缚。英国政府为了地主贵族的利益，禁止殖民地人民向西部迁徙；为了资产阶级的利益，又禁止殖民地生产工业制品和与其他国家直接通商。1660年的《列举商品法》规定北美殖民地的烟草、砂糖、棉花、蓝靛等商品只许输往英国；若运往欧洲其他国家，必须在英国卸货，再由英国商人转运。1663年的《主要商品法》规定从欧洲大陆运往殖民地的货物必须在英国卸货，经征税后方能重新装运。1669年的法令禁止殖民地之间运销羊毛、棉纱和毛织品；1750年的《制铁条例》禁止殖民地建立和扩建熔铁炉及切铁、轧铁的工厂。英国力图垄断殖民地的贸易，限制殖民地的工业发展，使它成为英国的工业品销售市场和原料供应地。

英国对殖民地工商业的限制与殖民地要求自由发展经济之间的矛盾，是引起北美独立战争的一个重要原因。

1774年9月，各殖民地派代表召开了第一届大陆会议，决定联合起来反对英国殖民统治。1775年5月第二次大陆会议正式对英宣战，推举乔治·华盛顿为总司令。这次大陆会议还在1776年7月4日通过了由托马斯·杰弗逊起草的《独立宣言》，宣布解除对英王的隶属关系，建立独立的美利坚合众国。《独立宣言》的发表标志着美国的诞生。7月4日这一天后来被定为美国国庆日。

独立战争打了7年之久。1781年10月的约克镇一役，英军8 000人投降。1783年9月3日，英、美签订《巴黎和约》，英国正式承认美国独立。

第二节　美国资本主义经济的发展

一、向西部扩张

独立战争后，美国开始大规模向西部扩张领土。到19世纪中叶，它已将版图扩展到太平洋沿岸，国土面积增加了7倍多。

1784年，美国政府强迫印第安人签订条约，把包括今天的俄亥俄、印第安纳、伊利诺伊等州的土地割让给美国。1830年5月，杰弗逊总统批准《印第安人迁移法》，决定把印第安人赶到密西西比河以西去。此后，美国继续向西驱赶印第安人，强行占有大片土地。

1803年，杰弗逊总统趁拿破仑忙于应付欧洲战争之际，以1 500万美元从法国手中购得路易斯安那，面积约为200万平方千米，比美国当时的国土面积大2倍，每英亩土地只花了4美分。这块土地以后建成了包括路易斯安那州在内的十几个州。1810年，美国占据原属西班牙的佛罗里达西部；1819年又从西班牙手中购得佛罗里达东部；1846年从英国手中夺得俄勒冈。1846—1848年美国发动对墨西哥战争，把墨西哥领土的一半并入美国，包括今天的得克萨斯、加利福尼亚、亚利桑那、内华达、犹他、新墨西哥、科罗拉多各州及怀俄明州的一部分。

到19世纪中期，美国的领土已从大西洋延伸到太平洋，约占北美大陆的一半。这片土地资源丰富，使美国具有比其他资本主义国家更优越的发展条件。广阔的西部土地吸引了大量的移民。1800—1850年，美国人口从530万增至2 300万以上。土地的扩大和劳动力的增加，加速了美国工农业的发展。

二、农业资本主义发展的"美国式道路"

农业资本主义的发展存在两种客观上可能的道路，即"普鲁士道路"和

"美国式道路"。在前一种情况下，农奴制地主经济缓慢地转化为资产阶级的容克式的经济，同时分化出少数富农；在后一种情况下，地主经济已不再存在，农民成为农业中唯一的代表，逐渐转化为资本主义农场主。

"美国式道路"的特点就是在没有封建束缚的条件下，由小农经济的分化而自由发展为资本主义农场。这种农业中资本主义发展的道路在美国具有特殊的条件。美国政府把新拓展的西部土地一律宣布为国有，由政府出售给农民去开垦。1785 年美国政府颁布了第一个土地法令，规定西部土地最低按 640 英亩的限额出售，每英亩售价为 1 美元。以后出售土地的最低限额不断降低，到 1820 年降为 80 英亩，每英亩土地价格为 1.25 美元。政府还于 1841 年颁布了《垦地权条例》，正式承认自行占地进行开垦的农民有购买其占用土地的优先权。在这种条件下，一般农民都有可能获得西部的土地。小农场主的农业经营制在西部普遍发展。同时，美国资本主义工商业和交通运输业的发展、人口的增加，对农产品提出了日益增长的要求，把农民卷入了资本主义市场，加速了农民的分化。所以，在西部土地上，一方面是小农经济普遍建立，同时它又在不断发生分化，由小农经济的分化而自由发展为资本主义农场。

美国在独立战争后，也和法国一样，出现了汪洋大海般的小农经济，但其后农业资本主义的发展很迅速。这主要是因为小农经济的条件和基础不同。美国的小农经济土地经营规模较大，在 1784 年、1787 年、1800 年、1820 年分别颁布了土地法，1862 年的《宅地法》规定出售或无偿给予的土地单位面积分别为 640 英亩、320 英亩、160 英亩、80 英亩、160 英亩。其中最小的地块面积也相当于法国大革命 70 多年后中等农户的最大地块。美国的小农经济从一开始就是在资本主义生产关系及商品性农业的基础上发展起来的。国内经济发展对农产品的需求，以及较早地进入世界农产品市场，为美国农业提供了广大的市场；加之土地辽阔，劳动力缺乏，推动了农业生产技术和经营的改革。这一切都使美国的资本主义农业迅速发展。1800—1860 年，美国农业生产总值增长 5 倍以上。1860 年美国粮食产量为 3 096 万吨，当时人口为 3 144 万人，人均拥有近 1 吨粮食。

三、工业革命的发展过程

美国的工业革命也是从棉纺织业开始的。1789 年在罗得岛建立了第一个纺纱厂。19 世纪上半叶，美国工业革命蓬勃开展。19 世纪初，工厂制度首先在棉纺织业确立。19 世纪 30 年代开始建立大规模的毛纺织厂，40 年代工厂制已在毛纺织业占统治地位。

冶金业和采煤业也发生了技术革命。到 1850 年，炼铁已采用蒸汽机、焦炭等新技术。煤矿也普遍采用蒸汽机排水。

机器制造业于19世纪初开始建立。当时各种机器主要从英国进口。但到19世纪中叶,制造农业机械、缝纫机、制鞋机的工厂已有相当大的发展,尤其是农机的产量超过欧洲各国。

在面粉业、食品加工业、木材加工业、制鞋业、服装业等部门中,美国也普遍建立了使用机器的工厂。

运输业的技术革新开始于1807年。这一年,富尔顿制成汽船。从19世纪20年代起,汽船在各大河流上定期开航。1828年开始修筑从巴尔的摩到俄亥俄的第一条铁路。到1850年,铁路线长达1 500千米,跃居世界第一位。1860年,铁路负担了全国货运量的2/3。

到19世纪50年代,工厂制度在美国已广泛建立。1950年,产业工人共有95.7万人。随着工业革命的进展,工业生产迅速增长。1810—1860年,工业总产值增长了近9倍。美国工业生产在世界的工业总产量中所占的比重,由1820年的10%上升到1860年的17%,仅次于英国而占第二位。1815—1860年,美国按人口平均的实际收入增长了约50%。1860年的实际人均收入达292美元。

四、南北部的经济矛盾和南北战争

在北部和西北部资本主义经济发展的同时,在南部则发展了奴隶制种植园经济。美国奴隶制种植园一开始就以贸易为目的,为资本主义世界市场进行商品生产,因此它的经济性质属于资本主义范畴。但是这种奴隶制种植园经济排斥自由工资劳动,从而破坏资本主义生产的基础,因而它与资本主义的发展又是有矛盾的。

南北部的经济矛盾主要表现在贸易和西部土地的控制权上。在贸易上,北部资本主义经济要求有广大的国内市场、自由劳动力、保护关税和集中统一的国家政权。而南部奴隶制种植园经济限制了自由劳动力的供给和国内市场的扩大。南部片面发展棉花种植业,将棉花直接输往英国,并从英国输入工业品。因此,南部要求自由贸易,反对保护关税。

在西部土地的控制权上,由于当时美国宪法规定每一州在国会占有一定的席位,因此西部新开辟的州是"自由州"还是"蓄奴州",对于南北部在国会中的力量对比具有重要意义。

到了19世纪60年代初,南北矛盾日趋激烈。1860年共和党人林肯当选为总统。当时共和党的竞选纲领是:不再让给奴隶制度一块新土地;制定自由土地法;实行保护关税政策。接着,南方各州先后宣布脱离联邦,于1861年2月组成了南方联盟。4月12日,南部不宣而战,内战正式爆发。

内战中,林肯政府于1862年5月颁布了《宅地法》,实行自由土地制度;9月颁布了《解放黑奴宣言》,宣布南方各州黑奴永远获得自由。1865年4月,北军攻陷了南方联盟"首都"里士满，历时4年的南北战争结束。

南北战争使美国成为一个名副其实的独立、统一的民族国家，在政治、经济上完全摆脱了英国的控制，结束了南部种植园奴隶制和南北部的经济分裂，巩固了资产阶级政权，为资本主义的迅速发展扫清了道路。

五、美国成为世界第一工业强国

南北战争后，美国工业进入迅猛发展时期。种植园奴隶制的废除、西部土地的开发、自由劳动力和国内市场的扩大、先进科学技术的应用、欧洲资本的输入和外国移民的迁入，都是加速这一时期经济发展的重要因素。

在19世纪和20世纪之交，美国的工业生产已大大超过农业，成为国民经济中最主要的部门。1850—1900年，工业生产增长了15倍；1900—1914年，工业生产增长70%。工业中重工业有相当大的发展。1880—1914年，重工业产值增长5倍左右，轻工业产值增长3倍左右。钢铁业和机器制造业的产值分别在工业总产值中占第1位和第3位。重工业已在工业中起主导作用，基本上能够满足国民经济各部门技术装备的需要。

从19世纪末起，一系列新兴工业部门迅速发展起来。进入20世纪以后，石油工业、汽车工业、电气工业、化学工业、炼铝工业等新兴工业部门有了较大的发展。

美国工业发展迅速，使其在短期内赶上并超过了其他资本主义国家。1860年，美国工业生产居世界第4位，到1894年已跃居第1位。到1913年，美国工业生产量占世界工业生产的38%，相当于英、法、德、日4国工业生产量的总和。至此，美国工业革命基本完成，从农业国变为以重工业为主导的世界第一工业强国。如果从1812—1814年英美战争后工业革命开始算起，美国完成工业革命历时约80年。

农业中资本主义的发展也很迅速。《宅地法》的实施加速了西部土地的开拓。19世纪最后20年，美国新垦殖的土地面积超过了英、法、德三国土地面积的总和。农民人数由于欧洲移民的涌入而急剧增加，从1860年的200万人增至1900年的570万人。资本主义大农场广泛使用机器和其他新技术，农业生产迅速增长。1860—1900年，小麦的产量增长了3倍，占世界小麦总产量的23%。1850—1900年，农业生产增长约3倍。1900—1914年，农业生产增长了31%。

工业生产的迅猛发展推动了资本和生产的集中。1880—1890年，钢铁产量增加了1/3，而钢铁工厂却减少了1/3。到20世纪初，生产集中的状况更明显。1904年，产值在100万美元以上的大企业约有1 900个，占企业总数的0.9%，它们的产值占总产值的38%。1909年，集中程度又有所提高，这类大企业增加到 3 060 个，占企业总数的 1.1%，它们的产值占总产值的 43.8%。

生产的集中产生了垄断。托拉斯是美国垄断组织的最普遍形式。1879 年美国出现了第一个托拉斯——美孚石油公司，以后在其他部门也纷纷形成托拉斯。到 1904 年，美国共有 318 个工业托拉斯，它们拥有全部加工工业资本额的40%。美国钢铁公司，国际收割机公司，杜邦火药公司，福特、通用、克莱斯勒三大汽车公司等著名的大托拉斯都组成于 20 世纪初。银行资本和工业资本也密切结合，形成金融资本。20 世纪初，美国已经确立了金融资本的统治，成为典型的垄断资本主义国家。

第三节 20世纪上半叶美国经济概况

一、第一次世界大战时期的经济繁荣和对外扩张

1.第一次世界大战时期的经济繁荣

1914—1918 年第一次世界大战期间，美国工业生产有了极大的发展。4 年中加工工业约增长了 32%，其中军火、汽车、造船、化学、冶金等部门的增长尤为迅速。农业生产也有大的发展。1915 年小麦产量达到创纪录的 2 722 万吨，比 1913 年增加 1/3。战争期间，小麦年平均输出量为 375 万吨，比战前年平均输出量增加了 1.5 倍以上。

战时美国对外贸易大大增加，出口总值增加了 2 倍，进口总值增加 80%，出超累计达 116 亿美元。1914—1916 年，美国商船总吨位数增加了 10 倍。海军力量也大大增强。

到 1919 年，美国的国外投资总额达 70 亿美元，借给协约国的战债约为 100亿美元。美国收回外国在美国的有价证券达 20 亿美元。美国将世界黄金储备的40%（约值 45 亿美元）掌握在自己手中，加强了其在世界金融中的控制地位。

2.第一次世界大战时期的对外扩张

经过第一次世界大战，美国的殖民势力迅速扩张。战后它完全确立了在加勒比海地区的统治，在南美洲排挤了英国的势力，将势力进一步侵入中国。美国的实力大大增强，奠定了它建立世界霸权的基础。

二、20世纪30年代大危机及罗斯福新政

1929 年 10 月 21 日纽约股票市场暴跌，揭开了大危机的序幕。这是美国历史上最深刻、最严重的一次危机。整个危机期间，股票价格连续下跌，平均每股由 365 美元跌到 81 美元，降低了 78%。1929—1932 年，由于跌价所引起的证券贬值共计 840 亿美元。

从危机前最高点（1929年6月）到危机最低点（1932年7月），全国工业生产下降了55.6%，退回到1905—1906年的水平。农产品价格从1930年春季起连续下跌，谷物价格在危机期间下降到2/3，退回到19世纪的最低谷价水平，大批农场破产。

危机期间，美国出口和进口总值都减少了70%左右。生产过剩危机引起信用危机。1929—1933年，美国破产的银行达10 500家，占全国银行总数的49%。整个银行信贷体系濒于瘫痪。

1932年，民主党总统候选人富兰克林·罗斯福当选为总统。1933年春罗斯福就职后，即开始推行新政。新政的目的是缓和经济危机及其后果，维护"私人利润和自由企业制度"。新政的基本内容是全面加强国家对经济的干预和调节。

1933年6月，罗斯福政府公布《全国企业复兴法》。这一法令包括3个主要方面：通过强制卡特尔化的办法，实现国家调节和消除生产过剩；进行劳资关系的国家调节；通过举办公共工程等措施大量减少失业人数。

为了防止美国财政信贷体系的彻底崩溃，罗斯福政府从1933年5月到1935年先后颁布了一系列银行法和存款保险法，并对银行发放巨额贷款，使银行制度得到一定程度的稳定。1934年以后，大部分银行先后恢复营业。

1933年5月，罗斯福政府批准发布《农业调整法》。根据这一法令，国家通过向农场主奖励和津贴的办法来缩减农业耕地面积，以达到减少农产品产量、提高农产品价格和农场主收入的目的。同时，政府又通过了《农业信贷法》和《联邦农场抵押借款法》，避免了大批农场破产，并使部分农场主利用政府贷款偿还了抵押借款，赎回了农场。

新政是美国经济体制及生产关系的一次重大变革。在凯恩斯理论的指导下，美国政府通过新政大规模干预国民经济，一定程度上控制了经济危机的进一步恶化，缓和了经济危机的后果，并在以后发展了日趋完善的宏观调控体系，以适应资本主义生产高度社会化的发展要求。

三、第二次世界大战时期的经济状况

第二次世界大战爆发后，美国终于修订长期奉行的中立法，废除武器禁运条款，允许交战国购买军火、粮食和其他物资。1941年3月又提出《租借法案》，支援反法西斯国家。1941年12月7日，日军偷袭美国太平洋海军基地珍珠港。12月8日，日本对英、美宣战，美国也向日、德宣战，从此，美国正式参战。

战时，美国的工业特别是与军需有关的重工业发展迅速。以1937—1939年工业产量为100，美国工业生产指数的变化是：1940年为120，1941年为155，1942年为190，1943年为227，1944年为223，1945年为191。1939—

1943年，美国重工业生产量增长了2.3倍，重工业产品的81%是军用品，轻工业生产量增长了61%。

战时世界粮食市场的扩大刺激了美国的农业生产。与1939年水平相比，战时主要作物产量及牲畜头数增长的百分比为：小麦增长49.5%，玉米增长20.1%，水稻增长38.5%，棉花增长8.5%，牛增加29.6%，羊增加8.5%，猪增加57.5%。由于劳动力缺乏，农业机械化在战时有了很大发展。1940—1945年，农业中各种机器增加的数量约相当于过去30年的总和。战争结束时，美国农业基本上实现了机械化。

美国战时军事支出共计3 250亿美元，占国家预算支出的80%以上，相当于同期国民收入的43.4%。筹措战费的办法主要是增加税收、发行公债和实行通货膨胀。

经过第二次世界大战，美国的实力进一步增强。战后初期，美国拥有资本主义世界工业产量的53.4%（1948年）、出口贸易的32.4%（1947年）和黄金储备的74.5%（1948年），在其他资本主义国家因战争而经济残破不堪时，美国则成为一个超级大国。

第四节   20世纪下半叶美国经济概况

一、第二次世界大战后美国经济发展的"黄金时期"

第二次世界大战后到20世纪50年代中期，是美国经济调整和发展时期。战后初期，美国私人企业开始大规模的固定资本更新。居民在战时受到限制的消费需求也重新高涨，西欧和日本的经济重建和恢复也吸收了大量的美国商品和资本。

20世纪50年代中期到60年代末是美国经济迅速发展时期。第三次科技革命的兴起、一系列新兴工业部门的建立、传统工业部门的技术改造，开辟了广阔的投资领域，扩大了生产和就业。政府对经济干预的加强缓和了经济危机，促进了经济的发展。在20世纪50—60年代，资本主义世界出现相对稳定的局势。以美元为中心的世界贸易体系和以美国为中心的国际贸易制度（关贸总协定）对稳定国际货币和保证贸易自由与资本流动自由起了一定的作用，也促进了美国经济的增长。到20世纪50年代中期，全世界一半以上的商品是由美国生产的。1950—1959年，美国国民生产总值年平均增长率为3.9%。1960—1569年，国民生产总值年平均增长率为4.1%。在这20年里，美国国民生产总值增长2倍，年均增长3.6%，其中工业生产增长了2.9倍，年平均增长率达到4.3%，这一时期是美国经济的"黄金时期"。

在这一"黄金时期"里，美国的产业结构发生了巨大的变化。1950年，美国的第一产业比重为7.3%，第二产业比重为37.0%，第三产业占54.5%。劳动力也由第一、二产业向第三产业转移，第三产业在国民经济中占据了主导地位。1950年和1973年美国国民收入的来源中，农业收入和其他收入相比减少了一半，制造业和公用事业的收入也相对减少，各类服务业的收入相对增长（见表4-1）。1975年，美国的第三产业在总产值中占据了65.5%，尤为瞩目的是信息产业达到了50%以上。

表4-1　　　　　　1950年和1973年美国国民收入的来源（%）

年份	农业	制造业	公用事业	服务业	总国民收入
1950	7.3	38.7	8.6	45.4	100.0
1973	3.6	34.1	7.6	54.7	100.0

资料来源　高德步. 中外经济简史［M］. 北京：首都经济贸易大学出版社，2011：216.

二、滞胀时期的美国经济

1971年8月15日，为了解决就业和通货膨胀问题，尼克松政府宣布实行新经济政策。1974年美国的通货膨胀率达到14.4%，这个指标是第一次世界大战以后的最高水平。1975年失业率也达到了9.2%，比战后的最高水平还高出2%。

伴随着1974—1975年第三次世界经济危机，美国经济进入衰退时期。随着美国的黄金储备日益减少，美元贬值加剧，直至最终以美元为中心的布雷顿森林体系崩溃。1975年之后，美国和其他主要发达国家一样进入了滞胀阶段。1973—1979年，美国平均产出增长率仅为2.12%，远远低于20世纪五六十年代的水平，资本投入的贡献在经济增长中每年下降0.05%，劳动投入的贡献实际增加0.27%，生产率的增长幅度下降1.38%。美国生产率的提高、净投资率和收入的增加及总的经济增长等各方面的指标落后于其他国家。这一时期，美国国民生产总值平均每年增长不到3%，这个水平同样低于五六十年代。美国政府面临着严重通货膨胀和严重失业的两难困境。卡特政府尝试过解决滞胀难题，但是收效甚微。

1979年7月从英国开始的新一轮经济危机重新波及美国。1980年里根当选总统时，美国仍然处于滞胀的泥潭之中。1981年2月里根政府公布了"经济复兴计划"。里根政府实行了历史上最大规模的减税计划。这项改革使得美国各级政府的财政收入在国民生产总值中的比重下降，提高了货币政策的地位。通过里根政府对美联储的施压，美联储的货币政策变成了稳定经济增长。

在社会福利政策方面，里根政府逐步扩大私人和地方经营的规模，减少政府的干预和财政负担。同时，在政府的财政预算方面，1981年政府预算中社会福利支出减少128亿美元，1984年减少176亿美元，并将联邦政府所承担的某些保障责任下放给州政府和各级地方政府。

通过里根政府的改革，政府对经济的干预程度明显下降。美国各级政府的财政收入占国民生产总值的比重有所下降，1981年为32%，1985年为31.6%，1987年则降至29.7%。1982年美国度过了最严重的经济危机，里根政府对滞胀所采取的政策发挥了良好的作用。1983年之后，美国实现了连续6年多的经济增长。同时，里根的一系列经济政策对西欧和日本产生了示范性的影响。

同时也应该看到，里根政府为了实行这些政策不但没有减少财政支出，实际上还增加了支出，由此给美国留下了巨大的政府财政赤字和贸易赤字。1987年政府支出比1980年增加了67%，按同比价格计算平均每年增加约4.6%，这个数字高出了国民生产总值的增长率。在里根的任期内，政府的累计财政赤字高达12 917亿美元，这直接导致了为偿还国债而支出增加。为了吸引外资，里根政府采取了高利率政策，这项政策提高了美元的汇率，使美国商品的出口竞争力减弱，形成了巨额的贸易赤字。

三、20世纪80年代美国的经济水平

1980年，美国的国民生产总值为26 317亿美元，日本为10 401亿美元，联邦德国为8 174亿美元，法国为6 585亿美元，英国为5 255亿美元。日本的经济规模占美国的将近40%。1988年这组数字变化为美国48 631亿美元、日本28 586亿美元、联邦德国12 089亿美元、法国9 499亿美元、英国8 088亿美元。与1980年相比，日本的经济规模1988年已经达到了美国的60%，并且相当于联邦德国、法国和英国三国之和。

从各个国家的大型企业排名来看，1970年，世界百家大型工业公司中，美国占64家，欧洲占26家，日本有8家；到1988年，美国为42家，欧洲为32家，日本为15家。从银行规模排名来看，1970年，世界50家最大银行中，北美占20家，欧洲占16家，日本占11家；1988年，北美占5家，欧洲占7家，日本为24家。

美国经济地位的下降与其插手国际事务有一定的关系。在朝鲜战争和越南战争中，美国不仅丧失了数万美军士兵的性命，而且在经济上付出了很大的代价。在与苏联的军事对抗中，美国的军费开支不断增大，1950年为121.8亿美元，1960年为413.4亿美元，1970年为765.5亿美元，1980年为1 329.9亿美元，1986年为2 733.8亿美元。其中，1986年的军费开支是1950年军费开支的22倍还多。随着越南战争的升级，在20世纪60年代中期，美国经济开始滑

坡，并出现了近10年的经济滞胀。20世纪80年代后，美国的预算赤字和贸易赤字急剧增加，在世界生产总值和出口总额中，美国所占的比重不断减少，并由债权国沦为全球最大的债务国。当然，从综合实力来看，美国世界超级大国的地位并没有改变。

四、20世纪90年代的新经济增长

美国经济从1991年3月开始，经历了超过110个月的连续增长，经济扩张期明显延长，收缩期明显缩短。特别是在20世纪90年代后期，美国经济在呈现高速平稳增长的同时，通货膨胀率、失业率和财政赤字都维持在较低的水平，呈现出"一高三低"的"新经济"增长现象，所以这一时期又被称为美国经济发展的另一个"黄金时期"。在克林顿任职时期，财政赤字逐年递减，从1992年的2 900亿美元减少到1996年的1 073亿美元和1997年的220亿美元，在1998年出现了财政盈余。美国政府为了在多极化的世界格局中占据绝对的优势，加大了改革力度，大力发展以信息产业为代表的高新技术，经济持续增长，通货膨胀率开始下降，就业率上升。1992—1998年，美国国内生产总值年平均增长率为3.1%，而同期日本为0.8%，德国为1.7%，其中1997年和1998年美国均达到了3.9%；失业率从7.3%下降到近25年的最低水平4.2%；通货膨胀率由2.9%下降到1.6%。由于美国经济的增长，美国股市股价迅速上升，1991年第一季度道琼斯指数为2 500点左右，到1999年3月华尔街股票指数突破1万点。

出口贸易扩大成为美国经济增长的重要源泉。20世纪90年代，美国的出口量是世界上最多的，1995年的出口总额增长率达到了两位数，出口在美国国内生产中的比重在1993年达到历史最高水平的11.5%。信息技术产业成为推动美国经济增长的主要产业部门。据美国官方报告，1995—1998年，信息产业在国民经济增长中的贡献率达到33%。1993—1998年，美国信息产品进出口总额平均每年增长11.8%，比重达到商品进出口的19%。信息产业增强了美国工业产品的国际竞争力，所以信息技术促进了美国经济增长。但进入2000年，美国的国内生产总值从第二季度的5.6%下降到第三、四季度的2%、0.7%，新一轮衰退初露端倪（见表4-2）。

表4-2　　　　　　1992—2000年美国外贸出口与GDP增长变化表　金额单位：万亿美元

年份	1992	1994	1996	1998	2000
出口总额	0.62	0.70	0.85	0.93	1.07
贸易总额	1.27	1.51	1.80	2.03	2.50
GDP增长率（%）	3.3	4.0	3.7	4.2	3.7
GDP总量	6.3	7.1	7.8	8.8	9.8

资料来源　刘继森，何传添. 世界经济概论［M］. 上海：上海财经大学出版社，2010：245.

复习与思考

1. 农业资本主义发展的"普鲁士道路"和"美国式道路"是如何形成的？各有什么特点？

2. 20世纪90年代美国的"新经济"增长是如何实现的？

第五章

俄国经济史

第一节　中世纪俄罗斯社会经济概况

一、基辅罗斯的社会经济

东斯拉夫人是斯拉夫人中人数最多的一支，分布在辽阔的东欧平原上。罗斯国家就是东斯拉夫人建立的。6世纪以前，东斯拉夫人还处于氏族社会阶段，血缘相近的氏族公社结合成部落。6—8世纪，氏族制度开始解体，若干大家族按地域关系结成农村公社，称"维尔福"。

许多东斯拉夫人的部落联盟在8—9世纪时发展为国家，称为公国。其中较大的是第聂伯河中游的基辅和北部的诺夫哥罗德。

从6世纪起，住在南方的东斯拉夫人开始被称为罗斯人。罗斯国家的最后形成是在882年。据说诺夫哥罗德王公奥列格沿第聂伯河南下，征服了基辅和邻近各公国，以基辅为中心，统治着从第聂伯河到伊耳缅湖之间的地域，称罗斯大公。这个国家沿罗斯之名，在历史上称为"基辅罗斯"，首都是基辅。

罗斯国家形成之时，东斯拉夫人的原始公社制已逐渐解体，生产力发展到一定的水平。这时，东斯拉夫人同早已形成封建制度而且在经济、文化上高度发达的拜占庭帝国产生频繁的接触。在这种历史条件下，基辅罗斯开始了封建化过程。10世纪，基辅罗斯的大土地占有制正在形成，封建关系尚不发达。大公剥削人民的主要方式是征收贡物。每年冬初，大公带领亲兵到民间作"索贡巡行"，向人民征收粮食、皮毛、蜂蜜、蜂蜡等贡物；到第二年春，把贡物运到君士坦丁堡出售，换取纺织品、酒、水果和其他奢侈品。

10世纪前，东斯拉夫人一直信奉多神教。在与拜占庭的长期战争和贸易中，罗斯人受到基督教的影响。987—988年，大公弗拉基米尔宣布基督教为国教，命令所有罗斯人受洗。到11世纪前期，基辅设立大主教区，兴建了许多教堂和修道院。

10—11世纪时，基辅罗斯的社会生产力有了新的发展。铁犁得到改进，可以进行深耕；休耕制盛行，出现二圃制和三圃制；农作物种类增加；不少森林被开发为牧场。从10世纪中叶起，王公贵族以征收租税的办法代替索贡巡行。他们夺取村社的土地，建立大庄园。教会也在大公的支持下强占农民土地。这样，王公、贵族、教会都成了大土地所有者，迫使农民处于依附地位。罗斯的封建土地所有制最终形成。

罗斯的手工业从11世纪起有很大发展。大城市中已经有了各种规模的手工业行业，能制造150种以上的铁制品。在手工业发展的基础上，对外贸易也相当发达。11世纪时，罗斯约有80多个城镇。少数较大的城市是地方经济中心。

12世纪，基辅罗斯的封建生产关系发展，王公、亲兵和从村社分化出来的富人大量掠夺土地，教会、修道院也成为土地所有者。基辅罗斯各地大贵族的势力随之加强，王公之间为争夺基辅大公的继承权彼此混战，基辅罗斯分裂为若干独立的公国。

二、12—15世纪的俄罗斯经济

12世纪时，基辅罗斯分为十几个公国。1223年，蒙古从南方草原入侵，1240年占领基辅。罗斯的大部分土地被征服。13世纪40年代，瑞典和条顿骑士团又侵入罗斯。14世纪下半叶，立陶宛兼并了包括基辅在内的整个第聂伯河流域以及斯摩棱斯克。波兰则吞并了西南部的加利支公国。这样，罗斯的土地便被分割成三大部分：东北罗斯为蒙古金帐汗国所控制；西南罗斯为立陶宛大公所控制；加利支公国则属于波兰。到15世纪时，东斯拉夫人的三大民族即俄罗斯、白俄罗斯和乌克兰，分别在东北、西北、西南三个地区逐渐形成。它们各使用不同的语言。

14世纪时，俄罗斯社会经济才逐步从外族侵略的破坏中恢复，继续向前发展。耕地面积扩大了，三圃制的耕作方法得到推广，农业生产力有了提高。在这一基础上，封建土地所有制进一步发展。农民缴纳实物地租，承担各种劳役。

城市从13世纪后期开始恢复，到14世纪又走向繁荣。东北部的城市如诺夫哥罗德、普斯科夫、莫斯科等地的居民人数增加，手工业和商业活跃起来。制铁业、金属加工业、武器制造业、制革业、奢侈品制造业等是当时城市中重要的手工业。北部的制盐业也具有重要意义。在手工业不断发展的同时，地方市场日益转变为区域市场。诺夫哥罗德和普斯科夫同波罗的海、北海沿岸国家保持密切的商业联系，输出皮货、渔产品和农产品，并从西方输入香料和丝织物等。

三、莫斯科公国的兴起及俄罗斯的统一

14世纪东北罗斯社会经济的发展为政治统一创造了条件。日益强盛的莫斯科公国成为统一事业的中心。

莫斯科城建立于1147年，原为苏茨达尔一个王公的领地，后来逐渐发展为重要的城市。莫斯科最初的几个王公陆续合并周边其他王公的领地。到14世纪初，莫斯科公国已十分强盛。1340年大公伊凡·达尼洛维奇去世时，莫斯科已成为东北罗斯最强的公国。

伊凡的继承者继续致力于统一俄罗斯的事业。莫斯科大公伊凡三世（1462—1505年）于1463年占领雅罗斯拉夫公国；1474年灭罗斯托夫公国；1471—1478年又吞并诺夫哥罗德；1485年占领特维尔。这时，东北罗斯除普斯科夫以外，几乎全都统一在伊凡三世的权力之下。

在同一时期，伊凡三世最终摆脱了蒙古金帐汗国的统治。到15世纪时，金帐汗国地方封建主势力日强，已分裂出喀山、克里米亚、阿斯特拉罕和西伯利亚等小汗国。伊凡三世利用各汗国之间的矛盾对抗金帐汗，最终迫使金帐汗从东北罗斯边境撤退。200多年来蒙古对俄罗斯的统治被推翻了。

以后，伊凡三世又举兵收复被立陶宛侵占的土地。从1500年起，经过3年的战争，根据1503年的休战协定，伊凡三世获得奥卡河上游和德斯纳河流域的土地。

东北罗斯的统一，在瓦西里三世（1505—1533年）时期最后完成。普斯科夫和梁赞先后在1510年和1521年并入，立陶宛占据的斯摩棱斯克也于1514年收复。至此，俄罗斯中央集权国家基本形成。伊凡三世时已建立起强有力的中央政权机构，地方行政由大公任命的长官管理。大公还拥有由服役贵族组成的军队。俄罗斯成为一个统一的民族国家。

四、俄罗斯的农奴制经济

俄罗斯国家统一后，首都莫斯科成为工商业活动中心。诺夫哥罗德、普斯科夫等城市也很兴盛。16世纪时，在莫斯科和诺夫哥罗德等大城市中，已经有200种以上的手工业。随着城市的发展，粮食日益成为重要商品。粮食不仅要满足国内城市的需要，一部分还输往国外。这就刺激了俄罗斯的农业生产。封建主为了增加收入，大肆侵占农民土地。16世纪末期与中期相比，俄罗斯中部农民的耕地减少了40%。封建主扩大庄园，要求增加劳动力。他们加强劳役地租，把农民固着在土地上；国家则采用法律形式将封建主强占的土地权利

加以固定。因此，正当西欧国家由封建主义向资本主义过渡时，俄国却加强了劳役地租，逐步确立起农奴制度。

1547年，伊凡四世亲政，加冕后改称沙皇。他限制大贵族权力，加强中央集权。1565年，伊凡四世将全国划分为两大部分：一为普通区，由贵族组成的"杜马"管理；二为特辖区，由沙皇直接管理。沙皇特辖区包括土地最富饶、商业最繁荣的中部地区。为对付大贵族的反抗，沙皇从中小贵族中挑选1 000人组成特辖军团，后扩大到6 000人，用残酷的手段镇压了许多贵族。因此，历史上称伊凡四世为"恐怖的伊凡"。伊凡四世还大力对外扩张，打通黑海和波罗的海的通路。俄罗斯在对外扩张的基础上开始成为一个多民族国家。

1613—1917年的俄国为罗曼诺夫王朝统治时期。罗曼诺夫王朝竭力保护小贵族的利益。土地迅速扩大的小贵族要求加强支配农村劳动力的权利。沙皇政府为了满足小贵族的要求，于1646年宣布延长地主对逃亡农民追捕权的期限，定为10～15年。1646年，又进行新的户口登记，凡登入"人口调查簿"的人一律被固定在原地。1649年沙皇阿列克谢·米哈伊诺维奇颁布的《会议法典》在法律上确立了农奴制度。土地是皇室、贵族、教会和国家的财产。在教会、贵族地主土地上的农奴被称为私有农奴；在国家土地上的农奴被称为国家农民；在皇室土地上的农奴被称为宫廷农民。

在俄国农奴制下，土地掌握在沙皇和贵族手中。19世纪上半叶，在俄国的欧洲部分，10多万地主占有1亿多俄亩（1俄亩约合10 900平方米，下同）的土地，其中只有约3 570万俄亩作为份地，归1 070万个农奴使用。在沙皇掌握的7 900万俄亩土地中，只有3 700万俄亩归900万名国家农奴使用。每个地主平均拥有700俄亩土地；每个农奴则平均只有3.4～4俄亩的份地。农奴的封建义务主要是劳役租和代役租。

第二节　封建经济解体和资本主义的发展

一、工业和商业的发展

17世纪，俄国工业的主要形式是农民家庭手工业和城市小手工业。18世纪初，沙皇彼得一世进行了一系列政治、经济、军事改革。在经济上，实行鼓励和扶植手工工场的政策。沙皇政府在1821年颁布法令，准许把农奴劳动应用于工业中，促进了手工业的较大发展。

19世纪上半叶，俄国工业有了更快的发展。在1804年，雇用16名以上工人的手工工场已有1 200家，1825—1828年增至1 800家，19世纪50年代后半期又增加到2 800家。1804年，工人数目为22万人，到19世纪50年代后半期增加到86万人。在1860年，自由雇佣工人人数占工人总数的87%。在棉织业、麻织业、制革业中，资本主义手工工场已占绝对优势。

19世纪上半叶，俄国已出现机器生产，并从19世纪30年代中期开始由手工劳动向机器生产的过渡。所以，俄国自19世纪三四十年代起，还在封建农奴制的统治下就开始了工业革命。这是俄国工业革命的一大特点。但俄国工业革命在开始阶段主要是通过引进外国先进技术进行的。1824—1860年，进口机器的费用增加了72倍。俄国自己的机器制造业直到19世纪50年代才开始有所发展。

随着工农业生产的发展，俄国的国内外贸易也有了显著增长。19世纪上半叶，国内集市由3 000个增加到4 300个，贸易总额每年达2.3亿卢布。19世纪的前60年，俄国对外贸易增长了3倍。在农业中，生产技术和方法的改进也在缓慢进行。在少数地区已开始使用简单的农业机器。土地耕作也有了进步，少量耕地开始从落后的三圃制改为轮种制。经济作物的播种面积扩大了。

总之，到了19世纪中期，俄国的社会生产力有了较大的增长。资本主义因素在封建制度内不断滋长，封建自然经济日趋瓦解。

二、农奴制的废除

19世纪俄国社会生产力和资本主义生产关系的发展，仍然受占统治地位的封建农奴制度的严重束缚。1861年3月，沙皇亚历山大二世正式签署改革法令和关于废除农奴制度的特别宣言。其内容主要包括：农民有人身自由和一般公民权，地主不能买卖和交换农民；在全部土地归地主所有的前提下，农民可以使用一定数量的份地，但须缴纳赎金；农民因使用份地而须负担的义务；赎取份地的手续；设置管理改革后的农民的由贵族控制的村社组织。

农奴制废除后，沙皇政府又在19世纪60—70年代实行了政治、军事、司法及教育方面的资产阶级性质的改革。

1861年农奴制的废除是俄国历史上从封建生产方式过渡到资本主义生产方式的转折点。农奴制改革使2 000多万名农奴获得了人身自由，为这些农民以后成为自由雇佣劳动者创造了条件。改革也推动了商品货币关系的进一步发展，促进了国内市场的扩大和农民经济的日益分化。此后，在俄国的社会经济中，资本主义逐渐占主导地位。

三、农业资本主义的发展

农奴制废除后，俄国大部分土地仍掌握在贵族地主手中。但是，在资本主义发展的冲击下，地主们逐渐出卖和出租土地，或把土地典押给钱庄。因而，贵族地主对土地的独占被破坏，土地日益成为商品。商人、富农及市民阶层占有的土地日益增加。

同时，俄国土地经营制度也发生了变化，地主经济逐渐从劳役制向资本主义雇佣制过渡。在资本主义雇佣制度下，被雇佣的农民用地主的工具为地主耕种土地，获得工资报酬。资本主义农业在俄国各个地区的发展是不平衡的。到19世纪80年代末，在俄国欧洲部分43省的地主经济中，资本主义雇佣制在19个省中占优势。西部和南部及中央工业区由于靠近国外市场和国内工业中心，农奴制残余较少，资本主义农业便首先在这些地区发展起来。

农民的分化大大加强。到19世纪末，在俄国1000万个农户中，约150万户成了资产阶级性质的富农，他们在农业生产中占绝对优势；约650万户为农村无产者；介乎两者之间的中农约有200万户。

农业中资本主义关系的发展，促使农业技术和农业生产有了较大提高。1876—1894年，俄国农业机器增加2.5倍以上。1864—1905年，粮食播种面积增加近50%，粮食产量增加1.6倍。在生产发展的基础上，专业化的农牧业区开始形成。商品性农业有相当发展，谷物输出在1861—1895年增加了4.5倍。

第三节　俄国工业革命及经济高涨

一、工业革命的一般进程

俄国从19世纪30年代中期开始了由工场手工业向机器生产的过渡。当时，手工工场的发展使分工精细化，各种劳动操作已简化到可以用工作机代替手工劳动。富商、包买商和富农手中积累了大量货币，已有可能组织机器生产。商品货币关系的发展使俄国国内市场不断发育和扩大。同时，英国工业革命的完成对俄国工业的技术变革也发生了重要影响。

在以上条件下，俄国首先从棉纺织业开始了工业革命，1798年建立了第一个使用机器动力的官营纺纱工厂。1846年，俄国已有70万个机器纱锭，到1861年增加到200万个。19世纪30—60年代，织布业、印染业、毛纺织业、制糖业、造纸业等先后开始使用机器生产。1851年建成彼得格勒—莫斯科铁路；到1861年，全俄铁路线长约1500俄里（1俄里约合1.0668千米，下同）。1815年在涅瓦河上出现了第一艘汽轮。19世纪30—40年代，伏尔加河等流域开辟了定期的汽轮航线。到19世纪中叶，在棉纺织业、毛纺织业、制糖业、造纸业等工业部门中，机器生产和蒸汽动力已占60%以上。比较落后的冶金部门也开始采用机器生产。

1861年农奴制的废除，促进了俄国工业生产的急剧增长。到19世纪80年代，俄国基本上完成了工业革命，在主要工业部门中，机器生产代替了手工劳动。1880年，在纺织工业中，机器生产已占2/3。在冶金工业中，各地区发展不平衡，但到19世纪80年代，蒸汽机的总马力已超过水车的马力。1882年，手工方法冶炼的钢铁只占钢铁总产量的1/9。呢绒业、制糖业也已普遍采用机器生产。1860—1900年，俄国共建成铁路线50 000千米，其中有20 000多千米是在1890—1900年建造的。

二、工业革命后的经济高涨

工业革命的开展引起了19世纪90年代的工业高涨。1860—1900年，俄国的工业产量增长了6倍，而同期德国只增长了4倍，法国增长了1.5倍，英国增长了1倍左右。1866—1890年，俄国欧洲部分100名工人以上的大工厂的生产额，由2.0107亿卢布增加到5.8797亿卢布，几乎增加了2倍；工人由23万人增加到46万人。棉纺织品的产值由1860年的5 000万卢布增加到1890年的2亿卢布。重工业的增长速度更快，1890年的煤产量比1860年增加19倍，钢产量增加3倍。同时，还出现了一些新的工业部门，如石油工业、机器制造业等。然而在工业生产的绝对量和技术水平上，俄国仍落后于西欧和美国。19世纪90年代初，俄国工业中的劳动生产率比英国低1/3到1/2。

在19世纪下半叶，俄国形成了一些新的工业中心。波罗的海沿岸成了机器制造和纺织业的工业区；高加索和沿海城市巴库成为石油生产的中心；南方的顿涅茨盆地成为采煤和冶金业的生产基地。

在俄国工业发展的过程中，外国资本大量输入。1890—1900年，俄国工业中的外国资本总额由2亿卢布增至9亿卢布。外资在全部股份资本中的比重由1/3增长到约1/2。外国资本在采矿、冶金和机器制造业等重工业中的比重达74%。在工业和铁路投资中，有25%以上是采用进口的技术设备。1897年，在俄国最发达的纺织工业中，仍有73%的机器设备从外国输入。

随着资本主义大工业的发展，俄国生产集中的程度迅速提高。1866—1890年，俄国雇用1 000名工人以上的大企业的数目增加1倍多，工人人数增加2倍多，产品产值几乎增加4倍。到19世纪90年代初，俄国全部棉纺工人的3/4都集中在雇用1 000名工人以上的大型棉纺工厂中。俄国工业生产的集中程度超过了其他资本主义国家，这是俄国经济发展的又一特点。

三、20世纪初的工业和农业

1900—1903年的世界经济危机波及俄国。危机之后，俄国的工业经历了较长的萧条时期，到1909年才开始新的高涨。1909—1913年，整个工业产值有了很大的增长，主要工业产品（除石油外）的产值都超过了危机前的最高水平，煤炭产值超过1倍多。各地区工业发展不平衡。工业中心地区约集中了工业产值的50%，而乌拉尔地区工业仅占全俄工业产值的4.7%，西伯利亚只占2.4%。

进入20世纪后，工业集中的过程加快了。1910年，53.4%的工人集中在拥有500人以上的大企业中，而美国同类企业所有的工人比重只占33%。在生产集中的基础上产生了垄断组织。到1913年，俄国建立了约150个不同形式的垄断组织。煤炭、石油、运输、橡胶、纺织、制糖、烟草等工业部门都为少数辛迪加所控制。1902年建立的"金属销售公司"控制的固定资本占全国冶金资本总额的70%以上；生铁产量占全国生铁产量的80%以上。1904年建立的"煤炭公司"垄断了顿巴斯煤区产量的75%。石油垄断组织控制了全部石油产量的60%。橡胶业辛迪加控制了全国橡胶的销售。制糖业辛迪加控制了全国75%的食糖生产。到第一次世界大战前夕，垄断资本在俄国国民经济中已占统治地位。

1906年，俄国内阁总理大臣斯托雷平推行了土地改革。其基本内容是允许农民退出村社，并把份地变为自己的私有土地，培植农村中的富农经济。在颁布新土地政策后的1907—1915年，约有250万农户退出村社，约占全体农户的25%。确定为私人财产的土地约有1 700万俄亩。斯托雷平的土地改革继1861年农奴制改革后第二次为俄国资本主义的发展扫清了道路，加速了农村中资本主义的发展。在20世纪初叶，俄国农业有了较大发展。到1913年，谷物播种面积增加了10.8%，经济作物播种面积增加更快。农业机器的使用发展较快，1900—1913年，农业中使用的机器价值提高了约3倍。农业生产量有较大的增长，1900—1904年，谷物的年平均产量为39亿普特（1普特约合16.38千克，下同），1909—1913年增加到46亿普特。1913年谷物收成达50亿普特，人均占有约574.9千克。经济作物和畜牧业产量也有所增长。农产品商品率有很大提高。农产品的出口价值，1911—1913年比1901—1905年每年平均增长61%。

但是，俄国农业生产力的一般水平比其他资本主义国家仍低很多。1913年，俄国谷物的每亩（1亩约合666.67平方米，下同）平均产量仅及法国的1/2、德国的1/3、丹麦的1/4。

第四节　20世纪上半叶俄国及苏联经济概况

一、第一次世界大战时期的俄国经济

第一次世界大战中，俄国参加英、法协约国一方作战。战争爆发后，国民经济立即陷入混乱。铁路忙于军事运输，打乱了正常的商业运输；几百万名青壮年被征入伍，劳动力严重不足；原材料和燃料紧缺，大批企业减产或倒闭。

仅开战后的几周内，纺织工业就减产 50%～60%。沙皇政府采取了一些调整措施，加强对国民经济的管制，使经济走上了战时轨道。军事工业有所增长，1916 年的军火生产量比 1913 年增加了 1.3 倍。但整个工业生产在战时普遍衰落。1913—1917 年，生铁产量下降了 36%，煤炭产量下降了 21%，石油产量下降了 26%，农业机器生产量下降了 90%。由于西部领土被占领，工业产值损失达 20% 左右。

战时农业生产也严重衰落。1917 年，谷物播种面积比 1914 年减少了约 1 000 万俄亩，粮食总产量几乎比战前下降了 25%。

1917 年俄历 2 月，俄国资产阶级革命推翻了沙皇政府。二月革命后的资产阶级临时政府继续进行帝国主义战争。国民经济更趋恶化，1917 年的工业总产值比 1916 年减少了 36.4%。

1917 年 11 月 7 日（俄历 10 月 25 日），以列宁为首的布尔什维克党领导工农群众举行武装起义，推翻了资产阶级临时政府。十月革命结束了资本主义在俄国的统治，使俄国成为世界上第一个社会主义国家。

二、十月革命后的苏联经济

十月革命后，苏维埃政权首先将银行、铁路运输、商船、对外贸易收归国有，并相继对资本主义大工业中的煤炭、冶金、石油、化工、机器制造、纺织、制糖等工业企业实行了国有化，使苏维埃政权掌握了国家的经济命脉。

1918 年年初，列宁阐述了建设社会主义经济基础的战略思想，指出党的任务是加强和巩固以国有化经济为标志的社会主义经济成分，使它居于国民经济的绝对统治地位，并强调了发展机器制造业、电气工业、化学工业等重工业的重要性。

但是，列宁的建立社会主义经济基础的计划未能顺利实现，国内战争和国外武装干涉破坏了建设的进程。3 年战争使苏联经济遭到严重破坏，1920 年大工业的产量仅为战前 1913 年的 1/7。

国内战争结束以后，苏联转入执行新经济政策的国民经济恢复时期，继而又进入了经济建设时期。列宁的经济战略目标是建立以电力、机械等重工业为中心的工业化社会主义强国。

1921—1925 年，苏联实行了"新经济政策"。这一时期是苏联国民经济恢复时期。"新经济政策"的目的是在国家掌握国民经济命脉的条件下，允许资本主义关系的有限存在，并利用市场、商品货币关系来发展生产，同时改造小农经济。"新经济政策"的实施，使濒于崩溃的国民经济得到了恢复。

从 1926 年开始，苏联经济进入了社会主义工业化建设时期。1928—1932年第一个五年计划结束，苏联宣布实现了国家的社会主义工业化，已由落后的农业国变成了工业国。1933—1937 年第二个五年计划结束时，社会主义公有制已在国民经济中占统治地位。1938 年，苏联宣布已进入"完成社会主义社会的建设，并逐渐由社会主义过渡到共产主义"的历史时期，并开始执行第三个五年计划。第三个五年计划的和平建设只进行了 3 年半，就被第二次世界大战打断了。1941 年，苏联进入卫国战争时期，整个国民经济转上战时轨道。

十月革命后，苏联经济增长较快。1940 年和 1913 年相比，国民收入增长5.1 倍，工业总产值增长 7.5 倍；工业总产值在工农业总产值中占 86%；工业劳动生产率提高了 3.2 倍。第二次世界大战前，苏联已跃居世界第二大工业强国。

三、第二次世界大战对苏联经济的影响

1941 年 6 月 22 日，希特勒违背了原本与苏联签订的和平条约，对苏联发动进攻。战初，德军用暂时占优的军事条件，占领了相当多的土地，被占土地上的人口占全苏联人口的 42%，工业产量占 1/3，生铁产量占 71%，钢产量约占 71%，播种面积占 47%。苏联战时经济史上最困难的时期是 1941 年的最后两个月。从 1941 年 6 月到 11 月，整个工业的生产量缩减了 52.4%，直到 1942年 3 月才开始重新恢复增长。由于全苏工业的战时转移，1942 年东部地区工业在全苏工业中的比重急剧增长。1940 年国民收入用于军事的比重为 15%，1942 年为 57% ~ 58%，工业产品由 26% 增长为 68%，农产品由 9% 增长为 24%。这标志着苏联按战时经济改组的工作已基本完成，到 1943 年年初，苏联已经具备了较为协调的战时经济。

战时经济造成了新的生产力布局。1945 年上半年，东部地区的工业总产量比 1941 年上半年多了 1 倍多，军事企业的产量则增加了 4.6 倍。1944年，苏联用于重工业和机器制造工业的款项在总拨款中占据了 90.3%，这个数字超过了 1940 年的水平。1941—1945 年苏联在建设机器制造业和军事工业的同时，还建成投产了许多新的矿井、发电站及冶金厂等。1945 年下半年，苏联的物资更多地用于满足社会的和平需要，军事企业转为生产消费品，农业总产量达到战前的 60%，各类运输的货物量为 77%，基本投资总额为 1940 年的 89%。

德国的侵略使苏联遭受了严重的经济损失。按 1941 年价格计算，苏联境内直接经济损失达 6 790 亿卢布，这个数字相当于其全部社会财富的 1/3；农业产值和零售商品流转额分别下降到 60% 和 45%。

第二次世界大战后，苏联进入恢复和发展国民经济的建设时期，经济状况非常好。工业总产值在 1948 年超过战前 1940 年的水平。1950 年国民收入比战

前水平增加38%，其中，工业总产值超过战前水平的48%，农业产值增长27%。生产资料生产的增长超过了消费品的增长速度，消费品仍然落后于社会的需求。

第五节　20世纪下半叶苏联及俄罗斯经济概况

一、1950—1965年苏联经济状况

苏联在20世纪二三十年代建立了集中的计划经济管理体制。第二次世界大战之后，这种体制的弊端逐渐显现，成为社会经济发展的障碍，具体表现在第二次世界大战后苏联的经济形势日益恶化。1950年苏联工业增长速度下降，1952年已降为11.6%。农业发展缓慢，到1953年全苏人均粮食产量为432千克，仍低于1913年的540千克的水平。赫鲁晓夫执政后，继续贯彻优先发展重工业、军事工业的方针，1953年提出了振兴农业的计划。1954—1958年，通过大力垦荒，苏联的农业确实有了进步，农业产值年均增长12%。据统计，在1958年全部收购的谷物中，57%来自垦荒区。1957年，苏联开始对工业和建筑业进行改组，但是这些改革都没有取得很好的效果。1956—1958年，国民收入年平均增长率为10%，工业产值为10.3%，这几个指标都低于前几年的平均水平，但是军工部门取得了一定的成就。赫鲁晓夫放弃了1956—1960年的计划，转而实行七年计划。1950—1960年，苏联机器制造业和金属加工业的产值增长速度超过整个工业产值的32%，食品工业产值年平均增长速度为8.9%，轻工业为8.8%。按可比价格计算，10年内国民收入的绝对增长总额为922亿卢布。1959—1965年，工业总产值年平均增长9.1%，低于1956—1958年的水平。

总的来看，战后实行的第六个五年计划（1956—1960年）和第七个五年计划（1961—1965年）规定的任务大多没有完成。国民收入在1951—1955年平均每年增长11.3%，1956—1960年下降为9.1%，1961—1965年下降为6.5%。其中，1961—1965年工业生产总值从10.4%下降为8.6%，农业总产值从5.7%下降为2.3%，工业劳动生产率从6.5%下降为4.6%。

二、1966—1980年改革对经济的推动

勃列日涅夫执政之后，共执行了三项五年计划（见表5-1）："八五"计划（1966—1970年）、"九五"计划（1971—1975年）、"十五"计划（1976—1980年）。在这三个计划中，"八五"计划完成得最好。这项计划不仅完成了，而且一向完不成计划的农业、消费品行业都达到了预期的产量。

表 5-1 　　　　苏联社会总产值增长情况（1966—1980 年）

时　期	总增长率（%）	年平均增长率（%）
"八五"计划（1966—1970 年）	43	8.6
"九五"计划（1971—1975 年）	36	6.1
"十五"计划（1976—1980 年）	29	4.2

资料来源　李延宁，文有仁. 苏联东欧纪实［M］. 北京：新华出版社，1984：78.

　　1960 年，苏联的社会总产值为 3 040 亿卢布，1975 年增长为 8 626 亿卢布，工业产量增长迅速。1965—1975 年，苏联的年发电量从 5 070 亿度增至 10 386 亿度，石油产量从 2.4 亿吨增为 4.9 亿吨，钢产量从 9 100 万吨增为 1.4134 亿吨。农产品的产量也逐年提高。1961—1965 年，谷物的平均产量为 1.3 亿吨，肉类产量为 930 万吨；1971—1975 年的谷物产量增为 1.8 亿吨，肉类产量为 1 400 万吨。工农业的发展使得苏联与美国之间的差距缩小。1950 年，苏联的国民收入只有美国的 31%，1975 年上升到 67%，工业产量从 30% 上升为 80% 以上，农业则由 55% 增为 85%。1976 年苏联的工业产值相当于美国的 66%。但是勃列日涅夫把大量的资源投入到同美国的军备竞赛中，严重影响了本国经济的发展（见表 5-2）。1966—1970 年苏联居民的实际收入增长速度为 5.9%，此后不断下降，其他经济指标也是如此。1976—1980 年，固定资金增长了 39%，而国民收入只增长了 23%。1965 年每卢布固定生产资金生产的国民收入为 54 戈比，1980 年降为 40 戈比。1971—1980 年每卢布固定生产资金生产的国民收入下降了 22%。

表 5-2 　　　　　　　美国和苏联军费支出的比较

年份	美国实际军费（亿美元）	苏联实际军费（亿美元）	苏联与美国的比例（%）
1962	510.2	297.2	58.3
1965	535.4	375.6	70.2
1970	792.8	651.3	69.7
1971	768.1	742.1	80.1
1972	773.6	807.4	93.2
1973	750.7	935.5	117.3
1974	785.8	1 046.6	116.6
1975	865.9	1 003.0	115.8
1976	900.0	1 032.0	114.7
1977	1 001.0	1 097.0	109.6
1978	1 052.0	1 254.0	119.3

　　资料来源　李国振. 美德（联邦德国）日苏经济发展比较［M］. 上海：上海交通大学出版社，1988：17.

在勃列日涅夫执政时期，苏联的经济有了很大的发展，生产力水平有了很大的提高。在这一时期，苏联的很多重要产品的产量都超过美国而跃居世界第一位，大大缩小了美苏之间的经济和科技水平的差距。勃列日涅夫执政后期，由于苏联经济体制的问题，经济发展的速度降了下来。到20世纪80年代中期，苏联的一般科技水平比西方发达国家落后15年左右。

三、解体前苏联的经济形势

在1982—1985年苏联三位新任领导人去世之后，1985年3月戈尔巴乔夫上台并着手进行经济改革。1985年4月到1988年6月，改革取得了一些成果，国民经济出现了持续增长的趋势。1985—1987年，国民收入年均增长率为3.3%，国民生产总值增长3.9%，工业总产值增长4.2%，消费品增长3.9%。这些经济指标是超过了1981—1983年期间的。

戈尔巴乔夫的改革试图扭转之前的经济停滞的局面，虽然取得了一些突破，但是并没有实质性的进步。到1989年，苏联陷入了改革与发展的双重困境之中，1990年在苏联历史上首次出现了负增长。1990年的经济指标与1989年相比，社会总产值下降2%，国民收入下降4%，社会劳动生产率下降3%，工业下降1.2%，农业生产下降2.3%。

其他社会经济也出现了严重的问题。市场供求严重失调，石油产量1989年比1988年减少了1 900万吨，煤炭减产3 200万吨，1 200种消费品中有1 150种短缺。政府的财政赤字严重，1989年高达920亿卢布，相当于国民生产总值的10%。通货膨胀严重，人民生活水平下降。1989年发行货币180亿卢布，增长9%，出现了高达18%~20%的通货膨胀率。1989年居民实际生活水平下降7%，有4 000万人生活在贫困线之下。1991年失业人数达到400万~600万人。

1981—1985年，经济增长17%，年均增长3.4%；1986—1990年仅为6.8%，年均增长1.3%。尤其是1990年经济出现负增长4%之后，1991年又下降近15%（见表5-3）。这成为苏联解体的重要经济原因。

表5-3　　　　　　　　　　　**苏联的GDP年均增长波动**

年份	1929—1940	1951—1960	1961—1970	1971—1980	1981—1989	1990	1991
GDP年均增长	14.8%	10.2%	7%	5%	3%	-4%	-15%

资料来源　高德步. 世界经济通史：下册［M］. 北京：高等教育出版社，2005：248.

四、俄罗斯的经济状况

20世纪80年代中后期，苏联领导人戈尔巴乔夫提出新思维，主张政治生活民主化，并彻底批判斯大林体制，完全放弃了马克思列宁主义的指导思想。

1991年8月19日，苏联紧急状态委员会宣布因健康原因，停止戈尔巴乔夫的总统职务，并成立国家紧急状态委员会。叶利钦要求苏共中央作出"自行解散"的决定，苏共机构被查封，财产被剥夺，并宣布为非法。此后，苏联的各加盟共和国纷纷宣布独立。1991年12月8日，俄罗斯、乌克兰、白俄罗斯等国领导人发表了成立独立国家联合体的协定，苏联解体。解体之后，苏联的大部分"遗产"被俄罗斯继承，俄罗斯成为仅次于美国的第二军事强国。

转轨之初俄罗斯企图通过激进的方式实现所有制改革，从而完成向市场经济的转轨。然而实际情况恰恰相反，引起了社会经济更大的混乱。1992年同1991年相比，国内生产总值下降19%，国民收入下降20%，石油产值下降15%，农业产值下降8%，消费品产值下降155%。俄政府还面临着巨额的财政赤字，1992年8月，财政赤字达到8 000亿卢布，相当于同期国民生产总值的15%。1998年2月，国际炒家在10天之内从俄罗斯撤走140亿美元，至此，俄罗斯的外汇储备再也无法干预外汇市场。财政赤字引起了信用危机和资金短缺，随之而来的是通货膨胀和失业率的倍增。1992年，俄罗斯的恶性通货膨胀率一度高达2 200%，到1997年才下降到11%。1999年，俄罗斯存在930万失业人口，有21%的人口月收入低于30美元。

分时段来看，1990—1995年，俄罗斯经济下降幅度达到38%，工业生产下降了50%，其中机械制造下滑了65%~85%，高新技术产业下降90%，日用品下降了55%，70%的食品需要进口才能满足，农业、机械、电子、道路等部门或行业几乎全部破产。1991—1996年，俄罗斯的物价上涨了6 188倍，1996年物价比上年上涨了5.3倍。1992—1998年，除了1997年经济略有回升之外，其他年份均为负增长：1992年为-14.5%，1993年为-8.7%，1995年为-4.1%，1996年为-3.4%，1998年为-5.3%。整个20世纪90年代俄罗斯的国内生产总值下降了43.3%，超过了1929—1933年大危机时代美国30%的下降速度。

叶利钦下台之后，在普京的领导下，依靠卢布贬值效应和国际市场石油价格的上涨，1999年俄罗斯的国内生产总值增长5.4%，2000年增长9%。

复习与思考

1.俄国的农业是如何走上资本主义道路的？

2.苏联解体在经济上的原因有哪些？

第六章

日本经济史

第一节　中世纪日本社会经济概况

一、"大化改新"和班田制

原始社会的日本人以血缘关系为纽带形成氏族公社，沿海岸线或河川流域定居，在地域分布上大体分为东国、大和、西国三大群落。1—2世纪，日本的原始公社逐渐解体。3世纪，居住在今本州奈良一带的大和族建立了奴隶制国家。到5世纪，大和征服了日本列岛上的其他部落联盟，基本上统一了日本。大和国家的首领称天皇。

645年6月，皇室发动了一场宫廷政变，夺取了长期控制在大贵族手中的政权，孝德天皇即位，年号为"大化"。646年，天皇政权颁布了一系列革新诏书，仿照中国隋唐封建集权国家的形式，进行社会政治、经济方面的改革，史称"大化改新"。

"大化改新"的主要内容是：废止私有土地、部民，行公地、公民制，土地收归国有，"部民"成为"公民"；编制户籍，施行班田收授法，政府将土地分给人民，对6岁以上公民，每6年按人口班给口分田一次，死后归公，受田人民须负担租庸调；确立中央集权国家制度。"大化改新"后，日本由奴隶社会进入封建社会。

班田制在全国大部分地区得到推行。从646年到713年，日本政府先后班田12次。班田农民是主要生产者。他们的法律身份是公民，但被束缚在土地上，向国家负担封建义务。班田制促进了社会生产力的发展，由中国传入的先进农业技术普遍流行，家庭手工业的种类和质量也有所发展和提高。

在实施班田制的同时，大土地私有制也在发展。743年，政府允许垦田永远私有，更促进了豪门贵族私有土地的发展。8世纪中叶，班田农民开始迅速分化。破产农民流入贵族的私有地，沦为依附农民。土地和财富日益集中到少数富人手中。

二、庄园制经济

到8世纪末，贵族土地中已有庄园形成。庄园本义是乡间的田地或别墅。庄园主一般来自京都的贵族、大寺院或地方豪族。他们派"庄官"管理庄园。庄园中的直接生产者庄民被称为"作人""寄人""百姓"，主要来自破产的班田农民。他们佃种庄园土地，向庄园主缴纳实物地租或劳役地租。

794年，日本的都城由奈良迁到平安（今京都）。平安初期，班田制已难以施行，到10世纪中叶就完全停止。班田制被破坏后，庄园制居于统治地位。庄园的实际经营者多是地方的郡司和没落的中小贵族。平安初期也开始出现了被称为"田堵""名主"的中小地主阶层。

庄园起先要向政府缴纳租税。9世纪后，有势力的贵族、寺、社仿效敕旨田、赐田成例，获得不输租的特权。平安时期寄进土地风气盛行，许多庄园主都将庄园寄进给当时最有权势的藤原氏，自己担任庄官，保有实际的管理权。

10—11世纪，庄园制普遍发展。公地逐渐为国司、郡司等所占有。庄园主和国司、郡司各自扩充势力、互相争斗。政府控制的土地则愈益减少。名主和田堵等中小地主的势力壮大起来。

平安时期生产力继续有所发展。农业技术得到改良，生产量有所提高。有些庄园附有手工作坊，有漆器工匠、织匠、泥瓦匠等，在经济上自给自足。庄园的手工业者逐渐制造出较多的产品，并开始接受庄园以外的订货。平安末期（12世纪末）已出现定期的集市。

庄园主为保护自己，统治庄民，扩充势力，纷纷蓄养武装力量。武士阶层适应封建主之间的争斗而兴起，逐渐在社会上取得重要地位。12世纪末，武士阶层中以宗室出身的地方豪族源、平两氏为中心，形成关东和关西两大集团。1185年，关东武士集团首领源赖朝消灭了平氏，夺得政权，1186年在关东的镰仓设立幕府，开始了幕府执政的武家政治时期。

三、镰仓、室町幕府时期的经济

1192年，镰仓幕府从京都朝廷取得征夷大将军称号，成为日本的实际统治者。1333年，镰仓幕府覆灭。1336年，足利尊氏另立光明天皇，自任征夷大将军，设幕府于京都，开始了室町幕府的统治。1573年，室町幕府为织田信长所灭。

镰仓幕府时期，由于武家权势加强，国司权力衰落，原为国有的公田实际上已渐趋绝迹，贵族的庄园也大部分变成武家的领地。直属将军的家臣"御家人"在经济上占有大量土地，在政治上也逐渐代替公卿贵族的地位。他们统辖庄园的中下级武士，平时管理庄园，战时应幕府征调。庄园在"地头"之下往往有"名主"，是实际的地主。名田大而所属武士多的被称作"大名"；名田少而武士不多的被称作"小名"。至于公卿贵族、高级僧侣等，虽然社会地位高，但经济逐渐没落。

镰仓幕府时期工商业已逐渐发达。手工业者和商人各自组成行会，称为"座"，获得制造和贩卖的特权。农村家庭手工业也有一部分发展为独立的手工业。有些城市出现了作坊。城市中的工商业组织在室町幕府时期有很大的发展。过去产生的行会"座"，这时因进行对外贸易而发达起来。商人缴纳贡物，从封建主获得营业的独占和自由通行诸国关卡等特权。有的商人还兼营汇兑，并出现了汇票。商品货币关系大为发展。13世纪初在购买土地时，所付价款大米占60%以上，钱币只占30%左右。到14世纪后期，大米仅占价款的6%，90%以上用货币支付。御家人有时用土地作抵押，向商人借贷。

在室町幕府时期，除奈良、京都、镰仓外，还兴起了其他一些重要的城市。从事手工业和商业的"町人"在城市中逐渐占有重要地位。

农业生产力到16世纪有了显著的提高。先进的农具和耕作技术已广泛使用。16世纪末，全国已有200多个城市，其中绝大多数是在1501—1580年出现的。城市里有锻工、织工、漆工、陶工、制革工等几十种专门行业。16世纪时的日本与中国、朝鲜、菲律宾、印度尼西亚、越南、柬埔寨、印度等有着广泛的贸易联系。16世纪中叶，葡萄牙、西班牙等国的殖民者开始渗入日本。

四、德川幕府时期的经济

1603年，德川家康取得征夷大将军称号，在江户建立幕府，到明治维新，德川幕府维持了两个半世纪的专制统治。

德川幕府初期，日本的海外贸易有了较大的发展。除了与中国、朝鲜进行商业往来，17世纪初，日本还先后与葡萄牙、西班牙、英国、荷兰开展贸易。日本商船活跃于东南亚一带，移民南洋的也不少。但在1637年岛原起义后，德川幕府实行禁止基督教政策，并于1639年下"锁国令"，除与中国和荷兰商人在长崎通商外，其他各国商人和传教士都被驱逐出境。日本维持锁国政策200多年，到1854年在美国的压力下才重新开放。

在德川幕府初期，农业生产有相当大的发展。16—18世纪，耕地面积扩大了近1倍，农业生产量相应地提高。商品经济也日趋发展。18世纪初以后，在城乡商品经济发展的基础上，出现了一批商业发达的城市。18世纪中叶的江户，居民已达80万，其中商业人口达50万左右。大阪是以稻米为主的全国性物资集散地，18世纪以后人口达40万左右。京都的人口也有35万。城市是手工业和商业的中心。德川幕府后期商人已成为在国家经济生活中有影响的社会阶层，商业资本的发展对自然经济和封建制度起了极大的瓦解作用。

第二节　封建经济解体和资本主义的发展

一、工商业的发展

18世纪中叶以后，日本商业资本渗入农村。土地买卖的禁令被冲破，农民的分化加速。在明治维新前夕，许多商业经济比较发达的地区，约70%的农民丧失了份地。商人和富裕农民成为新兴地主阶级。他们将土地租给小农或雇工耕种。封建土地领有制开始瓦解。

农村中的家庭手工纺织业日益发达。商人以"换棉""出机"等方式逐渐控制生产者。"出机"商人进一步设立自己直接经营的作坊，形成以分工为基础的手工工场。18世纪后期，棉织业、丝织业、油、酒、纸、砂糖、陶瓷、蜡烛、采矿、海产品加工等部门的资本主义手工工场陆续出现，其中以丝织业和棉织业的手工工场最为发达。丝织业发展迅速，到19世纪中叶约有工场260家，每家有织机6~10架。各藩的官营手工业也有很大发展。到1867年，全国各生产部门的手工工场共400多家。

随着工商业的发展，到19世纪初，日本已出现了许多手工业发达的地区，并形成了全国性的市场。

二、西方列强的入侵及封建经济的解体

1854年3月，美国派舰队用武力迫使日本与之签订了《日美和好条约》。根据条约，日本开放下田、函馆两港口；美国在日本派驻领事，获得最惠国待遇。至此日本结束了200多年的闭关锁国局面。不久，英、荷、俄等国援引美国先例，和日本政府签订了类似的条约。

开国后，列强在日本倾销工业产品，低价收购生丝、铜、茶叶和海产品等。日本对外贸易激增。1860—1867年，日本的出口贸易增加了2.5倍，进口贸易增加了13倍。这种殖民地性的贸易加速了日本封建经济的解体。

从19世纪60年代开始，日本出现了"攘夷倒幕"运动，参加的主要是农民，而领导者则是具有资产阶级倾向的下层武士。他们企图对封建制度进行改革，以使其适应资本主义的发展。"攘夷倒幕"运动的积极活动者是商品经济比较发达并握有政治实权的西南四藩的下级武士。他们的代表人物如西乡隆盛、大久保利通、木户孝允、伊藤博文等，联合少数公卿，利用人民的反抗情

绪，在大阪和京都巨商的财力支持下，以"尊王攘夷"为口号，从1860年到1867年，经过与幕府的几次战争，推翻了德川幕府的统治。1868年1月，睦仁天皇亲政，9月改年号为明治。1869年3月，明治政府迁都东京。

三、明治维新和近代化的开始

明治政府在最初的10多年间，在"富国强兵""殖产兴业""文明开化"的口号下推行了自上而下的维新改革。这一改革加速了资本原始积累，促进了日本从封建社会向资本主义社会的过渡。明治维新为日本的资本主义发展开辟了道路，为日本摆脱半殖民地危机和在19世纪末期发展成为资本主义强国奠定了基础。

明治维新所涉及的内容很广，主要方面是：

（1）废藩置县，统一全国政权。将全国行政区划分为3府（东京、京都、大阪）72县，中央任命府、县知事。旧藩主迁居东京。日本成为中央集权的统一国家。同时，日本统一了货币，整顿了财政，促进了国内经济的统一和全国市场的形成。

（2）废除等级制度和行会制度。政府宣布废除大名和公卿的称号，改称为华族。幕府直属的家臣、宫廷中的下层官吏和一般武士改称为士族。农民、市民、手工业者、僧侣，一律改称为平民。废除了17—18世纪以来发展起来的工商业行会组织——"侏仲间"，并宣布迁徙自由、就业自由和契约自由。

（3）进行土地制度和地税改革。1869年废除了田地永禁买卖令。1872年宣布根据土地的实际支配权确定土地所有权，确认了德川幕府时期逐步产生的新兴地主及富裕农民对土地的所有权，最终废除了幕藩封建主的土地领有权。在1873年颁布了地税改革条例：将实物税改为缴纳货币；新地税一律向土地所有者征税；取消旧有的贡赋，将新地税列为全国统一的单一税。

（4）仿效欧美教育制度，学习西方文化，输入先进科学技术，派遣官方代表团赴欧美考察；同时举办官营模范工厂。

（5）扶植私人资本主义的发展。禁止各藩设立关卡；取消商人专制的同业公会；宣布经营自由；设置通商司，奖励贸易；统一全国汇兑业务；借外资修筑铁路；政府发放大批"劝业基金"帮助士族经营土地和工商业等。

明治时期社会经济、政治、文化改革在很大程度上破坏了封建制度，为资本主义的发展创造了条件。

第三节　日本工业革命

一、工业革命的一般进程

大体上在 1885 年前后，日本资本主义大工业开始有较大的发展。1884—1893 年，工业公司数增加近 7 倍，资本增加 14.5 倍。

日本的工业革命也是以纺织业为中心开始的。1866 年在鹿儿岛开设了第一家机器棉纺织厂。到 1885 年，棉纺织厂增至 22 家。1887—1890 年，在各种企业的投资额中，棉纺织业方面的投资将近 40%。丝织业的发展也较为迅速。在 1894 年，机器缫丝产量占生丝产量的 41% 左右。

日本铁路建设发展较早。1872 年政府出资修筑东京—横滨的铁路；到 1894 年，铁路长度增加到 3 402 千米；1890 年，已建立了 31 家私营铁路公司。海运业也有相当大的发展。1884 年，日本拥有 500 吨以上的船舶 25 艘，到 1894 年增加到 91 艘；开辟了通往中国、朝鲜、东南亚的国际航线。

1888—1894 年，日本的工厂数由 1 694 家增加到 5 985 家，工人数由 12.3 万人增至 42 万人，蒸汽机由 409 台增至 1 808 台。在 7 年中，工厂和工人数都增加了 3 倍多，蒸汽机增加了 4.5 倍。

1894—1895 年中日甲午战争后，日本的工业革命基本完成。甲午战争后，日本通过《马关条约》侵占了朝鲜和中国台湾，扩大了在中国的市场，获得"赔款"2 亿两白银，并在中国获得投资设厂的权利。所有这些都大大促进了日本工业的发展。1895—1905 年，日本的出口贸易增长 1.5 倍，进口贸易增长近 3 倍。1894—1904 年，煤炭产量由 426 万吨增至 1 072 万吨，造船厂由 21 家增至 40 家，铁路长度也由 3 402 千米增至 7 539 千米。到 1905 年，生铁产量达到 7.9 万吨，钢产量达到 7.1 万吨。轮船吨位从 1893 年的 11 万吨增至 1903 年的 65.5 万吨。1896 年，日本开辟了欧洲、美国和澳洲 3 大远洋航线。1897 年，日本确立金本位制，使日本的信用制度、银行业得以迅速发展，并与国际金融市场密切联系。

总之，在 19 世纪末 20 世纪初，日本的工业、交通运输业、贸易、金融等都有巨大的发展。在整个工业中，使用机械动力的企业已占相当大的比重。因此，到 20 世纪初，日本的工业革命基本完成。

二、工业经济发展的特点

日本的机器工业主要是靠输入外国技术装备发展起来的。1883 年，日本进口的一般机器设备总值为 149 万日元，蒸汽机价值为 18 万日元，纺织机价值为35.4万日元。1897年，这3项进口额分别增加到1 761.7万日元、130.8万日元、540.1万日元。日本工业革命历时不到40年即基本完成，这与它大量进口机器设备和技术是相联系的。但由于日本的近代大工业不是完全建立在本国工场手工业发展的基础之上的，因而基础较为薄弱，独立的机器制造业发展缓慢。

日本的工业是在国家资本的带动下和对外军事侵略中发展起来的。国家资本一直比较强大，并对私人资本起到扶植作用。在1898年，国营企业的资本共达1.4842亿日元，私人工矿企业和交通运输业的实缴资本合计为3.19亿日元，国家资本约占私人资本的1/2。国营经济在军事工业、重工业和交通运输业中占重要地位。

日本资本主义工业是在半封建农业的基础上发展起来的。这使得工农业之间发展严重不平衡，工业的发展缺乏充足的原料和市场，也使得日本的资本主义大工业和落后的家庭手工业长期并存。农业中大量过剩人口的存在使工业劳动力的供给充裕而低廉，这也影响了工业企业的技术进步。许多工业部门到20世纪初还停留在工场手工业的技术水平。

日本工业生产和资本的集中较为迅速。在1893年，日本股份公司的资本为2.5亿多日元，1913年增至19.8亿多日元。20世纪初，在制糖、水泥、石油、煤炭等部门中出现了卡特尔。三井、三菱、住友、古河、久原、藤田等财团掌握了纺织、造纸、电气、煤炭、海运、造船、铁路、煤矿等部门的相当大一部分控制权。

三、工业革命后农业经济的发展

明治维新以后，日本农村中个体农民所有制的破坏、土地所有权的集中，并没有像在英国、美国那样引起资本主义大农业的发展，而是造成了半封建租佃制小土地经营的扩大。兼并了破产农民土地的地主、商人和高利贷者极少使用农业雇佣工人进行资本主义农场经营，而是把土地分成小块，租佃给破产的农民，收取地租。

在工业发展的推动下，农业的技术和生产也有一定的提高。农业中推广了优良品种，开始使用化肥。耕地面积有所扩大，农业产量有所提高。1878—1902年，主要作物稻谷的产量从2 980万石增至4 250万石，单位面积产量也有所增长。同时，在出口的刺激下，养蚕业和种茶业有相当大的发展。生丝出口占日本总出口的40%。茶叶也成为大宗出口货物。

但由于农业中存在半封建生产关系，农业经营细小分散，加之整个工业的发展水平相对还是较低，因此与其他资本主义国家相比，这时日本的农业发展是比较落后的。粮食生产满足不了国内的需要，食品输入占进口总值的比重，1884年为21%，1904年为30.2%。棉花的消费则几乎全部依赖进口。

第四节　20世纪上半叶日本经济概况

一、20世纪初的侵略扩张及经济发展

1904—1905年发生了日俄战争。日本战胜，从俄国手中割让了库页岛南部，迫使俄国承认日本对朝鲜的实际控制权，并将中东铁路南段（长春—旅顺）、旅顺、大连的租借权，以及俄国在中国东北的其他权益让给日本。

日俄战争后，靠着从中国、朝鲜获取的资源，日本的电气、煤炭、钢铁、机械、造船等重工业和化学工业得到急剧发展。1904—1914年，生铁产量和钢产量分别从6.5万吨和6万吨增加到30万吨和28.3万吨，增长近4倍，煤炭产量增长1倍。机器制造业已发展为独立的工业部门。造船业也发展迅速。

1903—1914年，日本工业生产增加了约1.5倍，工厂数由8 274家增加到1.7万余家，增加1倍以上。工厂工人由48.4万人增加到108.6万人。同时，在工业发展方面，重工业的发展速度超过了轻工业。1909—1914年，金属工业增长190.7%，机械工业增长170.5%，化学工业增长103.4%，纺织工业增长59.6%，其他工业增长55%。至此，日本已成为工业体系完备的资本主义工业-农业国。

虽然日本工业发展速度很快，但由于其近代工业发展历史很短，水平仍很低。日本工业产值只占当时世界工业总产值的1%。

二、第一次世界大战时期的经济高涨

第一次世界大战爆发后，日本参加协约国一方，并占领了德国在中国的势力范围（胶州湾、青岛、济南）及德国在太平洋上的全部属地。

第一次世界大战中，日本的工业发展形成高潮。1914—1919年，企业投资从25亿日元增加到400多亿日元，工业总产值增加近4倍。造船业发展最快，到1918年，日本的造船工业已跃居世界第3位。1914—1919年，生铁产量由30万吨增加到61.3万吨，钢产量由40万吨增加到81.3万吨。化学工业、机器制造工业也有巨大的发展。

由于工业的大发展，日本的经济结构发生了显著的变化。在第一次世界大战开始时，日本农业产值还高于工业产值。1914年，农业产值为14亿日元，工业产值为13.7亿日元。到1919年，农业产值为41.6亿日元，工业产值增加到67.4亿日元，第一次超过了农业产值。1919年，在整个工业产值中，轻工业占70%以上，机器制造业和化学工业各占10%左右，金属工业占4.9%。

对外贸易空前活跃。1914—1919年，日本的进出口都增加了3倍以上，并

从战前的长期入超成为大量出超；到1919年，出超总额高达13.3亿日元。

三、第二次世界大战前后的经济状况

20世纪20年代，日本经济基本上处于稳定发展时期，工业发展比较缓慢。1921—1923年，日本工业生产年平均增长3%，而同期法国是9.4%，德国是7.1%，美国是4.3%，英国是1.7%。

1931年9月18日，日本对中国东北发动了军事侵略，此后，军事经济开始活跃。1931—1936年，日本对军事工业的投资约为70亿日元，同时对私人企业分配了大量的军事订货，促进了整个工业的增长。

1937年7月7日，日本发动了全面侵华战争，侵占了中国华北、华中、华东和华南大片领土。1941年12月8日，日军偷袭珍珠港，挑起了太平洋战争，在半年内侵占了东南亚及印度的大片领土。

1937—1941年，日本工业生产和军事实力有相当大的增长。工业产值从1936年到1941年增长约1.5倍，其中重化工业增长1.3倍。重工业在工业总产值中所占的比重由1937年的57.8%上升到1941年的65.9%。到1941年，日本的海空军事实力已能与英、美抗衡。

太平洋战争爆发后，日本开始实行"经济新体制"，即根据《重要产业团体法》，在一切主要工业、金融部门中建立"统制会"，把所有大、中、小企业都强制性地编制到国家组织的军事生产中。在农业方面，1941年12月发布了《农业生产统制令》，1942年2月又发布《粮食管理法》，加强对农业生产和粮食征收的统制。

日本战时经济在1941年达到最高点，以后便逐年下降。由于海上被封锁，船只大量损失，进口迅速减少，大部分军需品生产也开始下降。到1945年，整个工业生产指数只有1935—1937年的28.5%。以1935—1937年为100，日本战时工业指数的变化为：1941年为169.1，其中生产资料为187.4，消费资料为71.6；1945年为28.5，其中生产资料为29.2，消费资料为20.8。

农业生产也遭到严重破坏。以1933—1935年为100，战时农业生产指数的变化为：1937年为108.9，1940年为106.9，1945年下降到58.2，减缩将近50%。日本从1931年侵略中国东北到1945年8月无条件投降，在战争中死亡300余万人，国家财产损失估计达643亿日元，整个国民经济濒于崩溃。

1946年5月，日本政府成立了"经济安定本部"，采纳了东京大学有泽广巳教授等人提出的"倾斜式生产方式"的建议，即在资金极度缺乏的情况下，为了恢复国民经济，把重点放在恢复煤炭、钢铁、化肥、电力和运输部门上，集中力量解决煤炭增产和恢复钢铁生产。在煤炭和钢铁共同发展的基础上，有步骤地恢复和发展化肥、电力、运输等部门。"倾斜式生产方式"缓和了经济

困难，使经济开始复兴。1949年日本工矿业生产增长22%，到1950年，煤炭、电力、钢、大米的产量都已超过战前水平，整个日本经济进入扩大再生产的轨道。日本1948年国内生产总值同比增长48%，1949年增长25%。

第五节 20世纪下半叶日本经济概况

一、20世纪50—60年代的日本经济奇迹

第二次世界大战后日本的经济发展大体上可分为三个阶段。第一阶段（1945—1956年）为经济恢复时期；第二阶段（1956—1970年）为经济高速增长时期；第三阶段（20世纪70年代到80年代）为经济中低速增长和产业结构调整时期。

1952年8月日本加入国际货币基金组织，1955年9月又加入关贸总协定。日本政府又相应地调整了经济政策，推行"贸易立国"，废除经济统制，实行自由竞争的市场经济等政策。这一切使日本经济得以迅速恢复。1951—1954年日本经济的年平均增长率为8.8%。1955年，日本进入经济高速发展时期，工矿业产值超过了战前最高年份（1944年）1.7%，农业产值超过战前最高年份（1939年）11.8%。

1955—1970年，在战后日本经济史上被称为"高速增长"时代。在这期间，日本经济以年平均10%的速度增长，整个工业实现了重化工业化，国民经济实现了现代化，成长为资本主义世界第二经济大国。

20世纪50—60年代日本经济的高速增长，是以大规模的固定资产投资为主要基础和动力的。日本技术设备落后和建立"加工贸易型"经济之间的矛盾，要求大规模更新设备。而钢铁、电力、交通运输、水泥建材等基础工业的重点发展，又为大规模更新设备奠定了物质基础。

在大规模设备投资和引进先进技术的推动下，整个日本经济出现了高涨局面。1955—1961年，工业生产年平均增长21.3%。这种增长速度在日本历史上是空前的，在整个资本主义世界也位列第一。1961—1970年，日本经济进入第二个高速发展时期，经济年平均增长率达11.6%，工业生产年平均增长率达16.2%，均居资本主义世界首位。

日本在1956—1970年这段经济高速增长时期，国民生产总值实际增长了3.2倍，年平均增长10%；工矿业生产实际增长了6.6倍，年平均增长15%，其中轻工业为11%，重化工业为19%。这个增长速度被世界各国视之为"经济奇迹"。它使日本经济达到了世界水平，实现了经济现代化，成为一个发达资本主义国家。

二、20世纪70—80年代日本经济的低迷

20世纪70年代以后，日本经济进入中低速增长时期。1973年中东石油危机爆发，能源价格增长，严重打击了日本经济。从1973年11月到1975年3月，日本工矿业生产指数从最高点下降20.6%，私人企业设备投资下降27.2%，股价下跌29.7%。

日本政府采取了增加财政开支、扩大公共投资、对垄断资本减税、发行赤字公债等反萧条的措施，到1975年经济有所回升，但是一直维持在较低的水平上。1970—1981年，日本国民生产总值年平均增长4.8%。日本经济增长形势的转变暴露了其作为贸易加工国，受外国市场影响较大、对海外依赖性强的弱点。

为了改变这种状况，并适应新技术革命的要求，20世纪80年代初，日本提出了"科学技术立国"的新战略，对产业结构进行重新调整，加速发展高技术和新兴产业。

20世纪80年代，日本"科学技术立国"的发展战略取得了相当的进展。以微电子为中心的开发型产业体系已初步建立，微电子技术在产业部门中已非常普及；在光导纤维、光传递机器、光通信系统等光导技术研究开发方面也有重大进展，并已处于世界领先地位；新型材料的开发应用也取得重大进展，新材料的产值在1983年为7 554亿日元，1985年为1.3万亿日元；生物工程方面亦有不小进展。以电子计算机为中心的自动化、信息化特征在社会生活中普遍反映；以知识密集型为主的第三产业迅猛发展。

随着经济发展战略的转变，日本国民经济在20世纪80年代有了稳定的增长，1987年经济增长率为4.9%，1988年为5.9%，1989年为4.8%。1988年日本的人均收入已经超过美国，仅次于瑞士，居世界第2位。1990年日本的国民生产总值达到美国的62.8%，人均产出高出美国25%。

在日本经济高速增长的时期，由于人口向城市集中以及企业用地增加，土地需求大大增加。同时，日本企业之间相互持股的现象非常严重，随着土地价格和股票价格的上涨，投资于土地的股票完全是为了期待土地价格上涨的投机行为，日本的土地总值达到了美国的2倍，这种情况异常。

三、20世纪90年代日本经济的萧条

如表6-1所示，1989年年底，日本的股票价格达到最高水平，同年政府出台政策抑制经济过热。从1990年2月份开始，股票价格急剧下跌。同年10月，房地产交易减少，土地价格下降，日本的经济泡沫由此破灭。海湾战争的爆发导致了油价的上升，更使日本经济雪上加霜。房地产价格的急剧下跌，使得房地产投机者无力还贷，银行的大部分房地产贷款变为不良资产，严重的坏账导

致大量银行倒闭。巨额的金融坏账对日本企业和日本经济产生了严重的负面影响。日本银行企业信誉的下降使日本的经济复苏受到了严重的打击。1997年，在东南亚金融风暴中，日本经济再次受到重创，1998年出现了负增长，增长率为-2.5%。

表6-1   日本经济基本数据   单位：兆日元

年份	GDP	股票（市值）	房地产（价值）
1985	324	169	176
1986	338	230	280
1987	354	301	449
1988	377	394	529
1989	403	527	521
1990	434	478	517
1991	457	373	504
1992	484	297	428

资料来源　高德步. 世界经济通史：下册［M］. 北京：高等教育出版社，2005：102.

总体上看，进入20世纪90年代之后，日本的经济经历了第二次世界大战后最严重的衰退。在这个期间，日本经济平均增长速度只有1.7%。1998年日本GDP增长率为-2.5%，1999年为0.2%，初步进入复苏轨道（见表6-2）。2000年第一季度日本GDP实现了时隔两个季度以来的首次增长，达到2.4%，按年换算增长了10%，这是4年之中少见的高增长。第二季度比第一季度增长了1%，按年换算增长了4.2%。但是，日本的经济复苏实质上是政策支撑性复苏。虽然日本的相对经济实力有所下降，但是仍然是一股重要的国际力量，并在很多领域保持着领先地位。

表6-2   日本20世纪90年代主要宏观经济指标

年份	1991	1992	1993	1994	1995	1996	1997	1998	1999
GDP增长率（%）	3.8	1.0	0.3	0.6	1.5	3.6	1.6	-2.5	0.2
物价上涨率（%）	2.67	1.74	0.61	0.17	-0.60	-1.40	0.27	0.33	-0.30
失业率（%）	2.1	2.2	2.5	2.9	3.1	3.4	3.4	4.1	4.8
出口增长率（%）	123.0	39.5	8.4	-13.0	-39.0	-71.0	404.0	13.6	-6.0

资料来源　刘继森，何传添. 世界经济概论［M］. 上海：上海财经大学出版社，2010：248.

复习与思考

1.评论"大化改新"和"明治维新"在日本经济史上的地位。

2.比较20世纪90年代日本和美国的经济状况。

第七章

意大利经济史

第一节 中世纪意大利社会经济概况

一、意大利神圣罗马帝国的建立

843年查理帝国分裂后，意大利为承袭帝号的罗退耳所有。855年罗退耳去世，其领土又经分割，意大利北半部称意大利王国。887年法兰克最后一个皇帝查理三世被推翻，意大利进一步分裂，意大利中部分为教皇辖地和托斯坎尼、斯波累托等大封建领地，分别独立。南部和西西里初为拜占庭及阿拉伯人所分割，11世纪后又为诺曼人所征服，建立两西西里王国。

意大利的封建关系在10世纪时已基本形成。北部伯爵的采邑在法兰克统治时期就已成为世袭领地。教会和寺院的地产也不断增加，许多主教和僧侣从查理大帝那里取得了特恩权，不但统辖广大的农村地区，而且后来成为许多新兴城市的领主。

7至8世纪以后，手工业与农业的分工日益明显。到9至10世纪，意大利许多地方出现了定期集市。罗马帝国时代的旧城市又见活跃，逐渐成为工商业中心。在伦巴德和托斯坎尼也产生新的城市。除威尼斯、热那亚、佛罗伦萨外，还有巴威亚、维罗那、克雷莫纳、米兰、比萨、卢卡等。许多城市与东地中海各国保持着贸易关系，将东方的贵重商品转运到欧洲。

从951年起，萨克森王朝的奥托一世开始进兵意大利。教皇于962年在罗马为奥托加冕，称其为"神圣罗马帝国皇帝"。这样，在查理帝国解体后，西欧又恢复了基督教的"世界帝国"。这一帝国名义上的疆域包括日耳曼和一部分意大利，但从未取得有效的统治。

二、12—15世纪意大利经济的发展

这一时期意大利经济发展很不平衡。北部伦巴德和中部托斯坎尼工商业发达，重要城市大都集中于此。教皇辖地和南意大利主要是农业地区，没有发达的城市。

十字军东侵后，意大利城市排挤了拜占庭和阿拉伯商人的竞争，控制了东方和西欧的中介贸易。城市商人积累大量货币资本，并投到手工业、商业和银钱业中去。手工业生产发达，分业日细，行会数目增加。米兰盛产丝绒和武器，威尼斯则以玻璃制品著称。佛罗伦萨毛呢业很发达，经常从英国和西班牙输入羊毛原料。

强大起来的城市取得了周边地区的控制权，有的形成城市国家，如威尼斯、热那亚、佛罗伦萨等。12和13世纪之交，大多数城市国家的政权掌握在大商人、高利贷者和在城市中从事商业与银钱业的小封建主等所谓城市上层手中。随着手工业的发展，行会势力日益增强。

城市的发展和商品货币关系渗入农村，促进了意大利北部和中部农民摆脱对封建主的依附。劳役地租和实物地租逐渐为货币地租所代替，富裕农民可以向市场销售剩余产品，贫苦农民则离开土地，到城市另谋生计。南部和西北部某些地区的农民仍然处于依附地位，农奴制仍流行。直到14和15世纪，南意大利的农民才逐渐摆脱对封建主的人身依附。他们向领主缴纳高额货币地租，担负一部分遗留下来的劳役及沉重的国税。

三、资本主义生产的最初萌芽

意大利是资本主义萌芽产生最早的国家。马克思曾经指出：在14和15世纪，在地中海沿岸的某些城市已经稀疏地出现了资本主义生产的最初萌芽。这些城市就是意大利北部的威尼斯、热那亚、比萨、佛罗伦萨和米兰等。这些城市都是中世纪时欧洲与近东之间的贸易中心，商品经济发展较早，封建统治薄弱，因而在经过长期发展的毛织业中较早地冲破封建行会的束缚，产生了由商人控制的资本主义手工工场。威尼斯除垄断近东贸易外，也有发达的手工业，特别是造船业和丝织业。热那亚和比萨是威尼斯在近东贸易上的竞争对手。但手工业最发达的则是佛罗伦萨，它的毛织业在14世纪初达到全盛时期。它利用英国和西班牙的羊毛、东方的染料，发挥本地织造和染色的加工工艺，制造出一种深红色的呢料，运销世界各地。当时毛织业已拥有5 000~6 000个雇佣工人。1338年，佛罗伦萨大约有200家从事呢绒生产的手工工场，产量大约为8万匹呢绒。

佛罗伦萨的银钱业也很发达，从13世纪末起就在西欧货币市场上占据支

配地位。14世纪时，佛罗伦萨的银钱商约有100家以上。佛罗伦萨的银行家为教皇征收各地捐税，许多国家的统治者和贵族也和他们产生借贷关系。

第二节　意大利的统一和资本主义经济的发展

一、资本主义经济发展缓慢

尽管意大利许多发达的商业城市早已出现资本主义的萌芽，但是意大利的资本主义发展却落后于西欧其他国家。从内因来说，意大利长期处于封建割据，有教皇势力，还有外国势力对不同城邦的扶植，使意大利本土分裂成大大小小许多城邦国家。其中有五个主要城邦国家共同控制着意大利的命运：那不勒斯、教皇辖地、威尼斯、佛罗伦萨和米兰。整个意大利被贸易壁垒、地方关税、各种不同的方言以及邦与邦之间的猜忌和冲突所割裂，这就严重地影响资本主义的发展。

从外因来说，16—18世纪，是封建制度瓦解、资本主义原始积累和资本主义手工工场大发展的时期，也就是从封建主义向资本主义过渡的时期。在推动这一过渡上，15世纪末16世纪初的地理大发现是一个重要因素。但是地理大发现是西欧商人为了绕过地中海开辟新航路的结果。新航路的开辟使葡萄牙和西班牙商人打破威尼斯和热那亚的商业垄断地位，也给其他西欧国家带来广阔的世界市场。由于大部分西欧商品已不再经过地中海，而取道大西洋，使意大利的北方商业城市因远离新航线而失去了东西方贸易和欧洲商业中心的地位。正是由于地理大发现引起了地中海贸易中心转移，导致意大利的商业中心地位衰落。从此，在意大利北方城市最早产生的资本主义萌芽，在16世纪一度凋零。意大利资本主义得到真正的发展是在全国统一以后。

二、意大利统一后资本主义的发展

19世纪五六十年代，意大利以撒丁王国为中心开始了统一进程。1859年对奥战争后，托斯坎尼、莫德纳、帕尔马、罗曼纳各城市国家宣布并入撒丁王国，意大利的北部和中部完成了统一。1860年，两西西里王国并入撒丁王国，意大利的领土基本统一。1861年3月，第一届议会在都灵开幕，宣布成立意大利王国，撒丁国王成为意大利国王。1866年，普鲁士和奥地利爆发战争，意大利加入普鲁士一方作战。根据战后的《维也纳和约》，被奥地利控制的威尼斯地区归还意大利。1870年，普法战争爆发，意大利军队进入教皇辖地，占领罗马。教皇被剥夺世俗政权，避居梵蒂冈。至此，意大利统一最后完成。

意大利的统一为资本主义生产发展提供了统一的国内市场，使它能够充分利用欧美各国的技术和经济成就，补上工业革命这一课，一些规模较大的工业纷纷建立起来。意大利资本主义发展的特点是资本主义和大量封建残余混合生长，国内市场非常狭窄。它的工业原始资本的积累从一开始就依靠外国资本和本国政府的财政支持。在意大利的首批重工业大企业中，除了政府的投资外，还有法国、德国、瑞士等外国资本，本国资本只占其中的一部分。

19世纪末到第一次世界大战前后的20多年中，意大利的工业生产得到了迅速的发展，采矿、炼铁、轧钢工业成倍增长。由于国内缺乏煤炭资源，意大利较早开发了水力发电，1883年在米兰建立了第一个欧洲水力发电站，到20世纪初，电力工业扩大了几十倍。有了充分的电力，意大利又发明了电炉炼钢。汽车、飞机、化学、人造丝等新的工业部门也在这一时期建立和发展起来。

与此同时，意大利的生产和资本集中过程也大大加强。例如，1862年成立的巴斯托吉公司控制了铁路、金融和电力部门；1865年成立的意大利水泥公司控制了建筑材料的生产；1872年成立的皮雷利公司控制了采矿和橡胶生产；1884年成立的爱迪生公司垄断了电力和电气设备生产；1888年成立的蒙特卡提尼公司垄断了采矿和化学工业的生产；1905年成立的亚得利亚电力公司在电力工业和金融业中占有重要地位；1906年成立的菲亚特公司控制了汽车、飞机和机器制造业；1917年成立的斯尼亚人造丝公司则控制了人造丝的生产。

三、两次大战期间的意大利经济

第一次世界大战期间，英国和法国利用意大利和奥地利的矛盾，同意大利于1915年4月26日在伦敦签订协约国条约。条约中提到，意大利可获得特兰蒂诺、波伦那出口的一个通向欧洲内陆的要塞、的里雅斯特、伊斯特利亚、达尔马提亚海岸的一部分、发罗拉港口以及阿尔巴尼亚的特权，罗德岛、多德卡尼斯群岛以及亚得里亚海上的某些岛屿。如果小亚细亚被瓜分，它将得到伊兹密尔；如果进一步重新分配非洲大陆，它也将得到那里的土地。就是这些秘密条约把意大利从原三国同盟（德国、俄国和意大利）引诱过来，与英、法结成协约国，妄图达到向巴尔干半岛扩张，从而扩大商品市场的目的。

第一次世界大战结束后，在凡尔赛会议上，只分得的里雅斯特、伊斯特利亚、萨拉和格拉察等地，而且大部分是沙漠，意大利政府感到分得太少受到屈辱而退出会议。在经济上，意大利农业生产受战争影响下降。为了鼓励战时士气，政府曾许诺在和平到来时，重新分配土地以帮助农民，但到1920年并未兑现。政府为了进行战争，负债累累，大量发行纸币，造成严重的通货膨胀，使固定收入者和政府公债持有人大受其害。对外贸易也出现大量逆差，国内经济状况不断恶化。于是农业和工业工人开始为夺取财产进行暴动。

1922年10月，法西斯党魁墨索里尼掌握了政权，对外实行"自给自足"的经济政策，对内建立所谓"组合国家"。其内容主要是，宣布独立的工人组织和资方组织都是非法的；在每个工业企业内部组织工团，雇主和被雇佣者都属于这个组织。一切争议必须在工团内部解决，不允许罢工。各行各业都成立了工团，领导工团的官员必须是法西斯党员。意大利的垄断资本进一步与国家政权相结合，使意大利还没有经历普遍的工业化过程，在它的资本主义发展还很薄弱的情况下，就向国家垄断资本主义转变，并打上了法西斯主义的烙印。在20世纪30年代经济大危机时期，法西斯政府为了援助垄断资本渡过难关，在1933年建立工业复兴公司，对于濒于破产的大企业和银行，或者由政府投资进行"输血"，或者由政府收买变成"国营"。

第二次世界大战使意大利经济受到重创。国民财富的1/3毁于战火；战争结束时国民收入只有1938年的一半；总吨位350万吨的商船损失了90%以上；被战争破坏的铁路占25%，机车占60%；被毁和受损的公路达35%；港口设施有90%被破坏；生铁生产能力的67%和炼钢能力的34%被毁坏；造船能力毁坏的占一半。农业生产降为战前水平的60%；工业生产下降了1/3。战争不仅破坏了物质财富和生产设备，而且造成巨额财政赤字、大量失业、物质匮乏，从而出现了严重通货膨胀。

第三节　20世纪意大利经济概况

一、意大利经济的发展阶段

第二次世界大战后意大利经济的发展大体可分为五个时期：

1.1945—1950年的经济恢复时期

战后，意大利政府为恢复国民经济，曾采取了一些改革措施，如实行土地改革，让工人派代表参加工厂管理；改变墨索里尼的"自给自足"方针为开放的经济政策。1948年接受"马歇尔计划"，得到的经济援助相当于其当时国民收入的5%，这对意大利经济恢复起了重要作用。为了加强对外贸易和稳定国际收支，1946年1月4日，意大利政府宣布里拉贬值55.65%。官价汇率由原来的100里拉兑1美元，贬为225里拉兑1美元。到1950年，意大利经济恢复到1938年的最高水平。

2.1951—1963年的经济高速发展时期

在此期间，意大利政府采用凯恩斯主义刺激需求的经济政策。政府对南方的基础设施、基本工业和农业现代化进行巨额投资，以提高南方就业，并吸引北方工业资本向南方投资；对北方私人企业提供优惠信贷并实行加速折旧政策。当时，国际贸易迅速扩大、能源和原料价格低廉、劳动成本较低以及欧洲经济共同体建立，也有利于意大利经济的高速发展。在此期间意大利国内生产总值年平均增长 5.9%，工业生产年平均增长 9.1%，均居西方世界第 3 位，仅次于日本和联邦德国。1951 年秋冬之交和 1957 年虽曾爆发两次经济危机，但都比较轻微。这个时期被称为意大利"经济奇迹"时期。

3.1964—1973 年经济虽仍保持一定增长速度，但已呈现不稳定时期

1964 年 2 月到 8 月，由于里拉危机触发的经济危机，意大利工业产值下降了 9.5%，企业倒闭，失业工人数猛增，标志着意大利从 20 世纪 50 年代初开始的"经济奇迹"已经终结。1970 年 4 月到 1971 年 8 月又发生了一次长达 17 个月的经济危机。危机期间，工业产值下降 10.6%，消费物价上升 6.3%。虽然 1964—1973 年意大利国内生产总值年平均增长率仍达 4.9%，工业产值年平均增长率达 6.5%，但是凯恩斯主义刺激需求经济政策的弊端逐渐暴露。为了补贴亏损的国营企业、偿还到期债务和维持庞大的政府财政开支，财政赤字越来越大，外债也日益加大，1973 年达 63 000 亿里拉。意大利的通货膨胀在 20 世纪 60 年代末开始加剧，里拉不断贬值，整个意大利经济进入波动幅度较大的不稳定时期。

4.1974 年开始的经济"滞胀"时期

1974—1984 年，意大利国内生产总值实际年平均增长率为 1.9%，工业产值实际年平均增长率为 1.5%，消费物价年平均上涨率为 16.1%，意大利是资本主义国家中"滞胀"最严重的国家之一。造成意大利经济恶化的主要原因是：

（1）两次能源危机的影响。1973 年年末爆发的石油危机和 1979 年爆发的第二次石油危机，使意大利在战后建立的以廉价能源为基础的重化工业结构发生了危机。意大利发展较快的钢铁工业、石油化工业和汽车工业都是高耗能的产业，而意大利的能源严重依赖进口。1982 年进口能源占本国能源总消费量的 83%，石油在能源消费中的比重为 75.6%，而石油进口又占其石油消费总量的 97.8%。所以，石油危机对意大利经济打击特别大。1974 年意大利通货膨胀率猛升至 19.4%，1980 年则高达 20.3%。

（2）意大利的国有经济和国家参与制经济成为政府的沉重负担。过去意大利的国家参与制企业是根据市场规律进行生产提供商品和服务的。现在这些企业由于世界性经济危机，国内外经济环境恶化，越来越依靠政府订货、补贴和拨款来维持生产。当时，国家每年为此花去几万亿里拉。

（3）政府经济干预过多，既影响私人资本主义企业自由经营，又不利于产业结构的调整。政府在经济领域干预的范围迅速扩大，原想帮助参与制企业和私人企业克服危机渡过难关，但实际结果却使某些企业越来越依靠政府补贴，以维持已老化的传统工业。而对企业征税过多，又不利于企业内部资金积累，影响企业资金在产品之间转移。这又抑制了朝阳产业的成长，所以不利于整个产业结构的调整。

（4）直接税超过间接税，鼓励消费、打击投资，不利于经济发展。1973年直接税总额只有64 000亿里拉，间接税总额为88 000亿里拉；1982年分别为652 000亿里拉和481 000亿里拉。这对于限制消费、增加储蓄从而扩大投资增加生产，产生不利的影响。

尽管存在结构调整上的困难，但意大利的一些私人垄断组织通过几年的整顿，已经转亏为盈。如菲亚特、奥利维蒂、蒙特爱迪生等大公司，从1984年起开始对经济复苏产生影响。

经过战后将近40年的经济发展，意大利从战后初期的工业后进国发展成为发达工业国，它的国民经济结构已发生深刻变化。以增加值计算，第一产业（农、林、渔业）在国内生产总值中的比重逐渐下降，1950年占28.3%，1960年占12.3%，1970年占9.2%，1982年占5.8%；第二产业（工业和建筑业）的比重在20世纪70年代以前上升，以后转为下降和稳定，1950年占37.3%，1960年占41.3%，1970年占39.5%，1982年占40.7%；第三产业（交通运输业、商业、服务业等）比重一直上升，1950年占34.4%，1960年占48.4%，1970年占51.3%，1982年已达53.5%。与此相应的是就业结构也发生显著变化。20世纪50年代上半期，从事工业的人数还没有超过从事农业的人数。此后，工业的扩张吸收了农业的过剩人口，从20世纪60年代后期起，第一、二产业的过剩劳动力又为第三产业的扩张所吸收。按三类产业划分的就业比例是：1951年第一产业占43.9%，第二产业占29.5%，第三产业占26.6%；1960年分别占19.8%、46.7%和33.5%；1982年分别占12.4%、37.0%和50.6%。

意大利经济实力也有很大提高，按不变价格计算，1984年国内生产总值比1950年增加3.4倍。同期，工业产值增加5.3倍。1984年国内生产总值为4 366亿美元。第二次世界大战后，意大利经济在西方资本主义世界一直保持第6位，但它的收入水平和生活水平仍处于西方世界的中下水平。1983年意大利人均国内生产总值为6 209美元，只及联邦德国的58.4%和美国的44.4%。

5.1984年之后的经济平缓发展时期

1984年意大利经济开始复苏，1986年国内生产总值为6 012亿美元，超过英国的5 535亿美元，成为资本主义世界的第五工业大国。1988年，意大利的人均国民生产总值为13 331美元，超过了英国的12 810美元。20世纪80年代中期以后的意大利经济发展被认为出现了"第二次经济奇迹"。[①]

---

① 戎殿新，罗红波. 战后意大利经济奇迹［M］. 北京：经济科学出版社，1992：254-255.

20世纪90年代初的几年时间里，意大利经济略有衰退，通货膨胀率不断上升，经济增长缓慢，1994年经济开始复苏，1995年经济发展明显加快，1996年之后经济增长又有所放缓。1992年意大利国内生产总值增长率为1.2%，1996年经济增长率为0.9%，2000年为3.6%。意大利国内生产总值1981—1991年均增长2.3%，1997—2001年平均增长2.0%。

二、意大利经济的基本特点

（一）国家垄断资本主义高度发达

1.国有经济控制着国民经济的重要部门

意大利的国有经济比重在西欧仅次于法国。据1972年公布的统计数据，在意大利全国工业部门的投资额、总产值和增加值中，国有企业均占1/3左右。在动力部门，这3项指标分别为80%、40%和45%；在运输部门分别为75%、60%和55%。单是工业复兴公司，它所属的生产企业钢铁产量占全国产量的57%，特种钢产量占全国的68%，造船能力占全国的90%，汽车产量占全国的12%，海运量占全国的21%，水泥产量占全国的11%。

意大利通过下列途径扩大和发展国有经济：（1）通过国家整顿使企业全部或部分成为国有制企业。这发生在20世纪30年代经济大危机时期、战后工业恢复时期，以及需要改变部门结构和地区结构的场合。（2）国家直接投资兴建企业。如通过意大利南方经济开发计划的实施，国家对基础设施和基本工业的大型工程和企业进行投资。（3）由于资本积聚，通过对私人企业的合并和提供津贴，在合股公司中扩大国有成分。（4）实行国有化，如1963年国家对电力工业实行国有化。

意大利的国有企业分为两种：一种是直接国有企业，它们完全属于国家，并直接隶属于国家行政机构，如铁路、邮政、电力等企业。另一种是间接国有企业，即国家参与股份的企业，由政府通过国营控股公司进行管理。根据国家资金在企业整个资本中所占的比重，其又可分为完全参与、大部分参与和少部分参与三种。属于这类企业的是为数众多的国家资本和私人资本以不同程度相混合的股份公司，也包括一些完全由国家资本参与、按股份公司方式经营的企业。

1956年，意大利成立国家参与部和主管国家参与事务的部际委员会（1967年改为经济计划部际委员会），分别领导和协调国家各持股公司和其他各部的工作。意大利政府通过几家巨型国有控股公司，主要是工业复兴公司、国营碳化氢公司、意大利机械工业公司等，逐级领导次级控股公司，再由基层控股公司直接管理众多生产企业。这样，从政府机构直到大量基层生产企业，构成了一个由国家资本和私人资本相结合，又为国家所控制的庞大金字塔形的体系，这是意大利国家垄断资本主义的特殊形式。根据有关资料统计，国家参与制企业的大部分资本是通过发行债券、股票和借款，从金融市场筹集的。国家参与企业中由国家本身提供的资金，仅占24.4%。这也符合意大利政府以不多的财力控制众多经济企业从而左右国民经济的需要。

2.政府为全面干预经济生活所花费的财政支出占国内生产总值的比重较其他主要资本主义国家更高

意大利政府为建立全面的垄断调节体系，对国民经济的生产、交换、分配和消费进行全面的调节，政府的财政支出占国内生产总值的比重越来越高，从战后初期的1/5，增加到20世纪70年代初期的2/5；20世纪80年代起已占一半以上。1983年政府财政支出占国内生产总值的比重已高达57.4%。这意味着意大利人每年平均有半年以上时间是在为整个政府部门的运行而工作，可见其国家干预经济程度之高。

3.意大利银行业的大部分信贷和金融业务也由国营银行和参与制银行经营

意大利政府通过税收、社会缴纳等手段，使用财政、货币等杠杆，对国民收入进行再分配，把占国内生产总值一半以上的资金，通过不同渠道转移到生产和消费等领域。国家垄断调节机制不仅调节工业和金融业，而且也调节农业。国家举办水利工程、农业科学试验、乡镇建设，包括开办学校和医院、修筑道路等。为了提高和稳定农民收入，政府还向农民提供优惠价格的农业机械、化肥、电力、优良种籽等。在农产品销售方面，政府设立农产品收购和加工企业，以保证价格，稳定农民收入。

4.国家积极干预对外经济贸易关系

意大利在战前采取保护关税政策，以保护本国工业和农业发展。第二次世界大战后，意大利实行开放经济政策，1952年积极参加欧洲煤钢共同体，1958年成为欧洲经济共同体成员，都是为发展本国经济力争改善国际贸易环境的举动。

20世纪80年代中期以后，由于部分国家参与制企业经营不力导致严重亏损，意大利政府逐步推行了对主要国有企业的私有化政策。进入20世纪90年代，政府加快了国有企业私有化进程。

（二）中小企业特别繁盛，逐渐成为意大利经济的活跃因素

意大利在20世纪七八十年代蓬勃发展的中小企业主要是在工业部门。1971年，9人以下的企业总数为228.9万家，到1981年已经增加到327.5万家；同时雇佣人数增加了43.7%，是这一时期主要创造就业的部门。1984年中小企业在制造业部门出口总额中占52.7%。20世纪末21世纪初，意大利的中小企业占制造业总数的99%以上，吸纳的就业人数占全部就业人数的78.21%。

20世纪70年代初以来，意大利中小企业的蓬勃发展，既有历史的因素，也有当时国内外经济形势变化的原因。

从历史上说，意大利是西欧地区工业发展的后来者。它的具有高级技术水平的产品（飞机、化学、精密仪器、电子机械）在国际市场上占的比重很小，本国也因资本力量薄弱，发展受到限制。中级技术产品（无机化学工业品、石油制品、小汽车、公共汽车和商用车辆、一般机床）在战后虽已得到大力发展，但受石油价格上涨影响，发展也受到限制。唯有低级技术产品（皮革制品、鞋类、纺织品、木制品、钢铁），在意大利具有多方面的优越条件，从而得到迅速发展，并且对出口起到越来越重要的作用。如制鞋、纺织等行业在意大利具有悠久的发展历史。这些成熟技术同经营了几百年的传统有关，它们的产生和发展依赖于个人的精湛技艺和想象力，依赖于商人对社会和世界市场中各种变化作出及时反应的灵活性。这些条件是其他国家无法相比的。

再从当时国内外经济形势变化来说，这些工业部门，节省能源，不受石油危机限制，不需大量投资，熟练技术适宜于专业化分散经营。此外，意大利大公司及其员工所承担的社会保险基金负担重，小企业和自立劳动者相对要轻些。大公司劳动成本高，又常受罢工影响，而根据意大利的劳动法规定，解雇雇员的规定不适用于15人以下的公司，也就是说，小公司解雇雇员基本上不受约束，这就比大公司在雇佣劳动力方面灵活得多。这些也都成为小企业迅速发展的原因。

此外，国外经济不景气而流回意大利的移民中有许多独立劳动者和技术工人，多数都从事个体劳动；有些大企业在技术条件允许下，也化整为零衍生出一些中小企业。

在这种情况下，政府对中小企业采取鼓励政策，提供科研成果、低息信贷、国际市场信息等服务。所有这些因素都推动了意大利中小企业的迅速发展。

意大利的中小企业分为两类：一类是隶属于大企业的，没有自主权，在经济、生产、技术等方面都依靠大公司，如伊利、埃尼、菲亚特、蒙特爱迪生等大公司，都由众多的中小企业为其承包零部件加工。另一类是自己独立的，在经济、技术上基本上都依靠自己，拥有完全自主权。这类企业主要生产家用电器、家具、服装、鞋类、皮革等。此外，便是各种服务业企业，尤其是深入各个角落的零售商品网点。

从地区结构来看，20世纪70年代初发展起来的中小企业主要集中在东北部、中部和亚得里亚海岸。这些地区被意大利称为"第三个意大利"，以区别于传统发达的北部工业区和落后的南方农业区。新发展的中小企业与传统的工业三角区（都灵–米兰–热那亚）的发展形式不同，工业三角区以为大企业加工零配件为主，"第三个意大利"则以劳动密集型、加工环节较少、生产周期不长的产品为主，如普拉托的纺织业、萨苏奥洛的陶瓷业和马尔凯的制鞋业。一种工业之所以主要集中于一个城镇或地区是与长期的手工业传统和租田农业有联系的。如在马尔凯地区，大部分鞋类产品都由兼有农业与工业职业的家庭制作。有的家庭上辈是农民，儿女受雇于小制鞋公司；有的是全家都受雇于制鞋业，而业余时间则在自己的小块农田干活。这种情况使小公司很灵活，在经济衰退时期无活可干时，这些受雇者又依靠农业维持生计。

从工业部门结构来看，中小企业在加工工业和建筑业中的比重较高。如在机器制造、精密仪器制造行业，中小企业的雇员人数占该行业总数的70%，食品、纺织、服装、皮革、木制品等行业占93%，建筑业则高达99.4%。在冶金、交通运输工具制造、炼油、基础化学、石油化学部门中，中小企业的比重较低，从20世纪70年代初期开始，这些部门企业的平均规模不但没有变小，有的甚至还在扩大。

意大利中小企业在今后还会得到继续发展，这与生产和技术向分散化和专业化发展相适应。但它也不可能取代大企业。企业生产规模的大小取决于生产条件、工艺特点和管理的便利程度。

（三）意大利存在贫困落后的南方和繁荣先进的北方之间的地区经济差别

1871年意大利统一时，南部和北部就存在明显的经济差别。造成南部经济落后的原因有：封建的社会和经济结构；生产率极低，集中于谷物生产的农业；森林的砍伐和水土的流失；小规模的工业、受限制的市场和资本的短缺。全国统一以后，也没有采取措施治理地区问题。19世纪80年代起，北部地区发展了纺织工业、冶金工业和机械工业，并且挖通了几条连接欧洲北部市场的阿尔卑斯山隧道，逐渐发展成工业和农业的发达地区。而南部地区则由于人口出生率高，工业化进展不大，农业生产率增长微乎其微，劳动力大量外移，使经济更加凋敝。

在两次世界大战之间的法西斯统治时期，墨索里尼为了战争需要，在北方实行强制的工业化，而南部地区则更深地陷入停滞状态。

第二次世界大战结束以后，意大利更明显地分成贫穷落后的南方和繁荣先进的北方两个地区。大体以罗马稍南为南北界线，其中北方占全国总面积的56.7%，南方占43.3%。在全国人口中，北方占64.4%，南方占35.4%。意大利主要的先进工业都集中在北方，特别是都灵、米兰和热那亚一带的"工业三角区"。那里的许多工业产品，如汽车、机械、化工产品、纺织品、家用电器、商业机器等都能在世界市场上进行竞争，并占有一定地位。北方的波河上游也是意大利土地最富饶的地区，农业技术先进，大农场也都集中在这一地带。而南方，工业很不发达，农业由于长期受封建土地关系影响，落后的小农场占优势。这使南方贫穷落后，劳动力大量过剩。这些过剩人口为了维持生计，不得不向外迁移。战后，南方人口仍然外流，其中一半到北方工商业发达地区就业，另一半迁往国外谋生。到20世纪70年代中期，意大利迁往国外的侨民约有520万人，大多数是南方人。

战后，意大利政府对开发南方进行重新认识，并请许多经济学家进行研究和论证，决定采取开发不发达地区的战略，制订长期分阶段开发计划，由政府出资和系统地干预开发活动。

1950年8月，意大利建立南方发展基金局，制订了1950—1957年南方工业化准备计划，规定在1950—1960年，由政府拨款1万亿里拉（相当于当时的16亿美元）作为南方发展基金，重点用于实行"土地改革"，进行农业技术改造，建立发展工业所必需的交通、港口和水电等基础设施，为私人资本投资创造条件；规定基金的77%用于农业改造，23%用于基础工程。

1957—1965年第二个发展计划规定把重点转向发展工业化，基金的大部分也用于工业项目。为了鼓励企业家向南方投资设厂，政府还采取了一系列优惠政策，如在南方新办工厂给予10年免征利润税的优待、各种政府补贴和优惠信贷；对国家参与制企业则规定在南方的投资要占总投资的相当比例等。在此期间，兴建的比较重要的工业项目有：伊利公司在塔兰托的大型钢铁联合工厂、在那不勒斯附近的汽车制造厂；埃尼公司在菲兰迪拉和西西里岛的煤油厂、在萨丁岛的化工厂；埃尼公司和蒙特爱迪生公司在萨丁岛联合建立的合成纤维纺织厂；蒙特爱迪生公司在布林迪西的化工厂等，共新建大小工厂2 380个，扩建老厂2 450个，使南方的工业化得到初步实现。

1966—1975年，国家发展计划的重点是在继续促进工业化的同时，进行综合性开发，把发展旅游业作为重点之一，希望通过发展旅游业来增加收入。1976年4月，政府通过一项立法，在1976—1980年再拨给南方发展基金局1.7万亿里拉，并规定以后发展工作和基金逐渐由地方政府承担。

1976年以后，国家对南方的开发重点放在用先进技术装备和改革原有企业，发展和资助当地的中小企业，使这些中小企业更好地适应多变的世界市场需求。

政府的这些努力对南方经济结构变革起了一定的作用。1951年南方的农业产值占其总产值的35%，1979年下降至14.6%，工业产值则由24%上升为39%。南北经济差距也有所缩小。战前南方私人消费水平只及北方的40%，到1981年已升为占北方的71.4%。[①]1999年意大利南方人均国内生产总值只是中

① 罗红波. 意大利南方落后地区的开发 [J]. 开发研究, 1986 (1): 59-60.

北部地区的 54.9%，21 世纪初期，意大利南北方经济发展水平的差距仍然有加大的趋势。

三、农业和旅游业

(一) 农业

意大利农业比战前有了很大发展，但与其他主要资本主义国家相比，现代化程度不高，在世界农业中处于中等偏上水平。

1983 年，意大利农业总产值为 221.54 亿欧洲货币单位，占国内生产总值的 5.6%；1982 年农业就业人口为 254.3 万人，占就业总人口的 12.4%；1991 年降至 9.2%；2000 年进一步降至 5.3%。农田利用面积为 1 782 万公顷，其中农作物耕地为 945.6 万公顷，多年生作物为 324.8 万公顷，长期牧场为 511.6 万公顷。1994 年，农业产值占国内总产值的 3.3%；1995 年，从事农业的人口为 182.66 万人，可耕地面积约占全国总面积的 10%；2000 年，农业产值为 53.8 万亿里拉，占国内生产总值的 2.4%。

意大利是世界拖拉机和农机产品的主要生产国和出口国，拥有拖拉机 110.6 万台，每百公顷 6.2 台；联合收割机 3.7 万台，每百公顷 0.2 台；施用化肥 179.3 万吨，其中氮肥 90 万吨，每公顷 51 千克，磷肥 56.3 万吨，每公顷 32 千克，钾肥 33 万吨，每公顷 19 千克。农业生产增长不快，1980—1982 年平均年增长率为 2.6%，1970—1982 年为 1.2%；1983 年比 1980 年增长 1.3%。农业劳动生产率的提高主要靠减少劳动力。1951 年意大利农业劳动力高达 826.1 万人，1982 年减少到 254.3 万人。20 世纪 90 年代末，意大利农业机械化实现了很高的水平。意大利的拖拉机生产量已达到 80 000 台以上，其中国内市场拖拉机年均销量在 30 000 台以上，1998 年拖拉机销量为 32 084 台，比 1997 年增加 13.81%；1999 年、2000 年分别销售 34 679 台、32 500 台。

意大利农业的地区分布与自然条件关系密切。据 1956 年统计，平原的耕种面积只占总耕种面积的 1/5。长期以来，越来越多的丘陵和山岳地区被利用来种植小麦。这样就大量破坏了森林，侵占了牧场，减少了牲畜和与此相关的自然肥料。意大利只在波河流域拥有大量农业平地。在伦巴德省波河上游流域，垦荒和灌溉工作具有上千年历史。这一带也是资本主义经营最发达的地区。其中，有 40% 的土地是雇佣劳动者经营的，工人经过专门训练，订立年度契约，工资水平较高；资本投资额也很大。养牛是这个地区的主要农业活动，为意大利提供 20% 的食用牛、1/3 的牛奶。大部分大米都是在诺瓦拉和维切利一带生产。这里还实行轮作制，交替种植小麦和玉蜀黍以及用作牧场饲料的作物。这一带是意大利土地最富饶、技术最先进的地区。其余北部的阿尔卑斯山区、波河流域以东和以北的亚平宁山区，以及中央亚平宁山区这一带，以小自耕农经营小麦、葡萄、橄榄和饲养家畜为主。在广大南部地区，平原不到1/3，山岳地区占35%，丘陵地区占46%。那里的主要作物是小麦、玉米、甜菜、亚麻、蔬菜和番茄等。

意大利畜牧业原来很不发达，战后随着经济的发展，居民对肉类和牛奶消费量增加，促进了畜牧业的发展。1957年意大利设立了为数50亿里拉的小额信贷基金，用来发展家畜生产；对育种牲畜进口不再征收关税。1959年意大利又为肉类制定了最低限价。政府和私人企业对畜牧场的技术援助和专业指导也加强了。乳牛和猪的数量和质量都有提高，但仍然不能满足国内增长的需求。肉类消费量从1952—1953年平均每人每年19千克，上升到1982年的79千克；牛奶消费量从49千克提高到88千克；乳酪从6千克提高到10千克。在整个20世纪60年代，意大利的制酪业一直得不到发展，这是因为意大利的生产者没有享受到欧洲共同体其他成员那样的国家补助和价格支持。意大利北部的奶牛饲养业能同荷兰和法国相竞争，但是其他地区的牲畜品质不佳，不够卫生标准，因此生产受到限制。1982年，畜牧业毛产值为119.05亿欧洲货币单位，占农业毛产值的41.8%。1983年12月，牲畜存栏牛为922.1万头（其中奶牛306.8万头），猪为918.7万头，羊为1 205.8万头。同年，意大利的肉制品产量为352.2万吨，其中，牛肉93.1万吨，自给率为57%；猪肉111.5万吨，自给率为74%；羊和禽肉5.1万吨，自给率为99%。1983年，意大利的奶类产量为1 147.8万吨，其中，黄油为6.8万吨，自给率为64%；奶酪为56.3万吨，自给率为77%；鸡蛋为658万吨。1992年之后，欧共体统一大市场的共同农业政策进一步限制了农业生产的发展，除柑橘、柠檬、橄榄、葡萄、蔬菜出口外，其他农产品基本需要进口。意大利的畜产品大量进口成为贸易逆差的重要因素。

意大利林业面积为609.9万公顷（1983年）。1981年，林业产值为35.6亿欧洲货币单位；年产原木903.7万立方米，锯软木114.5万立方米，锯硬木137.4万立方米；木材自给率为75.3%。

（二）旅游业

旅游业在意大利经济中具有重要地位。1983年旅游业净收入达11.12万亿里拉（合81.03亿欧洲货币单位），在世界旅游业中仅次于美国，居世界第2位。1982年接待外国旅游者（包括过路游客在内）达4 831万人次。1991年意大利旅游营业额为87万亿里拉；2000年为150万亿里拉，约占国内生产总值的6%，净收入约53万亿里拉，创造了意大利旅游业发展的最高纪录。

意大利地处欧洲南部，具有地中海风光，阳光明媚，山河秀丽。西西里岛上的埃特纳火山是欧洲最大的活火山，经常爆发。火山爆发时的情景非常奇特，在10公里之外都能清楚地看到，因此也成为意大利特殊的旅游胜地。意大利境内多名胜古迹，如罗马建筑、文艺复兴时期的城镇、华丽的公共娱乐场所、名画、雕塑以及著名的剧场等，吸引着大量海外旅客和欧洲各国的旅游者。

第二次世界大战后，意大利政府为发展旅游业，拨出大量经费修筑现代化的公路网和各种旅游服务设施；开办旅游院校，为旅游事业培养各种专门人才等。在经营方面，除了发展传统的旅游形式外，意大利还大力发展"乡村旅游""社会旅游""青年旅游""驱车旅游"以及大型现代化乐园多种旅游形式。

复习与思考

1. 为什么资本主义萌芽最早在意大利产生，但其资本主义经济却发展缓慢？

2. 比较19世纪意大利和德意志在实现国家统一方式上的异同。

3. 20世纪70年代以来意大利的经济结构与其他资本主义国家相比有哪些特点？

第八章

澳大利亚经济史

第一节　殖民地时期的澳大利亚经济

一、澳大利亚成为英国殖民地

在欧洲殖民者到来之前，澳大利亚的土著居民已分布于整个澳洲大陆。18世纪中叶，土著居民已有30万人。

1642年和1644年，荷兰东印度公司曾两次到澳大利亚进行考察。1770年英国船队到达澳洲东海岸，将这里命名为新南威尔士，宣布为英王所有。从1788年起，英国政府派军队押送流放犯到澳大利亚。从此，澳大利亚开始沦为英国的殖民地。土著居民被大量屠杀。到1947年澳洲大陆上的土著居民仅剩4.7万人，而且绝大部分被赶至内陆沙漠。

从1788年开始，英国将澳大利亚作为流放地，直到1868年才结束。这期间，被流放到澳大利亚的犯人共达15.5万人。殖民当局利用犯人建造房屋、修筑道路、开荒种地。当时的主要经济部门是农业。从事农业生产的经济单位，一是殖民政府举办的农场，强迫犯人劳动；二是刑满释放犯人的个体经济，殖民当局分给30至50英亩的土地，使之从事农业生产；三是军官和政府官员的私人农场，雇佣刑满释放犯人从事耕作。

二、1820—1850年移民时期的经济

19世纪初，英国开始对澳洲大量移民。从1820年起，自由移民成批进入澳大利亚。除原来的新南威尔士外，1825年建立了塔斯马尼亚殖民区；1829年建立了西澳大利亚殖民区；1836年又建立了南澳大利亚殖民区。

　　19世纪20年代，殖民当局对进入澳大利亚的自由移民，一律无偿分给土地。1831年殖民当局采用了爱德华·吉本·威克菲尔德（Edward Gibbon Wakefield）的殖民理论，开始将土地定价出售。将出售土地的收入用于输入新的劳动力，力图在殖民地制造出雇佣工人。

　　1820—1850年，澳大利亚经济的主要部门是牧羊业。英国毛纺织业对羊毛的需求急剧增长，加之有适宜的自然条件，使澳大利亚的牧羊业迅速发展起来。大规模的畜牧公司纷纷成立，它们利用牧地借用制占据了大片土地。牧羊业的发展使羊毛成为澳大利亚的主要出口商品。到1849年，澳大利亚向英国输出的羊毛约占英国进口羊毛总量的50%。

　　这一时期，种植业也有所发展。耕地面积逐渐扩大，除了新南威尔士外，其他殖民区粮食都自给有余。由于人口不断增加，市场逐渐扩大，推动了工业的兴起。这一时期出现了酿酒、制粉、制革、服装、陶器、食盐、肥皂、蜡烛、家具等日用必需品的小型工厂。

三、1851—1900年资本主义经济的发展

　　1851年1月，在澳大利亚的维多利亚发现黄金矿。从1852年起，海外移民如潮水般涌入墨尔本。1851年澳大利亚人口为43.8万人，1861年增加到116.8万人，1900年为376.5万多人。

　　黄金热刺激了殖民地经济的发展。1851年从新南威尔士划出了维多利亚殖民区，1859年又划出昆士兰殖民区。到19世纪60年代，黄金产量逐渐减少。过剩劳动力和资本逐渐转移到农业、制造业和商业部门，促使这些部门有了一定的发展。制造业包括纺织品、皮革、酒类、鞋类、农具、肥皂、蜡烛、砖、锯木及肉类加工等制造部门。矿业包括金、银、铜、锌、煤矿的采掘和部分冶炼。为了保护新兴产业，维多利亚殖民区从1860年起实行保护关税制度。

　　铁路建设由殖民政府投资。铁路里程逐年增加，1861年为243英里（1英里合1.609344千米，下同），1891年为9 500英里，铁路的修建为内陆农牧业的发展创造了条件。

　　养羊业和种植业继续发展，羊毛产量、肉类及乳制品的产量大幅度增长，粮食播种面积急剧增加。当时澳洲和美洲处女地的开发，曾引起世界粮食价格急剧下跌，甚至引起地租下跌。

　　对外贸易也迅速增长。1861年澳大利亚的出口贸易额为3 500多万英镑，1881年为5 600多万英镑，1891年为7 300多万英镑。

第二节　20世纪澳大利亚经济概况

一、澳大利亚联邦成立后的经济概况

1901年，澳大利亚联邦成立，成为英国的一个自治领。原来的殖民区改为州。联邦政府成立后，改变了过去各殖民区各自为政、互设贸易壁垒的局面，对外实行统一保护关税，并设立联邦银行，统一金融。这些措施有力地推动了国内统一市场的形成和经济的发展。

澳大利亚联邦成立后，采矿业的产品结构发生了很大变化。19世纪中叶发展起来的采矿业，以贵金属开采为主。20世纪初以后，黄金产量大幅度减少，因此有色金属矿、铁矿、煤矿的开采相继兴起。

种植业在20世纪上半叶有了大幅度的增长。小麦播种面积增加了1倍，加上耕作技术的改良，产量增加了2.5倍。澳大利亚成为世界主要小麦生产国之一。

畜牧业也有很大发展，羊毛、乳产品和肉产品的产量都不断增长。

这一时期制造业发展仍缓慢。英国工业品充斥澳大利亚市场，阻碍了制造业的发展。在两次世界大战中，由于英国输出的减少和军需品的增加，澳大利亚的制造业得以比较迅速地发展，1941—1944年，制造业产值增加了42%。

澳大利亚联邦成立后，经济虽获得了相当大的发展，但直到第二次世界大战，澳大利亚仍保留着殖民地经济的主要特征。英国资本控制着澳大利亚的经济命脉。农业和采矿业依然是最主要的经济部门，继续为英国提供粮食和原料；工业制品则主要从英国输入。

二、第二次世界大战以后的经济概况

第二次世界大战以后，澳大利亚发展成为发达的资本主义工业国。1974—1975年，澳大利亚发生战后最严重的经济危机，国内生产总值从前一年度的5.1%下降到1.4%，以后经济增长长期疲软。直到20世纪80年代初，经济增长率才开始有所提高。1982年国内生产总值达1 663.7亿美元，人均约10 960美元，在发达国家中名列前茅。20世纪80年代末，澳大利亚又一次经历了严重的经济衰退，1992年下半年开始复苏。20世纪90年代末，澳大利亚的经济增长率在西方国家中处于领先地位。据统计，1996—1997年的国内生产总值增长率为3.5%，国内生产总值达到4 446亿澳元，人均近24 700澳元（按当时汇率1澳元相当于0.75～0.8美元）。根据世界银行提出的国家财富核算法，1995年澳大利亚被世界银行评为自然资源、人造资源和社会资源综合财富的人均占有量世界首富。

第二次世界大战结束后，工党政府长期执政，在1945年公布的《澳大利亚充分就业白皮书》，宣称充分就业是联邦政府的基本经济目标。政府要负责刺激对商品及劳务的需求以实现充分就业。在经济上，农业生产恢复较快，羊毛、小麦的产量迅速增长；一些传统产业如服装、制鞋、塑料、农机等的生产都有所扩大；一些新兴产业如造纸、汽车等开始兴起；建筑业尤为兴旺。

20世纪50—60年代，澳大利亚经济进入长期稳定发展阶段。按不变价格计算，国民生产总值年平均增长率1951—1955年为4.1%，1956—1960年为4.5%，1961—1965年为5.5%，1967—1970年为6.0%。1969年澳大利亚的国民生产总值为380亿美元，在当时位于美国、苏联、日本、联邦德国、法国、英国、意大利、加拿大、印度之后而居世界第10位。1969年按人均计算的国民生产总值达2 520美元，居世界第8位。

这一时期，制造业一直是增长势头最大的部门。其产值在20世纪50年代占国内生产总值的29%，20世纪60年代占28%左右。制造业还向多样化发展，造纸、化学、炼油、汽车、机器、仪器、金属制造等新兴产业发展迅速。到20世纪70年代初，制造业行业已相当完备，门类也较齐全，进口只占国内市场供应的很小部分。

20世纪60年代，澳大利亚的多种矿产被陆续发现，国际财团和本国资本竞相投资开发。1960—1991年，矿产品和能源出口比重从10%提升到54%，因此澳大利亚经济又进入"矿业景气"阶段。国内外资本对丰富的铁矿、铝土矿、天然气、石油等矿产进行大规模开采，不仅扩大了矿业部门的生产，也带动了其他经济部门的发展。

矿物出口增加以及外国资本的大量流入，导致国际收支情况的改善，1972—1973年出现了国际收支的巨额盈余。随着20世纪市场对金属的需求引起的价格上升，特别是在20世纪80年代后半期，澳大利亚的采矿在数量上和价值上都有了很大的增长。20世纪90年代，世界经济较低速的发展影响了澳大利亚采矿业的利润，但采矿业的生产和出口仍保持了相对的高速增长。煤炭和黄金是澳大利亚出口中获得收入最多的产品，1993—1994年占了出口总值的25%之多。资源工业是澳大利亚经济中最具国际竞争力和最外向的部门。矿产和石油在勘测、开采、生产、加工和环境管理技术上都是世界级水平的。1995—1996年，矿业、石油及其下游产业占澳大利亚新资本投入11.7亿澳元的30%。1996—1997年，矿产和石油部门产出占国内生产总值的7.05%，并且该部门的出口金额最多，出口达总产出的80%左右。因此矿产和石油部门的出口对澳大利亚保持长期的国际收支平衡和经济强势有重要意义。

第三节 澳大利亚的人口、资源及社会福利

一、澳大利亚的人口与移民

澳大利亚是一个移民国家，与国土面积相比较，人口稀少。1981年，全澳人口为1 500万左右，平均每平方千米有1.9人，是世界人口密度最低的国家。澳大利亚人口分布极不平衡，绝大部分人口集中于大陆东南部的主要城市。悉尼和墨尔本的人口占全国总人口的41.1%。6个州首府再加上5个人口在10万以上的主要城市（堪培拉、纽卡斯尔、伍伦贡、季隆和黄金海岸）合占总人口的69.8%。

1947年，澳大利亚政府从国家安全和劳动力供给方面考虑，开始有计划、大规模地吸收移民。此后大约有347万移民来到澳大利亚，80%左右定居下来。战后移民连同他们出生的后代约占这个国家战后人口增长总额的50%。1972年以后，由于经济不景气，移民规模才开始缩减。

在移民结构上，40%的移民来自英国与爱尔兰，21%来自南欧，11%来自北欧，13%来自东欧，6%来自亚洲。现在移民中永久性定居的仍以原籍英国的为最多，其次是意大利、希腊、原南斯拉夫[①]、荷兰、德国、马耳他等国以及阿拉伯国家的移民。1966年以后，非欧洲人移民入境呈逐渐增多趋势。

大量移民给澳大利亚带来现成的劳动力，对它的经济发展起到了重要的推动作用。

二、澳大利亚的资源

澳大利亚幅员辽阔、资源丰富。在自然资源中，矿物资源和能源居于最重要的地位。据统计，澳大利亚有80种左右不同矿产。在矿物资源中，铁矿石的蕴藏量最为丰富，位居世界第4位；铝土资源也非常丰富，估计占世界铝土蕴藏量的1/3，居世界第1位；其他如铜、锰、镍的蕴藏量也相当丰富。

在能源资源中，澳大利亚最重要的是铀的藏量，占世界总蕴藏量的10%~20%；其次是煤，占世界总蕴藏量的9%；天然气占1.5%；石油蕴藏量较少，估计约有22亿桶（约2.9亿吨）。澳大利亚人口只占世界总人口的0.35%，而它的能源蕴藏量却占世界总蕴藏量的很大份额。辽阔的国土面积、丰富的自然资源、较少的人口，是澳大利亚成为世界上按人口平均计算最富裕国家之一的重要条件。

[①] 1991年后，南斯拉夫陆续解体为斯洛文尼亚、克罗地亚、马其顿、波斯尼亚-黑塞哥维那、塞尔维亚和黑山。

三、澳大利亚的社会福利

澳大利亚政府自20世纪初开始不断扩大社会保障与福利项目。其20世纪90年代的社会保障与福利的项目，由联邦政府举办的有几十种。此外，各州还有自己的福利措施，包括教育、住房、保健及对产妇和儿童的福利。

联邦政府支出的社会保障与福利费用极大，1981—1982年为115亿澳元，占当年财政支出的27.8%。支付的主要项目有养老金、残疾人抚恤金、寡妇抚恤金、单身父母补助金、退伍军人抚恤金、失业和疾病救济金、家庭补助金等。

澳大利亚实行初等与中等义务教育。各州规定6岁至15岁的儿童强制入学。大多数学童免费进入政府办的小学和中学就读。自1974年以来，联邦政府全面负责高等教育的经费。1981—1982年，联邦教育经费支出为33.4亿澳元，占财政支出的8.1%。

澳大利亚实行私人开业医生和综合性医院两级保健制度。医院约有70%是公立的。联邦政府的保健支出，包括医疗补助、医院补助、药费补助、家庭护理补助和社会保障等，都是以现金形式支付给个人。1981—1982年，这项支出为29.1亿澳元，占财政支出的7%。

澳大利亚社会保障及福利政策的目的在于通过收入的再分配来缩小收入分配上的差距。

复习与思考

1. 结合本章内容思考，在长达80年的殖民地时期，有哪些因素对澳大利亚经济的发展起到了促进作用？

2. 澳大利亚联邦政府在第二次世界大战结束后制定了何种经济目标？你认为其方式是否可以恢复战后经济？

[第九章]

印度经济史

第一节 中世纪印度社会经济概况

一、古代印度的民族和经济

古代印度是人类文明的发祥地之一。它与中国、埃及、巴比伦并称为东方四大文明古国。

印度的名称起源于印度河。印度的原始居民是达罗毗荼人。考古证明古印度的哈拉帕文化存在于公元前31世纪中叶至公元前21世纪中叶。一般认为，达罗毗荼人是哈拉帕文化的创造者。在哈拉帕文化时代，社会已有一定的发展。青铜器大量出现；农业是主要的生产部门，已使用犁和耕畜，农作物有小麦、大麦、棉花等；手工业除冶金外，还有纺织和制陶；宝石和象牙的雕刻相当精致；城市规模相当大，占地两三百公顷，主要街道宽达10米。后来，哈拉帕文化湮灭了。湮灭的原因据推测与雅利安人的入侵有关。

公元前21世纪中叶，属于印欧语系的许多部落，从中亚细亚经由印度西北方的山口陆续涌入印度河中游的旁遮普一带，征服了当地的土著达罗毗荼人（少数达罗毗荼人逃到南方，今泰米尔纳德邦一带尚有其后裔）。入侵者是白种人，自称"雅利安"，意为高贵者。经过几个世纪的武力争战，雅利安人逐步征服了整个北印度。

雅利安人最初的故乡是南俄草原，早先过着游牧生活。进入印度后，他们吸收了达罗毗荼人的先进农业文化，由游牧转为定居农业，并逐渐向奴隶社会过渡。在公元前6世纪中叶以前，在北印度形成了10余个奴隶制国家，其中最重要的是位于恒河中下游的摩揭陀及位于恒河上游的乔萨罗。到公元前4世纪中叶，摩揭陀统一了整个印度北部。

雅利安人对达罗毗荼人的征服和奴役，以及雅利安人内部阶级分化的结果，是在社会上形成了奴隶制等级制度——种姓制度。"种姓"一词在印度梵文中称"瓦尔那"，意为颜色、品质。古代印度有4个种姓：婆罗门、刹帝利、吠舍、首陀罗。婆罗门是祭司贵族，地位最高。刹帝利是军事贵族，包括国王及各级官吏。婆罗门和刹帝利是高级种姓，占有大量土地和奴隶。吠舍是自由民的中下层，包括农民、手工业者和商人，他们负担赋税义务。首陀罗是那些失去土地的自由民和被征服的土著人，他们地位最低下。各种姓职业世袭，互不通婚，保持严格的界限。凡不同种姓的男女所生的子女都被视为贱民，贱民被称为不可接触者，不包括在4个种姓之内，最受鄙视。由雅利安人的原始宗教演变而来的婆罗门教及其经典——《吠陀》，宣扬种姓制度是出于造物神（梵天）的意志。统治阶级制定了《摩奴法典》等法律以维护种姓制度。

每个种姓在各地都有自己的组织，有种姓长、种姓长老会以及种姓全体大会，处理有关种姓内部的事务，并监督本种姓的人严格遵守《摩奴法典》及传统习惯。如有触犯者，由婆罗门祭司予以处罚，重则被开除出种姓，归入贱民之列。以后，种姓制度经过长期演变，越来越复杂，在4个种姓之外，又出现了数以千计的亚种姓。种姓制度的长期延续，是印度社会发展迟缓的重要原因之一。

二、5—7世纪封建制度形成

5—7世纪是印度封建制度形成的时期。这一时期，社会结构的基础仍是由古代继承下来的农村公社。有些村社已经废除定期分配土地的制度，出现私人的世袭占有制。

在7世纪上半叶戒日王统治时期，国王仍然是全国土地的最高所有者，大部分土地为国王直接占有；臣属领有封地。封地最初是终身占有的禄田，以后逐渐转化为世袭的领地。国王将土地封给官吏和寺院时，往往是连同土地上的百姓一起分封。因此，这种封地关系实际上是一种采邑。在封建采邑形成的同时，古老的农村公社组织依然存在。

随着封建制度的形成，生产力得以提高。水利灌溉发展了，一部分农产品成了商品。在村镇市场中出售的商品有稻米和其他谷物，还有椰子、香料、甘蔗、糖及油料等。

各地封建王府的首府和沿海地区的城市也繁荣起来。城市手工业者生产精美的棉织品和丝织品、毛毯、金银首饰、象牙和漆制工艺品以及武器等。城市里的手工业者往往还兼营农业。

商业开始兴盛，有专门贩卖布匹、植物油、水果等的商人。印度和其他亚洲国家的贸易从7世纪起逐渐增长。南印度的商人到缅甸、爪哇、中国经商。

阿拉伯商人在印度的贸易中也起了重要作用，他们和伊朗商人垄断了印度的马匹输入。由印度运往西方的主要货物有棉织品、香料、大米、糖和工艺品等。

各地区经济发展的水平不等，封建剥削形式也不同。劳役地租仍存在，但以实物地租为主要剥削形式，另有徭役和其他捐税。

在封建制度的发展中，大封建主的独立性逐渐加强。戒日王死后无嗣，各领主纷纷独立，割据称雄，分裂局面从7世纪中叶一直延续到11世纪。

三、德里苏丹时期的农村公社

10世纪末以后，印度不断遭受外族侵略。1206年，突厥人库特布-乌德-丁·艾巴克自立为苏丹，统治以德里为中心的广大地区，此后300余年，史称德里苏丹国（1206—1526年）。

德里苏丹统治时期，北印度封建制度有了很大的变化和发展。德里苏丹名义上拥有全国土地，但实际上大部分土地掌握在突厥和阿富汗贵族以及改奉伊斯兰教的印度贵族手中。苏丹把整村甚至整省的土地分给贵族，作为军事采邑。到了14世纪后期，采邑已成为贵族的世袭领地。印度教封建主也占有世袭的土地。

德里苏丹时期，农村公社仍然存在。在大城市附近及有对外贸易的沿海地区，农村公社经济的封闭性逐渐消失。城市和农村发生了商业联系，农村中开始出现为适应市场需要的生产。富裕的公社成员力求延缓重新分配土地的期限，造成公社内部进一步的财产分化。

国家对农村公社农民征收实物租税，旱地约为收获量的1/3到1/2，有灌溉设备的水田达2/3。商品货币关系发达的地区开始征收货币租税。农民除缴纳租税外，必须无偿服各种劳役，或以手工业品缴纳代役租。非伊斯兰教徒的成年男子还要缴纳人头税。

13—15世纪时，北印度最大的城市是德里。城市中集中了各种手工业，为宫廷和封建主的消费服务，也生产一部分商品专门用以交换。城市之间的贸易以及对外贸易活跃。大规模的贸易活动多由伊斯兰教贵族商人控制。

德里苏丹的统治对印度历史产生了深远的影响。军事封建采邑制扩大了，为以后的莫卧儿帝国所沿袭。居民中伊斯兰教徒数量大增，西北部尤为如此，引起以后的宗教矛盾和冲突。语言和文化也发生了变化，波斯语和印地语长期混合，开始形成乌尔都语，为印度伊斯兰教徒所通用。北印度的建筑、音乐、绘画等艺术，也受到伊斯兰艺术的深刻影响。

四、莫卧儿帝国的土地制度和农村公社

1526年，德里苏丹被巴布尔所率的另一支突厥军队所灭。1527年巴布尔

征服了北印度，奠定了莫卧儿帝国（1526—1857年）的统治基础。

莫卧儿帝国和德里苏丹国一样，实行封建土地所有制。皇帝是全国土地的最高所有者，直接占有全国土地的1/3。其余的土地以军事采邑分封给贵族，称为"札吉尔"。札吉尔的占有以军事服役为条件，不得世袭。领有札吉尔的人称札吉达尔，享受征收租税的权利，同时根据土地收入多少，为皇帝提供相应数目的骑兵。一年收入100万卢比的札吉达尔必须供养骑兵5 000名，随时应召出征。

札吉尔是当时封建土地占有的基本形式，但在国内一些边远地区，还存在其他土地占有形式。统治这些地区的王公或部落首领，保留着土地的世袭占有权，成为帝国的附庸，向皇帝纳贡。这种世袭领地的占有者称为"柴明达尔"。17世纪以后，柴明达尔土地占有制开始广泛流行。

札吉达尔和柴明达尔都不是土地的真正所有者，只有从采邑或辖地上征收租税的权利。

16世纪时，印度的农民仍然生活在农业和手工业结合、自给自足的农村公社中。马克思在《资本论》第一卷中对印度的农村公社作了详尽的描述。印度农村公社是建立在土地公有、农业和手工业直接结合以及固定分工之上的。这种公社是一个自给自足的生产整体，生产面积从上百英亩至几千英亩不等。产品的主要部分是为了满足公社本身的直接需要，而不是当作商品来生产的。因此，生产本身与整个印度社会以商品交换为媒介的分工毫无关系，变成商品的只是剩余的产品，而且有一部分到了国家手中才变成商品，从远古以来就有一定量的产品作为实物地租流入国家手中。在印度的不同地区存在不同的公社形式。形式最简单的公社共同耕种土地，把土地的产品分配给公社成员，而每个家庭则从事纺纱织布等，作为家庭副业。农村公社中农业与家庭手工业的牢固结合、村社的自给自足的自然经济性质，以及按种姓划分的世袭的社会劳动分工，严重地阻碍了印度商品经济及社会生产力的发展。

16—17世纪，印度的工商业仍有发展，某些地区已开始以特产而著名；出现了一些工商业城市，如恒河下游的达卡是纺织业中心，北印度的拉合尔和穆尔坦是手工业发达的地区。农村中部分手工业者不仅为公社农民生产生活必需品，而且还为市场生产商品，城乡联系得以加强。

随着城乡交换关系的发展，到18世纪，在一些经济先进的地区，如孟加拉、比哈尔、迈索尔，逐渐形成了地区性的统一市场。这些地区的手工业者不仅为宫廷、贵族、军队以及海外市场生产手工业品，同时生产一般农民消费的日用工业品。这一时期，一些地区已出现了不少发达的手工业城市，其产品大量行销国内外。

第二节　印度殖民地经济的发展

一、西方殖民者的入侵

在十六七世纪，随着新航路的开辟，葡萄牙、荷兰、英国、法国的殖民者相继来到印度东、西海岸，建立据点，进行殖民贸易。1600年和1664年，英国、法国分别成立了"东印度公司"。1602年，荷兰成立了"尼德兰联合东印度公司"。这些公司拥有政府授予的垄断东方贸易和军事侵略的权力。到17世纪末，西欧殖民者在印度沿海一带分别拥有一批永久性的设防据点，几乎完全垄断了印度的海外贸易。他们不但有采购印度商品运销欧洲的特权，而且还把印度商品运往亚洲国家，从事中介贸易。

18世纪20年代，葡萄牙、荷兰势力已经衰落，英国、法国成为争夺印度的主要对手。1757年，英国东印度公司趁印度大封建主内讧之机，发动普拉西战役，占领了孟加拉。在英法7年战争（1756—1763年）的后期，英国最终摧毁了法国在印度的势力，独霸了对印度的殖民统治。以后英国又发动多次侵略战争，到19世纪初，除西北边境的旁遮普和信德外，印度境内各个公国和土邦都先后成了东印度公司的领地或藩邦。1813年，英国议会取消了东印度公司对印度贸易的垄断权。1833年，东印度公司的全部贸易业务被取消，公司行政机构成为英王委托管理印度的代理机构。

二、殖民地经济的形成

从18世纪中期到19世纪中期，英国殖民者对印度的侵略和经济掠夺严重破坏了印度的社会生产力，摧毁了原有的农村公社和封建生产关系，使印度沦为英国的殖民地。

英国大机器工业产品的输入，彻底摧毁了印度的手工业。印度手工业特别是纺织业历来很发达，产品远销亚洲和欧洲市场，但在成本低廉的机器工业品的冲击下以及殖民统治的盘剥下，日渐衰落。19世纪初，英国制成品输入印度，仅课以2.5%的进口税。而印度棉织品在制造过程中要层层缴纳内地税，在国内市场上出售还要付17.5%的税，自然无力与英国的机器棉制品竞争了。结果，印度手工业迅速衰落，而英国工业品向印度的输出迅速增加。1874—1879年，英国商品占印度进口总值的82%。大量的机制品输入使印度大批手工业者失去了生活来源，一度繁盛的手工业城市也都荒芜了。

英国的工业品不仅摧毁了印度的城市手工业，而且也打击了农村手工业，破坏了自给自足的农村公社的经济基础——家庭手工业与农业的紧密结合。

19世纪上半叶，英国在把印度变成自己的商品销售市场的同时，又力图把它变成自己的原料产地。1849—1858年，印度几项主要出口货物总值中，除鸦片一直占首位外，其他有显著增长的是棉花、羊毛、黄麻、谷物和茶叶等货物。印度逐渐成为英国的农业附庸。

1845年，英国在伦敦成立了两家私营铁路公司——东印度铁路公司和大印度半岛铁路公司，开始在印度修筑铁路；到1857年，共修筑了288英里铁路。1813年东印度公司对印度的贸易垄断被撤销后，许多伦敦大商行纷纷在印度设立分行，并成立了许多新的商业公司。1770年，英国开始在印度设立银行，它们经营殖民当局的收支业务，并有权发行钞票。1818年，英国殖民当局开始统一印度的货币制度，确立银本位制。在19世纪末，随着英国对印度资本输出的增长，在印度出现了一种英国金融资本在印度进行企业投资的独特的组织形式——经理行。当英国资本在印度创立新的企业、公司时，往往通过这些经理行经办。经理行通过经理合同对签订合同的企业进行控制，并从这些企业收取佣金和利润。经理行常常是它所控制的公司的创办人，但在公司投产并建立起信誉后，经理行将大部分股票脱售，而只凭经理行合同来继续控制这家公司。这样，英国工业资本凭借铁路、商行、经理行、银行系统和货币制度，加速了印度经济的殖民地化。

总之，英国殖民者以武力征服印度后，摧毁了印度的城乡手工业，破坏了自给自足的农村公社，把印度变为自己的商品销售市场和原料产地。印度原来的社会经济结构被破坏了，开始形成殖民地经济。印度失去了它的旧世界，而没有获得一个新世界。

三、民族资本主义工业的初步发展

英国在印度的殖民统治，一方面摧毁了印度的手工业，破坏了自给自足的农村公社；另一方面也因为农业商品化的发展，地区间经济联系的扩大，从而为印度资本主义工业的建立和发展提供了前提条件。19世纪70年代以后，印度的民族资本主义工业开始发展起来。

1851年，第一家机器棉纺织厂创办于孟买。到1861年，孟买已建纺织厂12家。到19世纪70年代，除孟买外，印度开始在产棉区建立纺织厂。1877年，印度各地纺织厂有51家。

第一次世界大战前，棉纺织业是主要由印度民族资本经营的唯一的大工业部门。据1898年的统计，在棉纺织工业的全部投资中，印度资本占2/3，但是机器设备完全靠从英国进口。当时，印度的棉纺织业规模在亚洲占第一位。

印度民族资本在第一次世界大战前进行投资活动的另一个重要工业部门是钢铁工业。这一时期，由印度资本创设的唯一的近代冶金企业是著名的塔塔钢铁公司。1907年，塔塔钢铁公司建立；1913年，开始生产出第一批钢；到1916年，生产了14.75万吨生铁、13.95万吨钢和9.87万吨钢材。

塔塔家族在1912年还创办了印度第一家民族资本的水泥厂，以后又兴办了两个水电站，成为殖民地印度一个最大的垄断资本集团。

在第一次世界大战前，印度民族资本还在碾米、面粉、毛织、丝织、榨油、制糖等部门中有所发展。这一时期，印度民族工业虽有一定的发展，但仍是极其落后的，具有鲜明的殖民地性质，在技术、设备等市场上严重依赖英国。

第三节　20世纪印度经济概况

一、第一次世界大战时期工业经济的发展

在第一次世界大战时期及战后的二三十年代，印度的工业有了较为迅速的发展。

棉纺织业一直是印度本国资本占优势的工业。从1913—1914年到1938—1939年，印度的棉纺织厂从264家增加到415家，增加了57%；织机增加了1倍；棉布产量增加了2.86倍。

1913年有黄麻工厂64家，到1939年增加到107家，增加了67%。1929—1930年，印度只有27家糖厂；到1937—1938年，增加到136家。1914年全印度只有1家水泥厂，年产量为945吨；1934年已有8家水泥厂，生产能力为1 000 000吨。此外，造纸、制革、玻璃、肥皂、火柴等工业也有显著的发展。

在重工业部门，塔塔钢铁公司的生铁产量从1916—1917年的14.7万吨增至1927—1928年的64.4万吨；钢产量从1916—1917年的13.9万吨增至1938—1939年的72.6万吨。在采掘工业中，煤炭工业规模最大，煤炭产量在第一次世界大战末时已达2 000万吨，1938年又上升到2 830万吨。

总之，第一次世界大战后，印度的近代工业有了进一步的发展，由印度资本控制的比重也有了增长。印度资本不仅继续控制棉纺织工业、钢铁工业等重要部门，还渗透到原来属于英国资本绝对控制的部门，如黄麻、采煤等，但是机器制造业基本上没有建立起来，基本化学工业也没有得到发展。这种产业结构的不平衡状态决定了印度近代工业的基础相当薄弱，在技术、设备、重要工业原材料等方面对英国及其他资本主义国家的依赖性很强。这一时期印度近代工业虽有了一定增长，但是整个印度的政权、财政金融、铁路运输、对外贸易、航运、海关等，都掌握在英国殖民政府及英国资本家手中，在这种条件下，民族工业的发展是艰难的。

二、第二次世界大战时期的经济状况

第二次世界大战期间，印度的工业生产仍有一定的增长，工业生产指数（以 1939 年 8 月为 100）从 1939—1940 年的 110.3 增加到 1943—1944 年的 126.8。这一增长主要是由殖民当局的军事订货刺激起来的。1939 年国家订货为 2.8 亿卢比，1942—1943 年增至 24.7 亿卢比。另外，战争期间外国工业品进口的缩减和竞争的削弱，也为某些工业部门生产的增长创造了有利条件。在战时工业生产中有显著增长的主要部门，除棉纺织业、钢铁工业以外，还有电力、水泥、制糖、造纸以及某些化学产品等部门。

第二次世界大战时，印度的农业生产停滞不前。就总产量看，大米的产量比战前有所增长，但小麦产量则有所下降。在农产品中，只有糖原料和茶叶有显著增长。

第二次世界大战时，英国迫使印度承担了大量军事费用。1944—1945 年，印度军事开支达 45.6 亿卢比，占预算总支出的 79%。战争期间，间接税增加了 1 倍，直接税增加了几倍，国家公债增加了 86.5%，纸币流通额增加了 5 倍多。通货膨胀和物资匮乏，使印度财政濒于崩溃。

第二次世界大战结束后，印度人民反对英国殖民统治的斗争又趋高涨。1947 年 8 月 15 日，英国承认印度独立，并实行印巴分治，成立印度联邦自治领与巴基斯坦自治领。

三、印度独立后的经济概况

独立后的印度，农业凋敝，工业停滞，物价上涨，工人失业，人民贫困不堪。以尼赫鲁为首的国大党政府为了恢复和发展经济，提出了一整套经济政策。其主要是：在农村实行土地改革、乡村建设计划和绿色革命，发展农业生产。制订"五年计划"，引进外国资本和技术，大力发展国家资本主义性质的公营经济，实行公私营经济并列发展，以迅速实现国家工业化。在这些政策的实施过程中，印度形成了以公营经济为主体的多元的经济成分，逐步改变了殖民地经济结构，国民经济取得了较大的发展。在 20 世纪下半叶，印度已成为发展中国家中经济发展水平比较高的国家之一。

独立后的印度经济发展大体上经历了 5 个阶段：

第一阶段是从独立到第一个五年计划结束（1947—1956 年），为经济恢复时期。这一期间，工农业生产分别增长了 25% 和 22.2%。工业生产平均每年增长 7.4%，农业生产平均每年增长 4.3%，国民收入平均每年增长 3.6%。

第二阶段包括第二和三个五年计划（1956—1966 年）。这一时期印度优先发展以机械工业为中心的重工业，因此工业生产增长近 1 倍，农业生产增长

13.4%。工农业生产年平均增长率分别为 7.8% 和 1.5%，国民收入年平均增长率为 3.1%。

第三阶段经历了第四、五和六个五年计划（1967—1981 年）。这一时期以发展农业为重点，实行农业发展新战略，即所谓的"绿色革命"。从 1966—1967 年到 1980—1981 年，印度的农业生产增长了 79%，工业生产增长速度则相对减慢，国民收入年平均增长率为 4.9%。

第四阶段是 1980—1990 年。这一时期印度确立了实现技术现代化、加速经济发展的战略目标，经济得到较快增长，平均增长率为 5.8%。印度在原子能、电子、高分子、空间技术等高技术方面都达到了较高水平，在发展中国家名列前茅，而且还向一些西方发达国家出口技术。同时，交通运输业也有一定的发展。公路长 100 多万千米，铁路长 6 万多千米，在世界和亚洲都居前列。民用航空事业发展也很快，在发展中国家位居前列。

第五阶段是从 1991 年到 20 世纪末。这一阶段是印度进入自由化改革的时期。20 世纪 90 年代初，在国际机构的压力下，印度政府开始对经济体制进行大刀阔斧的改革，成功实现经济自由化、市场化、全球化目标。据统计，1991年印度国内生产总值为 1 083 572 千万卢比；1996 年为 1 396 974 千万卢比；2000 年增加到 1 786 526 千万卢比，人均值达到 10 150 卢比。1990—1998 年印度国内生产总值平均增长 6.3%，2000 年达 7%。

由于经济改革成效显著，20 世纪 90 年代以来印度走上了市场经济之路，成为仅次于中国的经济高速增长大国。

复习与思考

1. 第一次世界大战期间直至战后 20 世纪 30 年代，印度经济出现进一步的发展。从当时印度的各产业发展情况分析，你认为这种产业结构是否处于平衡状态？为什么？

2. 结合历史背景，思考印度独立后各阶段经济发展计划的战略目标的安排。

第十章

拉丁美洲经济史

第一节　地理大发现以前拉丁美洲社会经济概况

一、美洲印第安人的社会制度和文化

拉丁美洲包括美国以南的美洲地区，大体上分为墨西哥、中美洲、西印度群岛、南美洲4个区域，面积为2 070多万平方千米，约占世界陆地总面积的13.8%。这个地区从15世纪末至16世纪中期主要是西班牙和葡萄牙等拉丁语系国家的殖民地，在语言文化、宗教信仰、风俗传统、社会经济制度等方面均不同于北美洲的美国和加拿大。因此"拉丁美洲"不仅是一个自然地理概念，更主要的是一个文化概念。从自然地理上看，南、北美洲一般以巴拿马运河为界，墨西哥、西印度群岛属于北美洲。

在1492年哥伦布到达美洲以前，拉丁美洲的土著居民是印第安人。印第安人是大约2.5万年前从亚洲东北部迁移来的，其祖先属蒙古人种。印第安人在美洲大陆上形成了许多部落和种族，其中比较著名的有墨西哥中部的阿兹特克人（Aztec）、墨西哥南部和中美洲的玛雅人，以及秘鲁的印加人。到15世纪末，拉丁美洲的印第安人大约有2 500万人。

印第安人长期过着原始公社的生活，大多以采集、狩猎和游牧为生。后来，在印第安人的先进部落中，农业开始发展起来，在墨西哥、中美洲和安第斯地区，大部分印第安人从事农业，过定居生活，社会经济发展水平较高。在欧洲人入侵以前，印第安人已经能种植玉米、番茄、可可、南瓜、马铃薯、烟草、棉花、果树等；采矿、冶金、陶器制造和纺织等也已发展到一定水平。

在印第安人的原始公社中，土地、草原、森林、牧场和沼泽等为部落公

有，各个氏族由部落分给土地，而氏族又把土地分给家庭进行耕种。劳动产品平均分配，部落中各个成员享受同等权利。在各原始公社之间，存在不发达的交换关系。在欧洲人入侵之前，拉丁美洲的印第安人社会仍处在原始公社阶段，但在某些地区，如墨西哥和秘鲁，原始公社制度已开始瓦解。

二、中、南美洲的原始经济

在中美洲的印第安人中，玛雅人的社会发展水平最高。据考古发现，玛雅人在公元之初就已开始形成最早的城市。玛雅人的农业刀耕火耨，用尖棒掘坑，种植玉米、豆类、番茄、南瓜和棉花等；主要食物是玉米；没有家畜，肉食主要靠狩猎。15世纪末，玛雅人已经有专门的手工业者。部落内部及邻近部落之间经常进行交换，交换的媒介是可可豆，交换的物品有平原地区的农产品、棉织品、武器、石器等，沿海地区的盐和鱼，山区的蜂蜜和果实。

村落居民组成农村公社，通常都有氏族图腾的名称。土地归公社所有，分给各家庭使用，每隔3年重分一次。打猎、制盐等生产活动集体进行，产品共同分配。

玛雅人的社会已有自由民和奴隶之分。奴隶大部分来自战俘，也有的是本部落的罪犯和负债者。在自由民中，已经分化出军事和宗教贵族，拥有较多的土地和财富。

在南美洲的印第安人中，印加人最为著名。在16世纪初，南美印加人约有14万。印加人属安第斯山脉中部库斯科谷地的克楚亚印第安人部落的一支。13—14世纪，印加人的势力增强，到15世纪中叶建立起强大的统治，几乎征服了安第斯地区所有的部落。

印加人的农业发达，培植了马铃薯和玉米等约40种重要作物。他们修筑灌溉工程，水利由部落首领派专人管理。除农业外，印加人在高原地区还发展了畜牧业生产。

手工业生产的最重要成就是采矿和冶金技术的发展。印加人开采多种有色金属，但不知采铁。他们用青铜制造工具和武器，黄金一般用于饰品和祭祀。农村中有专人从事纺织、制陶和工具制造，棉毛织物非常华美。

沿海和高原地区的居民经常进行产品交换，如谷物、蔬菜、果实、棉花、毛皮和肉类等，但手工业品的交换较少。印加人修建了许多道路，路面平坦坚固。

15世纪时，印加人的氏族公社已为农村公社所代替，但氏族关系依然很牢固。印加人的土地分为三部分：太阳地、王地和公社地。太阳地归祭司和寺庙所有；王地为王和贵族所有；公社地大部分分给成员使用，收成归家庭所有。耕地定期重新分配。每个家庭还有一块宅旁私有地，可以继承。

三、西班牙、葡萄牙对中美洲和南美洲的殖民征服

1492年10月12日，哥伦布率探险队首次踏上了美洲大陆。尔后，葡萄牙及其他欧洲国家的殖民者也纷纷进入拉美。到16世纪中期，欧洲殖民者经过50多年的征服战争，最终在拉美的绝大部分地区确立了殖民统治。

西班牙国内设立的"西印度事务院"是控制美洲殖民地的最高机关。殖民地分为4个大总督区：新西班牙总督区，包括墨西哥、中美洲地区和西印度群岛；秘鲁总督区，包括今秘鲁和智利；新格拉纳达总督区，包括今哥伦比亚、巴拿马、委内瑞拉和厄瓜多尔；拉普拉塔总督区，包括今阿根廷、乌拉圭、巴拉圭和玻利维亚。

欧洲殖民者竭力阻挠殖民地经济的自由发展。凡宗主国能够生产的商品，大多严禁殖民地生产。为了保护西班牙食油和酒的生产，殖民地不许种植橄榄树和葡萄；不许殖民地制造棉织品和毛织品，只许制造供本地居民使用的粗布。

在延续300多年的殖民地时期，拉美的经济发展非常缓慢。相当原始的农业生产是主要的社会生产，玉米、小麦、马铃薯等主要食品基本上可以自给自足；经济作物主要是以出口为目的的甘蔗、棉花、可可、蓝靛、烟草等，形成单一的殖民地经济。矿业主要集中在墨西哥、巴西、秘鲁和玻利维亚等地区，殖民者在这些地区大量开采金、银、金刚石等贵重金属矿物。手工业有了一定的发展，其中以纺织业最为发达，其他如皮革、呢绒、金属器皿、马具、家具、陶器、玻璃、武器、肥皂、蜡烛等日常手工业品也都有一定程度的发展。

欧洲殖民者的掠夺是阻碍拉美生产力发展的主要因素。在整个殖民统治时期，西班牙从拉美获得了约250万千克的黄金和1亿千克白银；葡萄牙则运走了价值约6亿美元的黄金和3亿美元的金刚石。16世纪中叶，大量黑人奴隶被源源不断地运到拉美，以补充日益减少的印第安人。18世纪中期，拉美人口只及欧洲殖民者到来时的一半，到独立战争前才恢复到2 000万人。

第二节　拉丁美洲殖民地经济的发展

一、农奴制和奴隶制经济

欧洲殖民者宣布其所侵占的全部土地和地下矿产归国王所有，并在各自的管辖地区内对当地居民实行了各种奴役制度。在西班牙的美洲殖民地，主要实行监护征赋制（encomienda），即把一定数量的土地连同印第安人授予在征服战争中建立战功的西班牙军官，供其役使。这种监护征赋制在1720年以后逐

渐演变为大庄园制（latifundismo）。大庄园制是一种半农奴制的封建经济，庄园主不但占有过去名义上属于国王的土地，而且大量侵占印第安人的公地和份地。西班牙殖民者在矿区则实行米达（mita）制。这种制度规定每年要有一定数量的印第安人到矿区进行强制性劳役，为西班牙王室开采贵金属。

在葡萄牙统治的巴西，则盛行种植园奴隶制。巴西的农业、矿业和工场手工业中，主要采用奴隶劳动。17和18世纪，奴隶数量占巴西居民人数的50%以上。著名产物有巴西木、蔗糖、黄金、金刚石、棉花、橡胶、可可和咖啡等。

二、贸易的垄断

欧洲殖民统治者力图完全垄断拉丁美洲的贸易。西班牙政府曾禁止各总督辖区之间进行贸易；西属殖民地与葡属殖民地之间极少有经济往来。殖民地与宗主国的贸易受西班牙贸易管理局控制。各殖民地之间以及殖民地与其他国家之间禁止直接贸易。一切商品必须通过西班牙港口，由西班牙商船转运。

殖民地政府收入的来源之一是征收关税。西班牙的产品在西属美洲的关税率为9.5%；外国生产的但在西班牙最后加工的货物的关税率为12.5%；外国生产的成品的关税率为29%。葡萄牙的产品在巴西的关税率为16%，而外国产品的关税率为24%。殖民地政府还对酒、烟草等商品实行国家专卖。

由于走私贸易盛行，1774年，西班牙政府下令准许各殖民地之间互相进行贸易；1778年，又允许殖民地与宗主国之间进行自由贸易。但是殖民地与外国的通商仍被禁止，与宗主国的贸易大部分仍为西班牙商人所控制。

三、工业的发展

到18世纪下半叶，拉丁美洲某些地区的手工业逐渐发达，生产的商品主要有纺织品、皮革、金属器皿、家具、鞋、马具、食品、玻璃、肥皂等。秘鲁和墨西哥境内纺织业较为发达。墨西哥的银矿开采业也相当发达。到19世纪初，墨西哥的矿业产值已超过了农业。古巴的制糖业发展较为迅速。到1779年，古巴使用畜力的制糖企业达600家，产量为5 600吨。巴西的纺织业和炼铁业发展成为独立的生产部门。巴拿马、布宜诺斯艾利斯等地已制造船舶。

随着生产力和商品经济的发展，18世纪末，拉丁美洲已经产生了资本主义萌芽，某些地区出现了资本主义手工工场。

到18世纪末，拉丁美洲各国在生产量、贸易额以及城市发展上都超过了英属北美殖民地。英属北美殖民地独立时的全部输出品价值不超过500万美元，同一时期，仅巴西的出口额就三四倍于此，整个拉丁美洲的出口贸易总额则超过其27倍。16世纪以后，拉丁美洲的一些重要城市，如古巴的哈瓦那和古巴圣地亚哥，阿根廷的布宜诺斯艾利斯，巴西的圣保罗、巴西利亚和里约热内卢等城市都先后建立。而英国在北美殖民地的第一个城市，即弗吉尼亚的詹姆斯敦，是1607年才建立的。

但是，到18世纪末，就整个经济的发展水平而言，拉丁美洲则较北美洲落后。它没有像英属北美殖民地那样发展工业，而是盛行大庄园制和奴隶制经济，社会生产力发展缓慢。

19世纪初，拉丁美洲全部人口已近2 000万。西班牙殖民地约有1 600万人，其中印第安人750万、混血种人530万、土生白人300万、宗主国白人30万。在加勒比海各岛，有70万~80万名黑人；葡萄牙殖民地巴西约有300万人，其中黑人有150万名。

第三节　拉丁美洲独立战争后的经济发展

一、拉美独立战争

18世纪下半叶，北美独立战争和法国资产阶级革命对拉丁美洲人民的民族觉醒产生了很大的影响，推动了他们进行反对殖民统治的斗争。1790年，海地首先爆发革命，于1803年摆脱了法国的殖民统治而取得独立。在海地革命的影响下，拉丁美洲的独立运动如火如荼地展开。1810—1826年，武装革命遍及拉美各地。到1826年，绝大部分拉美地区，除古巴、波多黎各、圭亚那等外，都先后摆脱了殖民主义统治，建立了独立国家。

拉丁美洲独立战争后，陆续建立了18个国家：墨西哥、危地马拉、洪都拉斯、萨尔瓦多、尼加拉瓜、哥斯达黎加、海地、多米尼加、委内瑞拉、哥伦比亚、厄瓜多尔、秘鲁、玻利维亚、智利、巴拉圭、阿根廷、乌拉圭和巴西。1902年和1903年，古巴和巴拿马分别宣告独立。

拉美独立战争在一定程度上完成了资产阶级革命的任务。殖民主义制度被推翻，共和制普遍建立，教会权力受到限制，贵族称号被废除，农民摆脱了封建义务，许多国家先后废除了奴隶制，殖民地时期阻碍生产力发展的各种商业专卖权、禁令和法规被取消。这一切为拉丁美洲的进一步发展创造了条件。

二、大庄园制的发展

拉丁美洲的独立没有从根本上变革旧的社会经济基础，没有改变土地制度。从独立以后的1个世纪中，封建、半封建的大庄园制继续得到发展，大批国有土地及印第安人的公地和份地不断被大庄园主侵吞。各国绝大部分土地进一步集中在一小部分大庄园主、牧场主和种植园主手中，占人口绝大多数的农民只占有很少一部分土地。大庄园主雇佣大量农民，从事农牧业出口产品的生产，片面发展单一产品。占拉美人口 50% 以上的巴西、哥伦比亚、厄瓜多尔、中美洲和加勒比地区，以及墨西哥和委内瑞拉的部分地区，以种植和出口甘蔗、可可、咖啡等热带作物为主。19 世纪末巴西的咖啡产量占世界总产量的 2/3。阿根廷和乌拉圭则成为粮食、肉类和皮毛的生产和出口国。墨西哥、智利、秘鲁和玻利维亚成为矿产品出口国。至 1913 年，拉美出口的粮食已占世界粮食出口总量的 17.9%，畜产品占 11.5%，咖啡、可可、茶叶占 62.1%，糖占 37.6%，水果、蔬菜占 14.2%，橡胶、毛皮和皮革占 25.1%。拉丁美洲成了主要的粮食和原料供应地之一。大庄园制、债务雇农制和单一产品制使独立后的拉丁美洲经济依然处于落后状态。

三、外国资本的控制和掠夺

19 世纪中叶以后，拉丁美洲各国开始出现近代工业企业。阿根廷于 1884 年开设了第一家肉类加工企业，到 1913 年各类企业增至 4.9 万家，铁路长达 35 000 千米。阿根廷发展比较快的是食品、制革、纺织等工业。巴西在 1854 年建成第一条铁路，1910 年，全国铁路长度已达 20 000 多千米。1920 年，巴西工业企业总数为 13 000 多家。墨西哥到 1910 年开设了 146 家纺织厂，铁路长度为 24 000 多千米，并发展了面粉、皮革、酿酒等加工企业。

在 20 世纪 30 年代以前，拉丁美洲各国的经济命脉几乎全部掌握在外国垄断资本的手中。在阿根廷，肉类加工企业的 50%、铁路的 90%、几乎全部的保险和电信企业都归英国、美国资本所有。墨西哥的采矿和纺织企业，巴西的采矿、煤气、铁路、轮船等企业，基本上都控制在欧美资本主义国家手中，民族工业十分薄弱。农业和矿业仍是各国的主要经济部门。1925 年，农业和矿业在各国国内生产总值中的比重，哥伦比亚为 55.5%，洪都拉斯为 52.7%，墨西哥为 32%，阿根廷为 25.2%，巴西为 21.3%。同年，这 5 个国家制造业的比重，阿根廷为 18.5%，巴西为 13.3%，墨西哥为 11.5%，哥伦比亚为 6.7%，洪都拉斯为 5.1%。工业设备几乎完全靠进口，大部分工业品来自国外。在农业和矿业中，主要发展以出口为目标的产品，因而对世界市场的依赖程度较高。

第四节　20 世纪拉丁美洲经济发展概况

一、20 世纪上半叶经济发展概况

第一次世界大战期间及战后，拉丁美洲的工业生产有了较快的增长。墨西哥的加工工业总产值从 1902 年到 1929 年增长了 5 倍多。巴西的工业生产总值

在第一次世界大战中增长了1倍，到1928年则为1914年的3倍。在两次大战期间，拉丁美洲的工业发展速度高于主要资本主义国家。但是，总体来看，拉丁美洲的工业发展水平仍是很低的。在第二次世界大战前夕，拉丁美洲的人口总数几乎与美国相等，但是工业生产则不及美国的1/10。至于拉丁美洲的机器制造业，则更是薄弱。在拉丁美洲的工业生产中，外国资本占有很大的比重。在巴西，几乎所有的主要经济部门都控制在外国资本手中。阿根廷、墨西哥等国的情况也基本上如此。

在拉丁美洲的民族工业中，国家资本占有很重要的地位。如巴西的冶金工业产品，有50%是由"国家冶炼公司"生产的，而这家公司的51%股票掌握在政府手中。墨西哥政府于1937年颁布了铁路国有化的法令，1938年又颁布了石油工业国有化的法令，收买了17家属于美国、英国、荷兰等国资本的石油公司。巴西、阿根廷等国政府也通过购买英国资本经营的铁路股票，形成了一部分国有企业。

在拉美的工业中，采矿工业较发达，加工工业比较薄弱，基础工业发展落后。在加工工业中，食品、纺织等工业占有很大比重。工业中生产技术较落后，手工业仍占很大比重。

20世纪30—40年代，拉丁美洲国家开始实施"进口替代"的工业化发展战略，以中小企业为主的轻工业有了较大的发展。1950年前后，阿根廷、巴西和墨西哥等国的轻工业产品已基本能自给。通过国家资本的带动和扶植，各国还兴办了钢铁、石油开采和提炼等工业。随着进口替代战略的发展，拉丁美洲地区的国民经济结构发生了重要变化，从20世纪50年代中期起，制造业在国民经济中的比重开始超过农业。巴西、墨西哥和阿根廷等主要国家从20世纪60年代中期起，把进口替代和出口替代结合起来，工业基础有了相当大的发展。中美和南美一些较落后的国家随着地区经济一体化的进展，经济也取得了较快的发展。

二、20世纪下半叶经济发展概况

从20世纪50年代到70年代中期，整个拉丁美洲地区的国内生产总值年平均增长率达到5.5%，总产值增长4倍；制造业年平均增长率达6.9%，产量增长5倍，其中水泥、能源、机器设备和钢产量分别增长6倍、8倍、9倍和15倍。这25年所创造的生产力超过了过去的总和，使拉丁美洲的经济实力大大加强。巴西、墨西哥、阿根廷通过几十年的发展，已成为发展中国家中比较发达的国家，委内瑞拉、哥伦比亚、智利和秘鲁也由原来的初级产品出口国成为农业-工业国。

拉丁美洲在经济发展的同时也产生了一些问题，主要是：（1）国民经济部门比例不平衡，整个地区农业的发展长期落后于工业的发展。落后的农业不仅无力满足工业化和城市化日益发展的要求，到20世纪末每年还要花费50亿美元进口粮食。（2）能源工业的发展落后于经济发展的需要。除墨西哥、委内瑞拉、厄瓜多尔、特立尼达和多巴哥、秘鲁、阿根廷等国外，其他拉美国家都需要进口大量石油；巴西所需的石油及石油制成品的80%以上依赖进口。因此，拉丁美洲极易受到世界石油危机的冲击，财政状况趋于恶化，外债数额不断上升。拉美各国的工业化发展计划一般都比较庞大，不得不靠外国贷款来支持。据世界银行1981年的统计，拉美地区的外债到1980年年末已达1 600亿美元。各国消费物价指数不断上涨，通货膨胀严重，拉丁美洲的通货膨胀率自1974年起几乎每年都在400%以上。20世纪80年代中期以后，拉丁美洲国家全面实行经济自由化改革和推进外向型经济发展战略。经过10多年的调整和改革，恶性通货膨胀得到有效的控制。20世纪90年代中期，拉丁美洲各国开始注重经济的适度增长，整个90年代都基本处于3%左右的低速增长状态。

三、拉丁美洲主要国家的经济发展水平

（一）巴西

巴西国土面积为854.74万平方千米，约占拉丁美洲总面积的2/5。巴西是发展中国家中经济发展速度较快的国家之一。1948—1979年，巴西国内生产总值平均每年增长7.2%；1968—1974年，国内生产总值的年平均增长率高达10%以上，被誉为"巴西经济奇迹"：1982年，国内生产总值为2 940亿美元，在西方资本主义国家中居第8位，在拉美居第1位，同年，人均国内生产总值为2 352美元；1990年，国内生产总值为4 792亿美元，人均国内生产总值为3 091.8美元；1997年达到经济增长高峰，国内生产总值为8 203.8亿美元，人均国内生产总值为4 805.6美元；2000年已分别达到6 017.3亿美元和3 364.1美元。

巴西是拉美工业最发达的国家。1948—1979年，工业生产平均每年增长8.5%。20世纪70年代，工业年平均增长率为9.8%。1980年，工业产值占国内生产总值的39%，机器设备自给率已达80%。巴西的工业生产能力居世界前10位。1979年的工业产值中，制造业约占73%，采矿业约占2%，民用建筑业约占16%，公用事业约占6%。在制造业中，钢铁、化学、机械、运输工具和电器等工业部门发展最快，纺织和食品加工等传统工业部门则发展较为缓慢。20世纪80年代，受债务危机和石油冲击的影响，巴西工业停滞不前。1994年，巴西政府开始大规模地实行国有企业私有化。统计数据表明，1990—1999年，巴西工业生产增长缓慢，占国内生产总值的比重不断下降，保持在35%～

37%；制造业在工业中的比重下降至 60% 左右，占国内生产总值的 22% 左右。

随着工业的迅速发展，巴西农业在国内生产总值中的比重逐步下降，1970年为 17%，1979 年降为 11%，但农业在国民经济中仍占有相当重要的地位。1980 年，从事农业生产的人数仍占总就业人数的 38%，农产品出口额仍占出口总额的 1/3 以上。农业生产的增长率较高，1948—1979 年为 4.5%，1970—1980 年为 6%。巴西的农业具有粗放经营的特点，其增长主要是由于耕地面积的扩大，而不是由于单位面积产量的提高。1950—1970 年，耕地总面积扩大了 124%，但同期主要农作物的单位面积产量基本未变。据联合国粮农组织1979 年的统计，1970—1972 年，巴西每公顷谷物的平均产量只及美国的34.3%、澳大利亚的 67.4%。1970—1999 年，巴西进一步增加了种植和牧场面积，由原来的 1.87 亿公顷扩大到 2.5 亿公顷，同时调整了农业产业结构，降低对咖啡、可可、甘蔗等传统作物的种植和出口的过度依赖，增加大豆、玉米和小麦等谷物的种植和出口。

（二）墨西哥

墨西哥国土面积为 197.26 万平方千米，是拉丁美洲的一个重要国家。墨西哥是发展中国家中经济比较发达的国家之一。第二次世界大战后，墨西哥长期实行进口替代的工业化道路，加之战前的土地改革在粮食、原料生产和市场扩大方面起了积极作用，国民经济在较长时期内迅速而均衡发展，1981 年人均国民生产总值为 2 250 美元。1994 年的金融危机使墨西哥国内生产总值在 1995年下降 6.9%。加入北美自由贸易区以后，墨西哥对经济结构进行全面的调整和改革。据统计，2000 年人均国内生产总值为 5 928.5 美元，经济水平在拉丁美洲仅次于巴西而居第 2 位。

墨西哥是拉丁美洲工业发达的国家之一。它拥有石油、石油化工、钢铁、电力、汽车制造、建筑、化肥、水泥、食品加工、纺织、机械等工业部门。工业发展速度也比较快。1951—1960 年，工业产值年平均增长率为 6.2%，1962—1970 年为 8.7%，1971—1977 年为 5.7%，1978 年为 10.2%，1980 年为 8.1%，在拉美一直处于领先地位。1980 年，工业产值在国内生产总值中的比重达39.2%，工业中石油和钢铁工业的发展最为迅速。1982 年，墨西哥的经济危机使该国工业发展进入缓慢的增长期。20 世纪 80 年代末至 90 年代末，墨西哥制造业的部门构成不断调整。金属制品、机器和设备等部门比重增加，高附加值工业品得到较大发展。据统计，2000 年墨西哥加工工业创造的附加值为 192 亿美元。

墨西哥的石油资源丰富。1981 年，墨西哥已探明的石油蕴藏量达 720 亿桶，居拉美首位，平均日产原油 280 万桶，居世界第 4 位；石油出口占出口总值的 67.3%，石油部门的收入占政府总收入的 28.7%。1994 年，墨西哥加入经济合作与发展组织，政府财政收入的30%多依赖石油。墨西哥国家石油公司是全国最大的企业。

墨西哥是拉丁美洲农业比较发达的国家之一，农业在国民经济中占有重要地位。1980年农业产值占国内生产总值的9%，全国40%以上的人口从事农业生产。1945—1956年，墨西哥农业的年平均增长率达6.9%，1956—1961年为3.4%，1961—1964年为4.9%。1966—1976年墨西哥农业生产一度停滞，增长速度明显下降，1977年以后重新好转。1977—1980年，墨西哥农业生产年平均增长率为4.5%，1980年为7%，1981年高达8.5%。1983—1988年，农业部门的公共投资大幅度下降，农产品价格过低，农业增长速度明显减慢，农业部门成为贸易逆差大户。1994年进入北美自由贸易区后，墨西哥农业进入全面开放时期，农产品贸易自由化，农业生产年平均增长率逐渐提高。

（三）阿根廷

阿根廷国土面积为278.04万平方千米，亦属发展中国家中经济比较发达的国家。1980年，阿根廷国内生产总值为1 124亿美元，人均国内生产总值达4 014美元。第二次世界大战后，阿根廷经济发展起伏较大。20世纪50年代和60年代，阿根廷国内生产总值年平均增长率分别为3%和4.1%，1970—1974年为4.1%，1975—1978年降至0.4%，1979年达7.1%，1980年又降至1.4%。20世纪80年代因债务危机，阿根廷经济大幅衰退。1991年起实施以私有化为核心的新自由主义经济政策，阿根廷经济重新步入增长轨道，1991—1998年国内生产总值年平均增长率达6%。从20世纪50年代末起，阿根廷以钢铁、汽车、石油、化工为主的基础工业得到了比较快的发展。在国内生产总值中，制造业所占比重迅速增加，农业比重逐渐下降，阿根廷已经从一个单纯的农牧业国发展成为工农业都比较发达的国家。

阿根廷是拉美农牧业较发达的国家之一，也是世界农牧产品主要生产国和出口国之一，有"世界粮仓"之称。随着工业的发展，阿根廷农牧业产值在国内生产总值中所占的比重逐渐下降，但在20世纪70年代仍保持在12%～13%。农业发展的不稳定使其增长速度比较慢。1981—1985年，阿根廷的农业增长率仅为0.2%，1986—1989年为1.1%，1990—1994年为2.5%。20世纪90年代末，该国农业表现出明显的好转迹象。阿根廷农业耕作技术比较先进，机械化程度较高，农牧产品是国家外汇收入的主要来源。

（四）智利

智利国土面积为75.66万平方千米。智利是拉丁美洲经济比较发达的国家之一。它拥有发达的采矿业、较齐全的制造业、发达的交通运输业以及庞大的商业和服务业。但从整体看，智利经济主要还是建立在采矿业，特别是铜的生产和出口基础上的。1981年，智利国内生产总值为209亿美元，人均国内生产总值为2 500美元。1950—1960年，智利国内生产总值年平均增长率为3.9%，1960—1970年达4.4%。70年代智利因经济状况恶化而爆发政治动乱，国内生产总值增长率显著下降。1977年以后经济发展趋于正常，1977—1981年国内生产总值的年平均增长率为7.5%。1980—1989年，为缓解债务压力，智利进行了贸易自由化、国有企业私有化等稳健性改革。改革产生显著成效，1991—2000年，智利经济保持了年均6.6%的增长率，比同期拉美地区的平均增长率高出1倍。

智利矿产资源丰富，采矿业发达，矿产品出口一般提供60%~80%的外汇收入。矿业中以铜的生产和出口最为重要，铜的年产量约占世界总产量的15%。制造业发展程度较高，1981年制造业部门总产值约占国内生产总值的20.7%，1985年约占20.3%，1990年约占21.7%。

（五）秘鲁

秘鲁国土面积为128.52万平方千米。秘鲁在拉丁美洲是经济中等发展水平国家之一，1981年国内生产总值为246.08亿美元，人均国内生产总值为1 388美元；1985年人均国内生产总值为1 608美元；1990年人均国内生产总值为1 341美元。20世纪60年代，秘鲁的国内生产总值年平均增长率为7%；1970—1974年为6%；1975年以后一直到80年代初，增长率一直在3%~4%；1980—1990年的平均国内生产总值负增长，为-1.2%；1991—1998年实现经济复苏，国内生产总值年平均增长率为4.6%。

秘鲁的主要工业部门是矿业和制造业，此外还有石油、钢铁、电力、鱼类加工等。秘鲁矿产资源丰富，是世界主要的产矿国之一。矿产品的出口在出口总收入中居首位。20世纪60年代起，秘鲁的工业产值超过农业产值。1960—1976年，工业产值年平均增长率为7.4%；1980年，工业产值占国内生产总值的39%左右，制造业产值占国内生产总值的20.2%；1990年，制造业产值占国内生产总值的18.4%。

农业在秘鲁国民经济中占有重要地位，农产品出口额在总出口额中占10%左右。1980年农业总产值占国内生产总值的10.2%，1985年占12.1%，1990年为13.9%。秘鲁的渔业相当发达，20世纪60年代成为世界上最大的渔业国之一，出口对象主要是美国、拉美其他国家和欧洲国家。

四、拉丁美洲的区域经济合作及经济一体化

第二次世界大战以后，拉丁美洲各国认识到只有加强本地区的合作才

能增强经济实力，打破西方国家对拉美经济的控制和垄断，维护本地区各个国家的经济权益，更有效地发展民族经济。1948年2月25日，联合国经社理事会通过决议，决定成立联合国拉美经济委员会（以下简称拉美经委会）。同年6月，拉美经委会在智利首都圣地亚哥正式成立。该组织的宗旨是：进行拉美地区经济发展研究，向本地区各国提供经济和政策协调方面的建议，促进本地区的经济发展。在拉美经委会的支持下，拉美区域经济合作和一体化运动逐步得到发展。

1958年，危地马拉、洪都拉斯、萨尔瓦多、尼加拉瓜、哥斯达黎加5国政府在洪都拉斯签署了《中美洲自由贸易和经济一体化多边条约》。1962年7月，上述中美洲5国签订建立中美洲共同市场协议。1963年，巴拿马作为准成员参加活动。中美洲共同市场的宗旨是：逐步取消成员之间的贸易关税壁垒，建立共同关税，统一区域性的工业政策，协调农业、运输、劳工、教育等方面的政策。1980年3月，上述中美洲5国外长和巴拿马共同签订《圣约瑟声明》，宣布在经济上要加强国际合作与一体化；在对外关系方面，要求保持和加强与安第斯条约组织和欧洲共同体成员之间的关系。

1973年4月，第八届英联邦加勒比地区国家和政府首脑会议在圭亚那首都乔治敦举行，决定建立共同体以代替1968年5月成立的加勒比自由贸易协会。同年7月4日，巴巴多斯、圭亚那、牙买加、特立尼达和多巴哥4国签订《查瓜拉马斯条约》；8月1日，加勒比共同体和共同市场正式成立，成员有安提瓜岛（1981年独立，建立安提瓜和巴布达）、巴巴多斯、伯利兹、多米尼克、格林纳达、圭亚那、牙买加、蒙特塞拉特（未独立）、圣基茨和尼维斯、圣卢西亚、圣文森特和格林纳丁斯、特立尼达和多巴哥等12个国家和地区。其宗旨是：促进本地区联合，协调和加强成员在工业、农业、资源等各方面的区域合作，加速实现经济一体化。

1970年10月，拉美23个国家在巴拿马签署了《巴拿马协议》，正式宣布成立拉丁美洲经济体系。到1981年4月，成员共有26个，即阿根廷、巴巴多斯、巴拉圭、巴拿马、巴西、秘鲁、玻利维亚、多米尼加、厄瓜多尔、哥伦比亚、哥斯达黎加、格林纳达、古巴、圭亚那、海地、洪都拉斯、墨西哥、尼加拉瓜、萨尔瓦多、苏里南、特立尼达和多巴哥、危地马拉、委内瑞拉、乌拉圭、牙买加、智利。其宗旨是：促进拉美地区合作，加速成员的社会和经济发展；促成建立一种磋商和协调的制度，使拉美各国在国际事务中就经济和社会问题采取共同的立场。

1961年6月，拉丁美洲自由贸易协会成立，成员有阿根廷、巴西、玻利维亚、智利、哥伦比亚、厄瓜多尔、墨西哥、巴拉圭、秘鲁、乌拉圭、委内瑞拉。1981年3月，上述11国在乌拉圭签署《1980年蒙得维的亚条约》，正式成立拉丁美洲一体化协会，取代原来的拉美自由贸易协会。其宗旨是：加强成员之间贸易往来，促进成员的经济、社会发展，建立拉美共同市场，实现经济一体化。

1969年5月，安第斯地区的玻利维亚、智利、哥伦比亚、厄瓜多尔、秘鲁5国在哥伦比亚的卡塔赫纳签署了《卡塔赫纳协定》，成立卡塔赫纳协定委员会，后改名为安第斯条约组织，亦称安第斯集团。委内瑞拉于1973年加入，智利于1977年退出。其宗旨是：加强地区经济合作，最大限度利用本地区资源，促进成员平衡、协调发展，加速发展成员经济。

1978年7月，亚马逊河流域的8国在巴西签署《亚马逊合作条约》；1980年8月正式成立了亚马逊合作条约组织，成员有玻利维亚、巴西、哥伦比亚、厄瓜多尔、圭亚那、秘鲁、苏里南、委内瑞拉。其宗旨是：成员采取联合行动，共同开发、合理利用和保护亚马逊河流域的自然资源，在经济、科技、社会等领域通力合作，促进经济的发展。

1959年4月，21个美洲国家在华盛顿签署协议，决定成立美洲开发银行，同年12月30日正式成立。美洲开发银行的成员原为美洲21个国家，1974年以后扩大到美洲以外地区，到2009年共有48个成员。美洲开发银行向拉丁美洲成员政府和私人团体提供贷款，年利率一般为8%，用于公共工程等特种业务的贷款利率较低；从事协助成员制订国内发展计划、提供技术援助、发行长期债券等活动。1982年，美洲开发银行向拉美各国提供了27.5亿美元的贷款。

除了上述这些重要组织，其他还有拉丁美洲出口银行（1977年）、加勒比开发银行（1969年）、加勒比多国海运公司（1975年）、铜矿出口国政府联合委员会（1968年）、香蕉出口国联盟（1974年）、拉丁美洲和加勒比食糖出口国集团（1974年）、拉普拉塔河流域协定组织（1969年）、拉丁美洲能源组织（1973年）。

20世纪80年代以后，拉丁美洲各国进一步强调了开展区域经济合作的重要性。1982年8月，拉美经济体系拉丁美洲理事会第八次部长级会议在加拉加斯通过了《拉丁美洲经济安全和独立战略》决议，指出拉美各国进行更加紧密的经济合作是保障在政治上、经济上完全独立和全面发展的主要途径之一。1983年5月，拉美经委会和拉美经济体系在题为《拉丁美洲对付危机的基础》的共同文件中，进一步阐述了区域性市场对拉美经济发展的重要意义。为寻找一切可能的合作形式，拉丁美洲又相继建立以下经济一体化组织：中美洲自由贸易区（1992年）、南锥体共同市场（1994年）和安第斯自由贸易区（1995年）。随着拉美区域性经济合作和经济一体化的进一步发展，拉丁美洲的经济必将有新的发展。

复习与思考

1.殖民地时期，西班牙政府曾对拉丁美洲进行贸易垄断。如何理解拉丁美洲各国在18世纪末生产量及贸易额的大幅度提高？

2.为维护各个国家的经济权益，独立后的拉丁美洲国家在经济合作方面取得了哪些成就？试举例说明拉丁美洲国家从合作中如何受益。

第十一章

非洲经济史

第一节　15世纪末以前非洲经济概况

非洲是古代文明的发源地之一。除世界闻名的四大文明古国埃及外，不少地区很早就出现了中央集权国家，努比亚、埃塞俄比亚是进入文明较早的地区。西苏丹地区在8—15世纪曾经出现过加纳、马里、桑海帝国等强大王国。中南非在殖民主义者入侵前也有刚果、隆达、布干达（Buganda）等中央集权国家。在马达加斯加岛上，国家形成也较早。

非洲的土著居民不是单一种族。在撒哈拉以北，居住着阿拉伯和柏柏尔人；在撒哈拉以南，居住着真正的黑种人，他们占非洲总人口的2/3。黑种人又分为两大支：东非、中南非的班图人，西非和赤道以北的苏丹人为一支；埃塞俄比亚和红海沿岸的阿比西尼亚人、马达加斯加岛上的马尔加什人和一些少数部落（如西南非洲的布须曼人和霍屯督人）为另一支。后来的欧洲移民主要分布在南非和北非。

一、7—15世纪北非的经济

7世纪时，阿拉伯人侵入北非，于640年占领埃及，把埃及并入了阿拉伯哈里发帝国。阿拉伯人的入侵加速了埃及的封建化过程。阿拉伯语言和伊斯兰教也广为传播，埃及逐渐成为阿拉伯国家。

阿拉伯人征服埃及后，继续西进，到702年，征服了整个马格里布（阿拉伯语"西方"之意，指埃及以西的非洲阿拉伯国家，包括摩洛哥、阿尔及利亚和突尼斯，有时也包括利比亚）。7世纪时，北非的原有居民柏柏尔人分裂为两个部落：泽纳塔和桑哈查。泽纳塔人主要是牧民，分布在南部草原、绿洲和半沙漠地带。桑哈查人大部分是定居的农民。柏柏尔人处于不同的社会发展阶段。在阿拉伯人入侵以后，柏柏尔人的奴隶制度逐渐为封建制度所代替。

5—6世纪，埃及社会已向封建社会转化，被阿拉伯人征服后，封建化过程逐渐完成。阿拉伯人没收部分基督教会和私人的土地，归哈里发国家所有，然后将这些土地分给哈里发军官和清真寺。大部分埃及农民丧失了土地，变成国有土地上的世袭佃农，或者成为阿拉伯贵族和埃及旧贵族土地上的依附农民。8—9世纪时，哈里发国家根据课税轻重把土地分为三类：一是全税地，基本上为国有土地，多由非伊斯兰教徒耕种，课税较重，政府可以随时收回土地。二是什一税地，通常都是伊斯兰教徒的私有地，国家只征收产物的1/10作为赋税。三是免税地，一般是清真寺、哈里发宫廷和服役的军事贵族占有的土地。

11世纪时，埃及尤其是上埃及的居民，主要还是古代埃及人的后裔，即信仰基督教的科普特人。埃及的直接生产者，无论是基督徒还是伊斯兰教徒，都被固着在土地上，不经许可不得迁移。农民、手工业者和商人必须向国家缴纳人头税和土地税。农民交实物，商人和手工业者交货币。这一时期埃及的工商业城市很发达。手工业中居首位的是纺织业，麻纱、呢绒、棉布、丝绸都享有盛名，其他还有玻璃、蔗糖和肥皂等行业。埃及与地中海沿岸各国，特别是与意大利的许多城市，有着活跃的贸易关系。从12世纪起，埃及同印度的转口贸易也发展起米。

13—15世纪，埃及处于马木路克苏丹统治时期。13世纪中叶以后，埃及的商业活动激增。埃及的阿拉伯商人团体在埃及和印度的转口贸易中起着主要作用。他们在开罗等地设有代理店，并有专门的银行与意大利等地的商人公司结算账目。埃及商人在东西方的转口贸易中获利巨大。政府对转口商品征收大量关税，13世纪初商品过境税为15%，到15世纪增加到35%。

马木路克苏丹统治时期，伊斯兰教寺院和封建主的势力加强。大封建主势力的发展削弱了埃及国家。15世纪后期开始，地方总督经常发动叛乱，叙利亚地区尤甚。奥斯曼土耳其帝国的兴起直接威胁埃及的海上势力和地中海贸易。15世纪末，埃及经常与土耳其发生战争。1516年，土耳其占领叙利亚，1517年又征服埃及。此后埃及成为奥斯曼帝国的一个行省。

18世纪末，奥斯曼帝国危机加深，它在埃及的统治日渐衰落。1798年，拿破仑军队占领埃及，从此埃及成为欧洲资本主义国家的半殖民地和殖民地。

二、7—15世纪东非和西非的经济

1.东非

7世纪，当阿拉伯人征服埃及时，东苏丹存在两个基督教国家，即北部的穆卡拉和南部的阿勒瓦。7世纪中叶以后，阿拉伯人从北方沿尼罗河南进，侵入东苏丹。651年，阿拉伯人侵入努比亚，后又征服穆卡拉，将它变为埃及的附属国，每年征收贡物、黄金和奴隶。到13世纪时，阿拉伯人已完全占有穆卡拉。大批阿拉伯人迁入东苏丹，伊斯兰教和阿拉伯语很快在全境流行。

苏丹的东南是埃塞俄比亚（埃塞俄比亚原为古代希腊人对埃及以南整个地区的通称）。大约在公元最初几个世纪，在今埃塞俄比亚的北方建立了一个阿克苏姆国家。当时阿杜里斯港商业十分繁荣，曾一度代替亚丁成为埃及和印度贸易的中心。4世纪是阿克苏姆奴隶制国家的繁荣时期。阿克苏姆国王与拜占庭缔结同盟，并在国内推行基督教。阿克苏姆的居民主要从事农业和畜牧业，种植小麦等作物。国家向邻近部落掠取奴隶，用于各种生产和劳役。商品经济也因东西贸易而发展起来，流通金、银、铜币。7世纪以后，随着阿拉伯人对埃及的征服，阿克苏姆与西亚和北非诸国的联系被隔绝，国势日衰。到13世纪时，这里又出现了新的国家——埃塞俄比亚。

埃塞俄比亚的版图比阿克苏姆时代扩大了，居民大部分是阿姆哈拉人，土地属于贵族地主和寺院。农民耕种土地，缴纳实物贡赋，并负担徭役。寺院的土地占很大比重。13—16世纪的300年间，国内各部落间争战不休，阿拉伯人又经常发起战争。到16世纪时，埃塞俄比亚在土耳其侵袭下日益削弱。

2.西非

7世纪以后，西非依次兴起过3个主要国家，即加纳王国、马里王国和桑海帝国。加纳是西非的一个古国，居民主要是索宁克人，为曼丁哥人的一支，居住在塞内加尔河、尼日尔河上游地区。7世纪，阿拉伯人征服北非以后，阿拉伯商人用盐、贝壳、织物向西非换取黄金、象牙，购买奴隶。在商队往来的大道附近，兴起了一些城市。11世纪，伊斯兰教传入西非。加纳首都有许多伊斯兰教徒，修建了不少清真寺。加纳国王收入的主要来源是与马格里布进行黄金和盐的交易，国王还向外国商人征收捐税。矿坑里掘出的天然金块都归国王所有，人民只准许淘沙金。

1076年以后，加纳分裂为若干小国，国势日衰。1240年，马林凯人的首领松迪亚塔灭加纳，建立了马里王国。

马里王国成立后，砍伐森林，扩大耕地，种植棉花，并从北非等地传入了纺织技术。马里控制着西苏丹、摩洛哥和阿尔及利亚之间的黄金和盐的贸易。14—15世纪，马里的经济比较繁荣，手工业发达，棉织品不仅供应本国需要，而且运销国外。15世纪桑海帝国兴起后，马里王国逐渐衰落了。

继马里而兴起的桑海帝国是西非的第三个大国，位于曾经的加纳王国、马里王国以东，居民为桑海人，主要从事农业和渔业。桑海帝国在尼日尔河上游开凿河渠，改良农业生产，开采盐矿。黄金、盐、象牙和纺织品的贸易以及奴隶贩卖是桑海帝国的主要收入来源。奴隶在农业生产中起重要作用，其主要来源是战俘和债奴。每100个男女奴隶结成一个集团，每人分给半公顷的土地，收获物主要用于军队的给养。每个奴隶集团除缴纳实物外，还要服劳役。桑海帝国的城市有较发达的手工业，纺织业占重要地位。

三、中非和南非的经济

中非和南非人民的社会发展水平是不平衡的。15世纪末以前，撒哈拉以南非洲基本上仍处于原始公社末期。当时绝大部分地区已经有了农业或畜牧业，铁器的使用也已相当普遍。少数地区采用了作物轮种、施肥等先进耕作方法。不少地区的手工业和农业已开始分工，商品交换有了一定的发展。在有商业的地区，货币和信贷关系也产生了，使用金砂、贝壳之类作为一般等价物。

中非在13世纪时建立了刚果王国。刚果有着相当发达的农业、手工采矿业，以及五金、纺织、陶器等手工业，商业相当活跃。刚果王国的大部分居民是各部落公社的成员。土地为部落所有，分给部落成员耕种。每一公社必须划出一块土地由大家共同耕种，将收获物缴纳国库。此外，公社成员还必须为公社长老耕种土地，并将自己土地上收获物的一部分缴纳给部落酋长。在采矿业中，刚果则广泛使用劫掠来的奴隶劳动。

南非的班图人，原从东非迁移过来，他们组织在许多独立的氏族部落中。当欧洲殖民者侵入时，他们主要从事畜牧业，但锄耕农业已有相当发展；采集和狩猎是主要副业。他们用极简陋的方法冶铁、冶铜，用以制造工具、武器、用具和饰物。部落中的劳动分工还比较原始，交换也不经常，没有固定的集市。但部落之间的交换有一定的发展，交换物包括牲畜、兽皮和家庭手工业品。当时土地仍属部落及其分支所有，但已归家庭使用；家畜、生产工具以及劳动产品是家族的私产。当欧洲人占领南非时，班图人的国家尚未出现。

欧洲殖民者入侵时，非洲最落后的部分是西南非的布须曼人和居住在热带森林中的俾格米人，他们还过着以采集和狩猎为生的原始生活。

第二节 非洲殖民地经济的形成和发展

一、埃及殖民地经济的形成和发展

1805年，土耳其苏丹派驻埃及的新任总督穆罕默德·阿里实施了一系列改革，将埃及变成了一个中央集权的封建专制国家。19世纪30年代，英国势力开始侵入埃及。1882年，英军开进埃及，迫使埃及国王组织亲英的附庸政府。从此，埃及名义上虽然仍是奥斯曼帝国的一部分，但事实上已成了英国的殖民地。

　　英国占领埃及以后，大力推行单一作物制，进一步片面发展棉花生产，使埃及成为它的原料供应地。埃及的棉花播种面积在耕地总面积中的比重，从1883年的11.5%增加到1914年的22.5%。同一时期，小麦和大麦的播种面积大幅度减少，致使埃及的粮食进口逐年增加。埃及的棉花绝大部分运往英国。从19世纪末到第一次世界大战，英国在埃及出口总额中的比重占到50%～60%。埃及还被迫接受英国商品，以抵销自己的对英出口，英国工业品的输入占埃及进口总额的35%左右。

　　在英国殖民者的统治下，从19世纪80年代到第一次世界大战，埃及的民族工业处于衰落状态。1907年，埃及的工厂工人和手工工场工人合计约38万人，只占劳动人口的11.5%，占总人口的3.4%。到第一次世界大战，埃及没有重工业，轻工业也极为薄弱。国民经济的主要部门都为外国资本所控制。1883—1914年，埃及银行资本中的外资增加了8倍，农业、运输业和工业部门的外国资本增加了40多倍。1914年，在埃及的外国资本共达2.5亿埃镑，每年的利润达900万埃镑。

　　第一次世界大战爆发后，埃及脱离了奥斯曼帝国，英国随即单方面宣布埃及为其保护国。第一次世界大战期间，英国使埃及整个国民经济服从于它的战争需要，不仅大量征收粮食、耕畜和运输工具，而且把100多万埃及人编入"劳动兵团"，严重破坏了埃及的国民经济。

　　在第二次世界大战时，埃及的经济完全为英国和美国控制。战时成立的"中东供应中心"（起初由英国控制，1942年起改为英、美联合机构）掌握了埃及全部物质资源、运输和进口贸易。战争期间，英军在埃及的大量军事订货和军事建筑，以及外国工业品输入的锐减，刺激了埃及工业的发展。战时工业、运输业、建筑业等部门的工人增至100万人。在各类工业中，纺织业发展最快，石油的开采量也增长了近1倍。

二、北非其他国家殖民地经济的形成和发展

1.阿尔及利亚

　　1830年，法国出兵侵入阿尔及利亚，1934年宣布阿尔及利亚为法国属地。在法国入侵之前，阿尔及利亚的农业基本上是自然经济性质的，以粮食生产和畜牧业为主。法国入侵后，谷物播种被法国移民的葡萄园、菜园、烟草种植园、果园和饲料作物园所代替，逐渐变成了满足宗主国需求的农业原料基地。尤其是葡萄种植，以后成了阿尔及利亚一个重要的专业化部门，葡萄酒的产量和出口随之迅速增长。阿尔及利亚的葡萄酒酿造业，从一开始就是以资本主义农场的形式发展起来的。大葡萄园不但加工自己生产的葡萄，而且还收买小葡萄园的产品加工制酒。所产的葡萄酒主要运往法国，贴上法国商标，再转运世

界各地销售。这一时期，在阿尔及利亚发展起来的另一个商品化农业部门是蔬菜生产，其集中在法国移民的农场中，主要满足法国本土的需要。农业商品化的发展是这一时期阿尔及利亚经济殖民地化的一个表现。至于阿尔及利亚农民的田庄，在相当程度上仍保留自然经济的性质，与市场的联系不多。1884年，法国将阿尔及利亚正式划入法国关税区，阿尔及利亚实际上成了法国国内市场的一部分。法国商品充斥阿尔及利亚市场，排挤了当地的手工业生产。法国资本掌握了阿尔及利亚全部的海运、铁路运输、银行和对外贸易，法郎成为阿尔及利亚的货币单位。在法国的统治下，阿尔及利亚的经济完全殖民地化了。

2.突尼斯

1883年，法国侵占突尼斯，将其沦为保护国。法国的占领加速了突尼斯北部农业商品化的发展。橄榄和葡萄的种植面积迅速扩大，成了突尼斯农业的两个专门化部门。橄榄油和葡萄酒成了突尼斯的大宗出口品。法国资本掌握了突尼斯的银行、铁路、航运和对外贸易。法国工业品在突尼斯市场上排挤了当地的手工业产品。在工业方面，只有在法国资本控制下的磷钙土和铁矿开采得到较大的发展。

3.摩洛哥

20世纪初，法国在摩洛哥取得了特殊地位，控制了摩洛哥的海关、财政、银行、铁路和矿山开采。1912年，法国宣布摩洛哥为其保护国。以后通过法国、英国、西班牙3国之间的协议，摩洛哥被分割为3个地区：法属摩洛哥、西属摩洛哥和丹吉尔国际共管区。摩洛哥经济也逐渐完成了殖民地化过程。

三、撒哈拉以南非洲经济的殖民地化

西欧殖民者从15世纪末开始的对撒哈拉以南非洲的掠夺，特别是奴隶贸易，构成了西欧资本主义国家资本原始积累的重要组成部分。十五六世纪，葡萄牙在非洲东西海岸和沿海岛屿建立了许多殖民据点，掠夺黄金、象牙，掳卖奴隶。十六七世纪，荷兰侵入，在塞内加尔、黄金海岸（1957年，英属黄金海岸宣告独立，建立加纳共和国）、好望角沿岸建立据点和贸易站。17世纪下半叶，葡萄牙在几内亚湾的势力全部被排挤。英、法在冈比亚河与塞内加尔河口，英、荷在黄金海岸，展开激烈竞争。葡萄牙在18世纪中期巩固了在莫桑比克的地位。18世纪末，英国吞并塞拉利昂。

从16世纪初至19世纪上半叶，奴隶贩卖始终是欧洲殖民者掠夺非洲的重要手段之一。随着美洲种植园经济的发展和金矿的发现，在三角贸易中奴隶贩卖的利润越来越大。最早经营奴隶贩卖的主要是葡萄牙人、西班牙人和荷兰人，不久英国、法国和丹麦也相继加入。自17世纪后期起，英国成为这项贸易的主要国家。掠取奴隶的场所最初集中在塞内加尔河和冈比亚河流域，后来

沿海岸线向西、向南扩展。到19世纪上半叶，奴隶贩子又将掠取奴隶的范围扩及东非沿岸、莫桑比克及马达加斯加。1680—1780年，运入西印度群岛英属殖民地的奴隶约250万人。1808—1860年，运入美国的奴隶有50万人。

延续360多年的贩奴活动使非洲损失了1亿多人口，这个数字相当于1800年非洲人口的总和。大量劳动力的丧失使非洲社会生产力遭到严重破坏。

19世纪初，欧洲殖民者开始侵入非洲内陆。到20世纪初，列强基本完成了对撒哈拉以南非洲的瓜分。英国、法国和德国是瓜分非洲的主要国家，以英国所占的殖民地最多。到1917年，非洲大陆上只剩下两个名义上保持独立的国家，即埃塞俄比亚和利比里亚。

欧洲列强分割了撒哈拉以南非洲后，大量掠夺土著部落的土地，并发展了单一作物的种植和出口，使非洲变成它们的农业原料附庸。在南非（包括南非联邦、南罗得西亚、斯威士兰），主要种植烟草、棉花、甘蔗、果树等，并大宗输出羊毛、水果、烟草、花生等；在东非，主要发展了棉花、剑麻、烟草等的生产和出口；在中非，主要生产和出口天然橡胶、可可、咖啡、棉花、花生、烟草等；在西非，主要生产和输出可可、棕榈、花生、棉花等。除了单一发展出口作物，殖民主义者还大量掠夺撒哈拉以南非洲的矿产资源，在南非、中非和西非，大肆开采钻石、黄金、煤、铜、铁、铅、锌等矿产，也掠夺象牙和天然橡胶等资源。

第一次世界大战以后，欧洲资本主义国家开始向撒哈拉以南非洲输出资本。1870—1936年，外国资本在撒哈拉以南非洲的投资总额约为12亿英镑。英国是投资最多的国家，约占全部投资额的50%，其次是法国、比利时和美国。

第二次世界大战期间，撒哈拉以南非洲的采矿业和工业有了较大的发展。采矿业和工业的绝大部分掌握在欧洲人手中，但也有少量的民族资本发展。对工业原来极为落后的撒哈拉以南非洲来说，这是一个重要的变化。

第三节　非洲各国独立后的经济发展

一、北非诸国独立后经济发展概述

1.埃及

1922年，英国承认埃及独立，但当时的埃及法鲁克王朝仍受英国控制。1952年，以纳赛尔为首的自由军官组织推翻了法鲁克王朝，埃及获得了真正的独立。

埃及独立后，经济有了很大的发展。据世界银行1986年的报告，1965—

1973 年，埃及农业生产年平均增长率为 2.6%，工业生产为 3.8%，服务业为
4.7%；1973—1984 年，埃及农业生产年平均增长率为 2.5%，工业生产为
10.3%，服务业为 10.6%；1984—1985 年工业部门在国内收入中所占的比重增
长到 36%，农业为 17.3%。这说明埃及的工业有了较大的发展，国民经济结构
有了重大变化。

埃及 1957 年制订了工业发展五年计划，于 1958 年成立了工业部。在以后
的各个社会经济发展计划中，工业部门的投资一直占很大比重。工业生产指数
以 1951—1952 年为 100，1980—1981 年为 1 066，1981—1982 年为 1 394；
1981—1982 年的工业产值相当于 1952 年的 31.8 倍。在工业结构中，石油、冶
金、机械制造、化工、建材等重工业部门在工业总产值中所占的比重逐渐增
长。1981—1982 年，重工业所占比重上升到 64%，轻工业占 36%。埃及是非
洲主要的石油生产国之一，1994 年达到最高年产量，为 4 520 万吨。2000 年，
原油和石油产品的生产占国内生产总值的 7.6%。

农业在埃及国民经济中占有重要地位。长期以来，农业部门在国民经济中
的比重约占 30%，在出口贸易总额中约占 50%。20 世纪 80 年代以后，由于石
油大量增产和出口，农业收入在国民收入中所占比重逐渐下降，从 1975 年的
30.7% 下降到 1984 年的 17.6%。农产品出口额在外贸出口总额中所占的比重也
由 50% 下降到 30%。1983 年农业劳动力占全国劳动力总人数的 35%。农业生
产有了较大的发展，1982 年的农业产值比 1952 年增长了 13.1 倍。农作物总产
量和单位面积产量都有相当的增长。根据 1990 年的农村人口统计，主要从事
农业劳动的人口占农村总人口的 63%。20 世纪 90 年代，埃及政府非常注重农
村发展，为了让农村迅速摆脱贫困，采取一系列经济援助措施，农业经济有了
显著发展。

2.苏丹

苏丹位于非洲东北部，是非洲面积最大的国家。1899 年，苏丹成为英国
的殖民地，1956 年独立。独立后，苏丹政府致力于改变经济落后的状况，制
订了一系列促进经济发展的计划和政策。到 20 世纪末，苏丹的国民经济有了
一定的发展，但总的说，发展速度较缓慢，尤其是工业发展仍十分有限，以棉
花种植为主的单一农业经济结构没有根本改变，基本上是一个农牧业国家。

3.突尼斯

突尼斯于 1883 年成为法国的保护国，1956 年独立。独立后，突尼斯政府
实行计划经济，发展国家资本，推行工业化，在农业中开展农业合作化运动。
1959 年以前，突尼斯的国内生产总值年平均增长率在 3% 左右，60 年代达到
4% 左右，90 年代超过 5%，1999 年高达 6.2%；人均国民生产总值已从 1990 年
的 1 293 第纳尔增加到 1999 年的 2 350 第纳尔。随着国民经济的发展，突尼斯

经济结构发生了显著的变化，农业产值在国内生产总值中的比重由独立前的35%下降到1985年的17.4%；采矿业和制造业分别上升为11.6%和13.8%；第三产业发展较快，占国内生产总值的比重达到18.2%，其中旅游业占4%。20世纪60年代农业产值年平均增长率为1%；70年代为3.6%；到90年代，农业生产仍不能满足国内需求，发展较缓慢。工业中重工业的基础也较薄弱，大部分机器设备要从国外进口。

4.阿尔及利亚

阿尔及利亚是非洲第二大国，1962年独立。1967—1978年，该国国民生产总值年平均增长率为7.2%，人均国民生产总值年平均增长率为4%。由于大力推进工业化，工业生产有了较大的发展。1967—1978年，工业产值年平均增长10%。到20世纪80年代，阿尔及利亚已建立起具有一定规模、技术先进的石油和天然气工业，还发展了钢铁、机械制造、电子、纺织、造纸、食品等工业部门，主要工业产品产量有不同程度的提高。20世纪90年代，阿尔及利亚政府改变了片面注重发展工业的政策，工业产值占国内生产总值的比重在1994—1999年连年下跌；但对农业和服务业的投资有不同程度的增长，在发展国家资本的同时，鼓励私人资本的发展。

5.摩洛哥

摩洛哥于1956年独立。20世纪50年代末，摩洛哥政府制定了以国营经济为主、优先发展基础工业的工业化发展战略。1960—1970年，国内生产总值年平均增长率为4.4%，1970—1982年为5%。按1980年不变价格计算，人均国内生产总值从1962年的550美元增加到1982年的769美元。工业、农业、服务业在20世纪90年代都有了比较显著的发展。2000年，摩洛哥的国内生产总值达到336.76亿美元，比上年增长6.5%，人均国内生产总值为1 154美元。但在经济结构上，摩洛哥基本上仍是一个农业和矿业原料生产国和出口国，经济发展所需要的大部分资金、技术、设备、原料、粮食等都严重依赖进口。

二、撒哈拉以南非洲主要国家独立后经济发展概述

1.多哥

多哥于1894年沦为德国殖民地，1960年独立，从1966年起先后实施了4个五年计划。在经济建设中，多哥重视发展农业和民族工商业，积极兴办中小企业，使经济有了较快增长。1960—1970年，国内生产总值年平均增长8.5%，1970—1980年的年平均实际增长率为3.4%。1980年人均国民收入为410美元。工业产值在国民生产总值中所占的比重，由1966年的不到8%上升到1980年的30%。1970—1980年，工业的年平均增长率为6.6%。1989年国内生产总值为13.4亿美元，人均国内生产总值为390美元。据统计，1995年多哥国内生产

总值为 10.6 亿美元，人均国内生产总值为 2 681 美元，国内生产总值增长率为 8.8%；工业产值占国内生产总值的 23%，其中制造业产值占国内生产总值的 8%。但多哥基本上仍是一个农业国，80% 的居民从事农业，农产品的出口额占出口总额的 40%。

2.刚果

刚果于 1884 年沦为法国殖民地，1960 年独立。1960—1981 年，刚果国内生产总值年平均增长率为 3.7%，1981 年人均国民生产总值为 1 100 美元。1982 年，农业产值占国内生产总值的 9.8%，工矿业产值占 46%，工矿业中的石油业占重要地位。1992 年，刚果国内生产总值保持在 63 亿美元，人均为 157.5 美元。在一路下滑后，到 1998 年国内生产总值降到最低点，为 40 亿美元，人均为 84 美元。同期，石油部门的产值约占国内生产总值的 50%，约占全国出口额的 98%。交通运输业较为发达。

3.几内亚

几内亚于 1881 年沦为法国殖民地，1904 年成为法属西非联邦的一部分，1958 年独立。独立后，几内亚将法国资本控制的各主要经济部门和企业实行国有化，限制国内私人经济的发展，并通过国家计划发展经济。几内亚在农业中还开展了集体化运动。1960—1970 年，几内亚国内生产总值年平均增长率为 3.5%，1970—1981 年为 3%。国内生产总值从 1960 年的 3.7 亿美元增加到 1980 年的 16.7 亿美元。但由于几内亚人口的年平均增长率为 2.9%，且经济发展速度较缓慢，因此经济发展水平不高。1980 年人均国民生产总值为 290 美元。1984 年军政府执政以后，面对国内存在的问题，宣布实行"有计划的自由经济"，开始对经济进行改革，几内亚的经济逐步好转。直到 1994 年，几内亚的人均收入也只为 457 美元，当时的国内生产总值为 34 亿美元，是世界上最不发达国家之一。

4.加纳

加纳于 1901 年沦为英国的保护国，1960 年独立。加纳基本上是一个农业国，农业人口占全国总人口的 52.8%，农业产值占国内生产总值的 48% 左右，农产品出口额在出口总额中的比重超过 70%。可可是加纳最主要的经济作物。森林和渔业资源较丰富。采矿业较为发达，黄金、钻石和锰的储量和开采量在世界上占有重要地位。工业发展水平较低，主要是一些轻工业和加工工业。1980 年，加纳的国内生产总值为 153.9 亿美元，人均收入为 420 美元。1983 年，加纳政府在世界银行和国际货币基金组织的指导下，实施"经济复兴计划"，而后经济政策取得明显效果。加纳国内生产总值实际年均增长率由 1981—1985 年的 -0.1% 增长为 1986—1995 年的 4.7%，1996—2000 年为 4%。

5. 马里

马里于 1904 年并入法属西非联邦，1960 年独立。马里政府重视发展民族经济，先后制订并实施了第一个经济和社会发展五年计划（1961—1965 年）、三年复兴计划（1969—1972 年）、第二个经济和社会发展五年计划（1974—1978 年）和第三个经济和社会发展五年计划（1978—1982 年）。1960—1970 年，国内生产总值年平均增长率为 3.3%，1970—1980 年为 4.9%。人均国民生产总值 1960 年为 50 美元，1980 年为 190 美元，年平均增长率为 1.4%。1960—1981 年，在国内生产总值中所占的比重，农业从 55% 降为 42%，工业从 10% 上升到 11%，服务业从 35% 上升到 47%。1991 年，农业、工业、服务业产值在国内生产总值中所占的比重分别为 46%、13%、41%。1993 年 8 月，马里与国际货币基金组织谈判进一步实施经济结构调整计划；1998 年，调整后的农业、工业、服务业比重分别是 47%、17%、36%。2000 年，马里的国内生产总值为 26 亿美元，人均为 223 美元。马里的经济发展较为缓慢，经济结构变化不大，仍属于农牧业国家。

6. 尼日利亚

尼日利亚是西非的大国，人口为 1.23 亿人（2000 年），是非洲人口最多的国家，约占全非洲人口的 1/6，占西非人口的 50% 以上。19 世纪末尼日利亚沦为英国的殖民地，1960 年独立，现为英联邦成员。独立后尼日利亚的经济发展较快，1980 年国内生产总值达 911.3 亿美元，人均国民生产总值为 1 010 美元，成为非洲第一富国，步入世界中等收入国家的行列；1970—1980 年，国内生产总值年平均增长率为 6.5%。从 20 世纪 80 年代初开始，由于世界市场油价下跌，严重依赖石油出口的尼日利亚经济陷入困境，迫使政府于 1986 年推出结构调整计划。20 世纪 90 年代初，该国由于政局动荡等原因，经济继续下滑。1995 年，政府加强对经济的宏观调控，取得一定成效，经济增长率由 1995 年的 2.2% 增加到 1997 年的 3.8%。20 世纪 70 年代以后，石油收入占政府收入的 70%。20 世纪 90 年代后期，尼日利亚已探明石油储量约 200 亿桶，最高年产量为 1.43 亿吨，石油收入占财政收入的 75%。尼日利亚政府利用石油收入推动其他经济部门的发展，石油工业成了尼日利亚的经济支柱。

7. 科特迪瓦（1986 年以前曾译为"象牙海岸"）

科特迪瓦于 1888 年沦为法国的殖民地，1960 年独立。1960—1970 年，其国内生产总值年平均增长率为 8%，1970—1980 年为 6.7%，高于发展中国家的一般水平。1980—1990 年，科特迪瓦陷入经济危机。据世界银行统计，此阶段该国的经济增长率仅为 2.2%，其中 1980 年的经济增长率为 -11%。1990—1999 年科特迪瓦处于经济调整和再发展阶段。这一阶段政府积极与国际金融机构合作，实施了一系列经济改革政策。1995 年科特迪瓦经济重新出现高增长势头，经济增长率高达8%，1996年为5.8%，1997年为6%，1998年为4.5%，1999年为4%。人均国民生产总值1960年为150美元，1980年为1 150美元，在经济危机后的1997年重新增加到690美元，在非洲位居前列。产业结构发生显著变化，第一产业产值占国内生产总值的份额从1960年的46.8%下降到1980年的31%，第二产业的份额则从15.2%上升到26.9%，第三产业的份额从38%上升到42.1%。1995年，第一产业产值占国内生产总值的比重仍然为31%左右，第二产业占18.4%，第三产业占50.1%。20世纪90年代末，科特迪瓦产业分布状况进一步改善，第一产业产值占国内生产总值的34%，第二产业占20%，第三产业占46%。主要工业部门有食品、纺织、服装、制糖、木材加工、化学、建材、电力、炼油、金属加工等；食品工业在工业中居首位；交通运输业较发达。

8.肯尼亚

肯尼亚于1895年成为英国的保护国，1920年沦为英国的殖民地，1963年独立。1964—1972年，肯尼亚国内生产总值年平均增长率为6.6%，1973—1982年为4.8%；1982年人均国民生产总值为390美元。受世界经济形势的影响，在整个20世纪80年代，肯尼亚经济发展呈现先抑后扬的特点，年均经济增长率为4.5%。进入20世纪90年代，肯尼亚按照世界银行和国际货币基金组织的要求，实施了《结构调整方案》。该方案在实施过程中的诸多不适应性导致肯尼亚经济增长的低迷，20世纪90年代的经济增长率仅为1.9%。农业和畜牧业是肯尼亚的重要经济部门，咖啡是最主要的经济作物；旅游业发达，是肯尼亚第二大外汇收入来源。

9.马达加斯加

马达加斯加是印度洋中的一个岛国，1896年沦为法国殖民地，1960年独立。1960—1970年，马达加斯加的国内生产总值年平均增长率为2.9%，1970—1981年为0.3%；1980年人均国民生产总值为350美元。至20世纪80年代末，该国经济有所好转，经济增长率由1985年的2.3%增至1989年的4%。1991年，由于政局动荡，经济严重受挫，经济增长率一度跌至-6.3%。从1993年起，经济开始复苏，1998年国内生产总值增长率为3.9%，2000年增至5%。马达加斯加的经济发展比较缓慢，现在仍是一个农业国，农业劳动力占总劳动力的82.5%。1981年，农业产值占国内生产总值的35%，农产品出口额约占出口总额的80%。20世纪90年代，马达加斯加的年均人口增长率为3.1%，而1994—1998年的年均国内生产总值增长率仅为2.3%。主要粮食作物水稻的产量从1991年的234.2万吨增长到1998年的266.3万吨，10年仅增长了13.6%，农业经济发展缓慢。咖啡、香草和丁香是三大主要出口作物。采矿业、食品加工业、纺织工业有一定的发展。

10.坦桑尼亚

坦桑尼亚在 19 世纪后期先后沦为德国和英国的殖民地，1963 年独立。独立之初是坦桑尼亚经济发展的黄金时代，1961—1966 年国内生产总值年平均增长率超过 6%。20 世纪 70 年代，坦桑尼亚经济逐步恶化。1982 年，坦桑尼亚的国内生产总值为 45.3 亿美元，人均国民生产总值为 280 美元。为改变现状，坦桑尼亚 1986 年开始实行三年经济复兴计划，1988 年和 1989 年国内生产总值分别增长 5.1% 和 4%；1990—1992 年继续改革，增长率分别为 3.2%、3.7% 和 3.6%；1993—1994 年逐步扩展计划，国内生产总值增长率由 1993 年的 4.1% 增长到 1996 年的 5%。但坦桑尼亚仍是世界上最不发达的国家之一。农业人口占全国人口的 80% 以上，农业产值占国内生产总值的 30% ~ 40%，农产品出口额占出口总额的 80% ~ 85%。工业有所发展，最大的加工制造业是农产品加工业。

11.南非

南非处于非洲大陆最南端。1652 年荷兰东印度公司在好望角设立据点，后占领南非。1814 年荷兰将南非割让给英国。1899—1902 年，爆发了英国与荷兰到南非的早期移民阿非利卡人之间的战争——南非战争。英国战胜后于 1910 年成立南非联邦，成为英国的自治领。第二次世界大战后，南非经济开始全面发展。1962—1972 年，南非的国内生产总值年平均增长率为 5.5%，超过经济合作与发展组织成员的平均速度。1982 年以后，南非出现第二次世界大战后的首次经济衰退，1986 年下半年经济开始回升。20 世纪 90 年代初由于政局动荡，南非经济曾一度恶化。1994 年以后，南非经济重新走出低谷，1996 年经济增长 3.1%，之后一直保持良好的增长势头。南非矿产资源丰富。除石油和天然气外，南非是世界上 24 种重要矿产品的主要生产国之一，与美国、俄罗斯、加拿大、澳大利亚并列为世界五大矿产品生产国。1982 年南非采矿业产值占整个国内生产总值的 14.3%。南非的矿产业不断发展，矿业技术在许多领域处于世界领先地位。1997 年，南非的矿产品包括加工产品共创造了 180 亿美元的产值，占南非国内生产总值的 8.6%，出口收入达 141 亿美元，占外汇收入的 43%，并且提供了 60 多万个就业机会。南非的制造业比重逐步上升，已发展成为最大的经济部门。1982 年制造业产值占国内生产总值的 23.8%；20 世纪 80 年代中期大幅下降后，20 世纪 90 年代末又上升到接近 20%。南非农业也比较发达，是非洲重要的粮食出口国。南非的铁路、港口、航空、远洋航运、公路和输油管道等全部由政府投资和管理，交通运输发达。

第四节　非洲国家的区域经济合作和经济一体化发展

一、非洲国家的区域经济合作组织

非洲国家独立后，为了促进经济发展，加速工业化进程，不断加强非洲国家之间的经济合作。非洲地区经济合作是从20世纪60年代开始的。20世纪60年代非洲各国相继独立后，以发展经济为目的，加强了多边及地区的经济合作。北非、西非、东非和中非相继出现了经济合作组织。20世纪70年代，经济合作更是蓬勃发展，并提出了"集体自力更生"的方针，经济合作组织日益增多。到20世纪80年代，非洲共有44个区域经济合作组织。

非洲区域经济合作的内容非常广泛，涉及贸易、关税、货币、金融、工业、农业、交通运输、电信、能源、自然资源、人力资源等，而以金融方面的合作成就最为显著。据联合国贸发会议统计，截至20世纪90年代初，非洲有18个全非洲性的、区域性的以及经济合作与发展组织所属的金融合作机构。它们的作用和职能各不相同，有的为成员发展经济提供贷款，有的则发行货币等。各种基金组织还为成员之间的贸易损失进行补偿，或为最不发达的成员参与共同合作项目提供资金。金融合作方面最重要的组织是于1964年成立的非洲开发银行。非洲开发银行主要为非洲最不发达国家的交通运输、能源和电信等基础设施建设提供贷款。1982—1986年的五年计划中，非洲开发银行的贷款为73亿美元，其中33%用于发展非洲的农业，解决粮食自给问题。非洲开发银行的资金主要来源于成员的认缴份额、银行准备金、利息所得以及从国际金融市场的筹借款项。20世纪90年代末，该行资金总额达到300亿美元左右。

在货币合作方面，西非货币联盟已实行了货币统一，科特迪瓦、尼日尔、塞内加尔、布基纳法索、贝宁、多哥等国已统一使用非洲金融共同体法郎。中非关税与经济联盟的喀麦隆、中非、刚果、加蓬4个成员及乍得也实现了货币统一，共同使用中非金融合作法郎。货币的统一有利于贸易的发展，促进经济合作。在贸易及工业生产合作方面，东部非洲特惠贸易区、南部非洲特惠贸易区、南部非洲发展协调会议、马诺河联盟等经济合作组织在促进多边贸易、加强工业化合作方面发挥了重要作用。为了某些特定的经济发展项目，非洲还成立了8个专项合作机构。它们为开发和综合利用本地区的水力资源和其他自然资源，解决能源和农业灌溉问题作出了一定的贡献。

为协调原料生产、共同制定原料生产政策和争取提高原料的出口价格，非洲国家和其他发展中国家及地区成立了一些原料生产国与输出国组织，如

1962年与拉丁美洲有关国家联合组织的可可生产者联盟、1974年成立的国际铝土协会、1967年成立的铜出口国政府联合委员会等。这些组织在改善发展中国家的贸易条件和建立国际经济新秩序方面作出了应有的贡献。区域经济合作对改变非洲国家单一的不合理经济结构、实现经济多样化和工业化作出了重要贡献。

二、非洲经济一体化发展概况

20世纪80年代，非洲地区经济合作进入新的发展阶段，即逐步促使各地区经济集团走向联合，最后实现非洲经济一体化，建立全非洲的共同市场和共同体。20世纪90年代以来，针对非洲经济发展不平衡的特点，非洲各国领导人认识到，非洲各国经济的发展不可能整体、同步迈进，而只有通过区域性合作推动非洲大陆的经济一体化，才是正确的选择。因此它们签署了以多种速度、多种方位实现一体化的方案，非洲经济一体化进程在这段时间内得以推进。

非洲经济一体化是以一般经济合作为基础的更高阶段的发展战略。"非洲统一组织"于1980年4月在拉各斯召开经济首脑会议，专门讨论了非洲经济的发展问题，通过了关于非洲经济发展的行动计划，确定了以后20年非洲国家发展的目标，决定在2000年建立非洲经济共同体。1991年6月于阿布贾召开的非洲统一组织第27届首脑会议通过了《非洲经济共同体条约》，随后，非洲经济共同体于1994年5月正式启动。

非洲国家的经济一体化进程已有一定的发展。1973年，科特迪瓦、布基纳法索、毛里塔尼亚、马里、尼日尔和塞内加尔等国在阿比让签署了成立西非经济共同体的条约，目标是通过各国经济的逐步一体化，实现西非地区各民族的统一。条约规定，1985年1月起，所有成员同第三方的贸易实行统一的关税制度。

1975年，更大范围的西非国家经济共同体成立，包括16个西非国家，面积占非洲总面积的1/5；人口1.5亿，占非洲总人口约1/3。到20世纪90年代末，西非国家经济共同体是非洲最大的共同体组织，其目标是建立非洲共同市场，实现经济一体化。

1980年成立的"南部非洲发展协调会议"有9个成员，人口为5 500万，成员在经济、科技、贸易等方面进行广泛合作。

非洲绝大多数国家是在20世纪60年代以后陆续获得独立的。独立后，它们在极其落后的原殖民地经济基础上，在国际经济关系极不平等的条件下，为发展本国经济、争取经济独立作出了较大的努力，取得了不同程度的进展。但从整体上看，非洲迄今仍是世界上最不发达的大陆，面临着艰巨的经济发展任务。

复习与思考

1.试比较埃及、北非其他几国及撒哈拉以南非洲经济在殖民化过程中所遭受的侵略方式的异同。

2.为促进经济发展，试述非洲国家独立后的经济一体化实现过程及取得的成就。

第十二章

东南亚国家经济史

第一节　古代东南亚各国经济概况

一、古代印度尼西亚经济概述

现在的印度尼西亚人大约是在公元前 2000 年从亚洲大陆东南部陆续迁移来的。1—2 世纪，一些印度人相继来到印度尼西亚的一些港口和岛屿，他们带来了古代印度的文化，并在若干地区建立了奴隶制国家，促进了印度尼西亚由原始社会过渡到奴隶社会。5 世纪，在今天的印度尼西亚的国土上建立了两个奴隶制王国，一个叫古泰，一个叫多罗磨。当时的灌溉农业已相当先进，大型的灌溉工程得以建立。

约在 7 世纪，印度尼西亚开始进入封建社会。这一时期，在爪哇中部兴起一个信仰佛教的新国家，叫诃陵；苏门答腊东南部也兴起另一个信仰佛教的新国家，叫室利佛逝。8 世纪下半叶，室利佛逝进军爪哇，灭诃陵。到了 9 世纪末 10 世纪初，室利佛逝国力鼎盛，它的版图包括了今天的马来半岛、苏门答腊、爪哇西部、加里曼丹西部和斯里兰卡等，成为印度尼西亚历史上第一次出现的统一的封建大国。由于它控制着马六甲海峡，所以国际贸易发达，并成为当时东南亚佛教的中心。

1294 年，东爪哇兴起一个信仰印度教的国家，叫麻喏巴歇。14 世纪下半叶，麻喏巴歇灭室利佛逝，发展成为印度尼西亚历史上最强盛的封建帝国，形成了中世纪印度尼西亚大一统的局面。这一时期，印度尼西亚的封建制度日臻完备，封建经济也有较大的发展，农村广泛建立起水利系统；制陶、制绢和印布等纺染技术不断进步；金银器皿、木雕、牙雕、编织等手工业技艺精巧，产品运销国外。苏门答腊和爪哇东部出现了许多重要的商业城市。随着对外贸易的兴盛，城市与农村的联系日益密切。许多地区已使用金、银、铜、锡、铅等金属杂铸的货币，商品经济有了进一步的发展。

15世纪末，麻喏巴歇封建帝国灭亡，印度尼西亚处于分裂状态。这时，欧洲殖民者将其势力侵入印度尼西亚。印度尼西亚的封建经济还未得到充分发展便沦为殖民地。

二、古代马来西亚、菲律宾、新加坡经济概述

1.马来西亚

从7世纪末到16世纪初，在今天马来西亚的国土上建立了十几个封建王国；在北加里曼丹地区，也建立了文莱苏丹国，其版图包括沙捞越及沙巴的大部分。这些封建王国的土地高度集中在国王苏丹、贵族及地主手中，他们还占有一定数量的奴隶。广大农民很少或完全没有土地，必须向苏丹、地主租佃，从事农业、渔业的生产。他们除了向苏丹、地主缴纳实物地租外，还要承担徭役，为国王耕种王田、修建宫殿等。随着社会生产力的逐渐提高，商品经济发展起来。尤其是马六甲王国，到了15世纪，商品生产和交换已发展到一定水平，锡币被应用为交换媒介。胡椒、甘蔗等已作为经济作物大面积种植，采锡、铸币、织布、织席、造船等手工业相当兴旺，稻米也有少量出口。在王国的内地，出现了许多初级市场和商业市镇。马六甲和文莱曾是国际贸易中心，与亚洲各国及地中海沿岸国家发展广泛的贸易往来，从市场上可以买到当地的土特产及威尼斯的毛织品、摩鹿加的丁香和中国的丝绸与陶瓷器等。但从16世纪初以后，由于西方资本主义国家的入侵，马来西亚的经济转入殖民地经济的轨道。

2.菲律宾

菲律宾是个群岛国家。在16世纪中叶西班牙殖民者入侵以前，菲律宾有不少地区已进入初期的封建社会。在苏禄群岛和棉兰老岛还产生过一些比较发达的封建王国，但还没有出现统一的封建王国。这些封建王国的基本社会阶级结构是：苏丹（国王）、达图（村社酋长）、自由民和农奴。当时菲律宾的许多地区已经有比较发达的灌溉农业和采矿、伐木、造船、织布、酿酒、金属制造等手工业，商品经济也已有相当的发展。菲律宾同中国、越南、老挝、柬埔寨、印度尼西亚、马来亚、日本和泰国等有着相当广泛的商业贸易往来。

3.新加坡

新加坡由于地处要冲，港口优良，在东南亚地区和东西方之间的交通与贸易中占有相当重要的地位。从公元初至12世纪之间，新加坡曾多次成为国际商船停泊、修理、避风或换船接运以及货物交换的贸易港。13世纪初，新加坡处在信诃补罗王国时代，已成为一个繁荣的国际贸易港口，是当时东南亚地

区和太平洋及印度洋附近地区各国货物贸易的集散地。当时信诃补罗王国市场繁荣，贸易昌盛，船舶、商贾云集。商品有从阿拉伯和印度运来的纺织品，有从中国运来的金器、布匹、瓷器、铁器，有从暹罗（今泰国）、占婆、柬埔寨、印度尼西亚等地汇集来的胡椒、香料、玳瑁等。1391 年，暹罗入侵信诃补罗王国，并进行大肆破坏。从此，新加坡便从一个繁华的国际贸易商埠变成一个残破贫困的乡村，它的贸易地位被后来发展起来的马六甲王国所代替。在此后的 400 多年中，新加坡一直处于荒芜状态，成为海盗的渊薮。

三、古代泰国经济概述

泰国古称暹罗，是个历史悠久的文明古国。据考古发现，泰国有着公元前 1 万年到公元前 9000 年的石器文化，公元前 3550 年前后陶器和青铜器文化已相当发达。这说明泰国古代经历过漫长的石器时代和原始社会。

据中国古籍记载，5 世纪泰国出现过盘盘国，7 世纪泰国南部出现过赤土国，中部有堕和罗国。此时泰国社会大致已由原始社会进入奴隶社会。

在漫长的历史发展过程中，泰国逐渐成为一个多民族的国家。1238 年，坤邦克朗刀统一了泰国境内的许多部落，建都于素可泰，称素可泰王朝。当时氏族部落残余还很多，国王权力带有宗法性质。素可泰三世王兰甘亨征服了毗邻小国，扩大了国家版图，建立了较为完备的国家组织和统治制度。小乘佛教也在这时由锡兰（今斯里兰卡）传入泰国。兰甘亨以后，素可泰王朝国势日衰。

14 世纪，湄南河下游的罗斛国逐渐强盛，1350 年迁都阿瑜陀耶，建立阿瑜陀耶王朝，并于 1378 年吞并素可泰。从此，中国史书上称它为暹罗。

15 世纪中叶，阿瑜陀耶九世王戴莱洛迦实行一系列政治和经济改革，规定全部土地为国王所有，废除过去的封建领地制度，把封建采邑变为行省，打击了地方贵族的分立倾向，形成了封建中央集权的国家。全国土地由国家分配，通过授田等级制度，把土地按不同等级分给贵族和官吏。农民每年须为王室、政府服 3 个月的无偿劳役，还要缴纳繁重的实物地租和各种赋税。许多农民破产，被迫卖身为奴，成为债务奴隶。

1767 年外族入侵，建国 417 年的阿瑜陀耶王朝灭亡。暹罗将领郑信率领人民反抗外国的侵略，于 1776 年击退外国军队，暹罗获得独立。郑信自立为郑王，迁都吞武里，史称吞武里王朝。1782 年昭披耶却克里建立却克里王朝，称为拉玛一世，迁都曼谷，又称曼谷王朝。

曼谷王朝的经济有较大的发展，到 19 世纪初，粮棉生产不但能满足国内需要，而且还输往国外；制糖业、造船业，以及锡、铁和黄金等矿产的开采也很发达。曼谷已有较大规模的铁工厂。此外，曼谷王朝还有陶器、漆器、丝织品、编织及金银工艺品等手工业，对外贸易也有所发展。

第二节　殖民地时期东南亚各国的经济状况

一、殖民地时期的印度尼西亚经济

1596年，荷兰的4艘商船第一次闯入印度尼西亚爪哇的万丹港口，强行要求通商，购买香料。1619年，荷兰占领了爪哇西部的雅加达，便以此为据点，将其势力向四周扩张。

1830—1870年，荷兰殖民政府在印度尼西亚爪哇实行了"强迫种植制度"。这个制度规定爪哇农民必须抽出1/5的耕地种植欧洲市场所需要的农作物，如咖啡、甘蔗、蓝靛、烟草、肉桂、胡椒等，作为向政府缴纳的地租，而且必须按政府规定的价格把产品卖给政府；无地的农民则一年中必须抽出1/5的工作日（66天）为政府无偿劳动。在实行强迫种植制度的40年内，荷兰共获取了约8亿荷兰盾的财富，相当于荷兰东印度公司两个世纪所获取财富的总和。强迫种植制度使爪哇农村的生产力遭到极大的破坏。

1870年，荷兰废除强迫种植制度，放弃政府对贸易的垄断，开始实行新的殖民政策。这一年，荷兰殖民政府发布了《土地国有法令》，允许外国私人资本以"长期租借地"（一般规定以75年为限）的形式向殖民政府租赁"国有地"，或以"租让地""农业租借地"的形式向封建王侯和村社租借土地经营种植园和采矿业。从此外国资本开始大量涌入印度尼西亚，掠夺印度尼西亚丰富的农矿资源。国际金融资本也纷纷在印度尼西亚设立银行。据统计，1940年外国垄断资本经营的种植园面积达249万余公顷，约占印度尼西亚总耕地面积的15%。《土地国有法令》的实施加速了农民的分化过程，促使了村社土地公有制日趋瓦解，促进了资本主义因素的发展，但同时保存了本国地主和外国资本对农民的封建剥削形式。随着荷、英、美等国对印度尼西亚农矿资源的掠夺，建立了加工农矿产品的工厂，修建了为运输农矿产品和外国工业品的铁路和码头，近代工业和交通运输业逐渐发展起来。与此同时，荷兰殖民主义者从19世纪下半叶开始，加紧了对爪哇以外其他岛屿的扩张；到20世纪初，整个印度尼西亚群岛都置于荷兰的殖民统治之下。

在外国殖民政府的长期统治下，印度尼西亚的殖民地经济呈现了如下特点：

（1）自给自足的自然经济遭到破坏，大量农作物的生产是为了满足世界市场的需要，但是封建地主土地所有制仍保持，并同外国资本和本国买办资本、高利贷资本相结合，形成半封建的社会经济形态。

（2）以荷兰为首的外国资本控制了印度尼西亚的主要经济命脉，如大种植园、采矿业、出口作物加工工业、银行业、进出口贸易和交通运输业等。

（3）农业单一种植制度形成，粮食生产遭到破坏，片面发展国外市场所需要的经济作物，如橡胶、甘蔗、咖啡、烟草、茶叶和胡椒等。

（4）民族工业有了微弱的发展，特别是在第一次世界大战期间，欧洲的工业品输入锐减，促进了印度尼西亚的各种小型工业的发展，但印度尼西亚民族工业在国家经济中不起重要作用。

第二次世界大战时期，1942年3月—1945年8月，印度尼西亚被日本军队占领，使印度尼西亚的经济遭到极为严重的破坏。1945年8月17日，印度尼西亚宣布独立。

二、殖民地时期的马来西亚、菲律宾、新加坡经济

1.马来西亚

16世纪初至18世纪末，葡萄牙、荷兰相继占领了马六甲和文莱，实行殖民统治。它们垄断了东南亚各国的香料、锡及其他土特产的收购，获取了巨额财富。1786—1840年，英国先后占领了槟榔屿、新加坡、马六甲和沙捞越，宣布这些地方归英王所有；把新加坡、槟榔屿辟为自由港，以控制东方贸易。随着英国资本主义的侵入，这些地区的封建自然经济开始解体，农村中的商品生产迅速发展起来，大批的胡椒、丁香、甘蔗种植园得以开辟。

在未被占领的马来亚内地9个土邦，自然经济仍占统治地位，但是商品经济也逐渐活跃，工商业亦有一定的发展。尤其在19世纪中叶，一些土邦的统治者及各族商人，纷纷投资工矿业和胡椒、豆蔻、丁香、甘蔗等种植业。同时，一些近代城市如吉隆坡、太平、怡保等也陆续形成。

1874—1914年，英国占领了马来亚内地9个土邦和沙巴（1881—1963年被称为"北婆罗洲"），至此，马来亚、沙捞越、沙巴全部沦为英国的殖民地。英国殖民政府在19世纪末废除了马来亚原来的奴隶制，修筑铁路，开设银行。1870年，英国殖民政府颁布土地法，规定这个地区的一切土地属英国所有，并以优惠的条件将土地出租给英国企业主。这样，从1870年开始，外国资本源源流入这个地区。1914年，马来亚的外国投资为1.9亿多美元，1937年增加到4.5亿多美元，其中英国资本占70%。英国在马来亚、沙捞越和沙巴的投资遍及农业、工矿业、财政金融、对外贸易、交通运输等各方面。

英国倾销商品和原料使马来亚、沙捞越和沙巴的农村经济发生了重大变化，传统的家庭手工业遭到破坏。20世纪初期，橡胶、椰子、油棕、菠萝、茶叶等作物的种植面积不断扩大，出现了大批的资本主义种植园和经济作物区，使封建自然经济进一步解体。但是，英国殖民当局为了得到封建势力的支

持，于1913年和1930年先后发布了《马来人保留地法》《土著土地保留法》，让苏丹、贵族继续占有大片土地，保持了封建性的剥削关系。

西方资本主义的入侵，也刺激了民族资本主义的发展。一些商人纷纷投资橡胶种植业、采锡业，建立了一批近代工矿企业，还建立了一些民族资本的银行及经营内海运输的轮船公司，但民族资本主义的发展是相当微弱的。

1941—1945年，马来亚、沙捞越和沙巴沦为日本的殖民地，经济资源遭到洗劫，人民生活濒临绝境。日本投降后，英国于1945年9月重新占领马来亚、沙捞越和沙巴，以后美国资本也渗透进来。1957年8月31日，马来亚联合邦宣告独立。1963年9月，马来亚联合邦、新加坡、沙捞越和沙巴组成马来西亚。1965年8月，新加坡退出马来西亚，成立了新加坡共和国。

2. 菲律宾

1565年，西班牙殖民主义者占领了菲律宾。西班牙国王将菲律宾的全部土地和农民分配给侵占菲律宾的西班牙军官、官吏和天主教僧侣，建立了大批的封建庄园。庄园领主有权统治领地上的农民，有权在领地上征收贡税。18世纪末，西班牙殖民主义者开始在菲律宾开辟种植园，大量种植西欧市场所需要的经济作物，如甘蔗、麻、烟草、咖啡、椰子等，并建立了一批出口作物加工工厂。菲律宾开始形成单一种植经济。19世纪初西班牙殖民政府废除了在菲律宾的垄断贸易，改行自由贸易政策。1830年后相继开放了马尼拉、怡朗、宿务等商港。菲律宾对西方国家的出口急剧增长，西欧资本主义国家的工业品也大量输入到菲律宾。对外贸易的发展刺激了菲律宾国内商品生产的增长，近代交通运输业、邮政通信事业也发展起来。

1898年6月，菲律宾人民摆脱了西班牙的殖民统治，建立了菲律宾历史上第一个共和国。1898年12月10日，美国通过美西战争占领了菲律宾，从此菲律宾又沦为美国的殖民地。

美国的殖民统治使菲律宾很快成为美国的原料供应地、商品市场和投资场所。1909年美国与菲律宾签订了《佩恩-阿尔德里奇法案》。根据这个法案，美国免税向菲律宾大量出口商品，并掠取了菲律宾的大批原料。第二次世界大战前夕，美国在菲律宾的出口贸易中占80%左右，在菲律宾的进口贸易中占85%左右。菲律宾输往美国的主要商品是砂糖、椰子、烟草、马尼拉麻等。另一方面，美国商品大量涌进菲律宾，严重阻碍了菲律宾民族工业的发展。美国资本控制了菲律宾的重要经济部门。1938年菲律宾的外国资本投资额约达4.25亿美元，其中美国资本为2.58亿美元，占61%。美国资本主要投资于大种植园、出口作物加工工业、采矿业、公用事业及对外贸易等部门。

1942—1945年日本占领了菲律宾。在日本军队占领期间，菲律宾死亡人数达110多万，财产损失在50亿美元以上。第二次世界大战结束后，美国重新恢复它在菲律宾的殖民统治。1946年7月4日，菲律宾宣告独立。

3.新加坡

1819年，英国东印度公司的武装船队首次在新加坡登陆。1824年，新加坡沦为英国的殖民地。英国殖民主义者占领新加坡之后，从马六甲、印度和中国广招"契约劳工"，修建港口、船坞，兴建城市。英国殖民政府又将新加坡辟为自由港，对大部分进出港口的货物免征关税，允许商人自由贸易，以此吸引各国商人来新加坡经商。开埠后不久，新加坡就和爪哇、苏门答腊、马来半岛、菲律宾、婆罗洲等周边地区发生了贸易关系，以后又发展为中国、印度、欧洲与东南亚的商业中心，成为一个繁荣的国际贸易港。

1867年，英国把东印度公司的"海峡殖民地"（马六甲、槟榔屿、新加坡）改为英王直辖殖民地。20世纪初，世界汽车工业发展，橡胶和锡的需求量急剧增长，东南亚各地大辟橡胶种植园。邻近各地的锡矿和橡胶纷纷运到新加坡加工，然后输往欧美。新加坡获得了大量可供加工和转口贸易的原料，成为世界橡胶、锡的主要市场。新加坡的转口贸易从此迅速繁荣起来。1921—1929年，世界各国消费的橡胶和锡大约有50%是从新加坡输出的。

随着贸易和工业的迅速发展，移民新加坡的人数也急剧增长，人口总数从1871年的9万多人增加到1911年的31万人。这一时期，新加坡的民族工业也开始萌芽，但主要集中于日常用品及食品加工工业。农业方面，橡胶种植园迅速发展起来，最多时达5万多英亩。

三、半殖民地的泰国经济

1826年暹罗与英国签订条约，允许英国人在暹罗进行自由贸易。1855年英国又迫使暹罗签订不平等的《暹英友好通商条约》。该条约规定，英国人在暹罗有自由居住、通商和购置产业的权利；英国享有贸易特惠权，取消一切船税，进口税一律固定为3%。这项条约严重破坏了暹罗的司法独立和关税自主权。1856—1899年，美国、法国、荷兰、日本、俄国都先后与暹罗签订了类似的条约，从此暹罗在不平等条约束缚下逐步沦为半殖民地社会。

19世纪末，英、法两国争夺暹罗最为激烈。1896年，英国迫使法国承认暹罗的"独立"。暹罗成为英属缅甸和法属印度支那之间的缓冲地带，也例外地成为东南亚地区唯一在政治上保持独立的国家，但实际上已成为英、法保护国。英国在暹罗的势力尤为加强，它获得对外贸易、采矿及砍伐森林的权利，控制着暹罗的财政金融、政治、经济。

外国资本主义的侵入，将资本主义生产方式带到暹罗，对瓦解暹罗的封建关系和促进资本主义因素的萌芽和发展，起了很大的作用，封建自然经济逐渐解体，商品经济逐渐发展。这一时期，暹罗国王拉玛五世朱拉隆功（1868—1910年）实行了一系列改革，努力消除封建主义的分散性，实行中央集权，设立国务会议，改革了行政、财政、司法和军事等方面的一些制度，并限制封建贵族特权，于1889年颁布以人头税代替徭役，1905年最终废除农奴制。这些改革措施解放了大批劳动力，也使阻碍资本主义发展的旧制度得到一定的改良，资本主义工商业在暹罗得到一定程度的发展。

在外国入侵及不平等条约的束缚下，暹罗经济迅速殖民地化，成为资本主义国家的粮食、原料产地和工业品的倾销市场。外国商品大量涌入，使暹罗原有的手工业如纺织业和制糖业等相继破产。1889年暹罗停止糖出口，制糖手工工场纷纷倒闭，蔗农也改种稻谷。原来出口糖的暹罗这时要大量进口机制糖。其他一些传统的家庭手工业如纺织业等也陷于破产，所需的纺织品也靠进口。直到第二次世界大战结束，暹罗的工业仅有为出口服务的碾米业、伐木业、锯木业和采锡业，以及其他一些生产简单的日用品的加工工业。

在农业方面，暹罗本来除种植稻谷外，还种植甘蔗、烟草、棉花等其他作物，而且有一定数量的出口。西方殖民主义者入侵东南亚后，在印度尼西亚、菲律宾、马来亚等地强迫种植各种香料作物，以及甘蔗、椰子、橡胶和油棕等热带作物，造成这几个地区粮食生产严重不足，所需要的粮食都从暹罗等地进口。因此从19世纪下半叶开始，暹罗稻谷生产片面发展，产量从1855年的120万吨增至1925年的500万吨；出口量从1850年的1万吨增至1910年的88万吨，1930年又增至124万吨，稻米出口额占出口总额的比重从1850年的5%增加到1907年的50%以上，以后长期保持这个水平。除了稻米外，其他原料如柚木、橡胶和锡的生产和出口也迅速增长。1941年，稻米出口额占出口总额的51.3%，橡胶占20.3%，锡占15.5%，柚木占2.3%，4项合计占89.4%。1950年，稻谷耕地面积占耕地总面积的97%，其他农作物面积仅占3%，产量尚不及稻谷的1%。

1929年爆发的世界性经济危机给暹罗半殖民地经济带来了破坏性的影响。危机期间，进出口贸易急剧下降，4种主要出口商品中的柚木、橡胶和锡的出口量减少40%~60%，稻米出口量仍有增长，但米价暴跌50%~60%，出口额反而减少30%以上。

1932年6月24日，暹罗人民党发动政变，推翻了君主专制制度，实行君主立宪，成立议会。1941年太平洋战争爆发，日本侵占了泰国，使泰国经济遭到严重破坏。第二次世界大战以后，泰国完全独立。1949年5月11日，暹罗正式更名为泰国。

第三节 东南亚各国独立后的经济发展

一、印度尼西亚独立后的经济发展

20世纪50年代至60年代中期，印度尼西亚政府（以下简称印尼）采取了一系列措施发展国民经济，并从1956年开始实施第一个"五年建设计划"和"八年全面建设计划"。但国内政局长期不稳定，严重影响了印尼国民经济的发展。按1960年固定价格计算，1961—1965年，印尼国内生产总值年平均增长率只有1%，1965年印尼人均国民收入仅为90美元。

1965年10月，印尼政局发生了急剧的变化。经过3年的经济恢复时期，印尼政府从1969年起实施第一个二十五年长期发展计划，分5个五年建设计划实现：

第一个五年建设计划（1969—1973年）的重点是重建经济，尤其是发展农业经济。这一时期国内生产总值年平均增长率达7.3%，但人均收入仅为90美元。

第二个五年建设计划（1974—1978年）的目标是改善和扩大基础设施，优先发展工矿业和农业经济部门。这期间国内生产总值年平均增长率为6.9%，人均国内生产总值增长4.7%，国民生产总值由1965年的95亿美元增加到1978年的520亿美元，增长了4.5倍。1978年印尼人均国民收入达380美元，比1965年增长3.2倍。

第三个五年建设计划（1979—1983年）的基本目标是大力发展石油开采业，促进工业由原材料加工向最终产品生产发展。这一时期印尼的石油和天然气出口年均增长75.2%，在整个"三五"期间，为国家提供了22.28亿美元的外汇收入。

第四个五年建设计划（1984—1988年）的重点是在继续发展农业经济的同时，促进为轻重工业提供机器设备的制造工业的发展。计划期间，国内生产总值年均增长率为5.1%，制造业增长13.2%。

第五个五年建设计划（1989—1993年）的目标是发展工业。计划整个期间经济增长率为5%，执行结果是经济增长了6.9%。

1993—1994年，印尼开始实施第二个二十五年长期发展计划，政府进一步放宽投资限制，引进外资，降低关税，刺激出口，以保持经济持续适度地增长。20世纪90年代后半期印尼实现了经济增长，据统计，1994年增长7.3%，1996年为7.8%，受全球经济危机影响，2000年增长4.9%。

印尼国民经济结构发生了较大的变化。按1973年不变价格计算，工业总产值占印尼国内生产总值的比重，由1971年的19.2%增长到1977年的24.6%；农业总产值所占的比重则由44.0%降到34.7%。工农业主要产品的产量有了较大的增长。1978年与1965年比较，印尼国民经济主要支柱的石油工业的产量增长1.9倍，大米产量增长97%，经济作物和矿产品都有不同程度的增长。1988—1993年，工业总产值占国内生产总值的比重由1988年的14.4%增至1993年的16.7%，农业则从23.2%降为21.6%。为适应不同时期的经济发展战略，印尼不断调整产业结构，使其逐步趋向合理。

印尼独立后至1965年，工业的发展比较缓慢。1960—1965年，工业总产值的年平均增长率仅为2.2%。1967年以后，印尼政府大力吸收国际贷款和外国投资，大量引进先进技术和设备，积极发展本国工业。1967—1974年，印尼重点发展石油等采矿工业和替代进口工业。70年代中期以后，印尼又积极发展原料出口加工工业，以及化肥、纺织、水泥、石油化工、机械制造等工业，同时大力发展基础设施，使印尼的工业有了迅速的发展。1971—1977年，印尼工业总产值的年平均增长率为13%。采矿业和制造业已成为印尼工业的两大支柱部门。1983—1988年，印尼制造业增长13.2%；1993—1994年，制造业增长14.7%，同时期的矿业增长5.2%；到2000年，制造业产值占国民生产总值的26.2%。

印尼基本上仍是一个农业国。1977年，印尼农业人口占全国人口的比重为61.1%，农业劳动力占全国劳动力的比重为65.7%，农业产值占国内生产总值的比重为34.7%。印尼政府一直重视农业生产，从20世纪70年代以后，种植业中的粮食生产和经济作物生产都有较大的增长。整个20世纪80年代，印尼农业增长3.5%，农业劳动力在总就业中的比重为55.1%。据资料显示，1995年农业劳动力在总就业中的比重为53.2%，农业出口在总出口中的比重为12.1%。印尼林业、渔业也比较发达，2000年，农业、林业、渔业共占国民生产总值的17.1%。

二、独立后的马来西亚、菲律宾、新加坡的经济发展

1.马来西亚

马来西亚独立后的国内生产总值年平均增长率，1956—1960年为3.6%，1961—1965年为5.4%，1966—1970年为5.5%，1971—1975年为7.4%，1976—1978年为8.7%。1979年，马来西亚按国民生产总值平均的个人收入为1 415美元。20世纪80年代初，世界贸易形势严峻。1985年，马来西亚爆发经济危机，经济增长率在1985年出现前所未有的负增长（-1%）。经过政府的经济调整，该国1988—1990年的国内生产总值增长率分别为8.7%、8.5%、9.4%，1990年人均收入达2 360美元。1991—1995年，马来西亚国内生产总值年平均

增长率达8.6%，人均国民收入总值为3 530美元。1997年的亚洲金融风暴使马来西亚独立后的苦心经营几乎毁于一旦。之后政府迅速整顿经济，1999年迎来复苏，当年的经济增长率为6.1%，2000年进一步加速到8.5%。在各经济部门中，制造业的发展速度最快，其产值的年平均增长率，1960—1970年为10.2%，1971—1978年为12.8%。进入20世纪80年代后，制造业更加迅猛发展，增长率由1983年的7.9%增至1990年的15.7%。20世纪90年代后半期的金融风暴使马来西亚1998年的制造业产值出现负增长，为-1%，1999年回升到1.3%。

马来西亚国民经济结构也发生了变化。1965年，农、林、渔业产值在国内生产总值中占34%，1978年降至27%。制造业比重从1965年的11%提高到1978年的19.1%，到1990年为26.6%。国内资本和外国资本的份额也发生了变化。1970年，外资在马来西亚股份公司的累计投资中占63.3%，1978年降至46%，本国资本比重升至54%。

马来西亚工业的发展大体上可以分为两个阶段：第一阶段是1957—1967年，重点发展"替代进口"的工业；第二阶段是1968年以后，重点发展面向出口、劳动密集、资本密集的工业。1978年制造业的内部构成是：食品、饮料与烟草工业占28.3%；化学工业及石油化工业占14.7%；大种植园农产品加工业占12.3%；木材制品工业占12%；基础金属、机器制造业占9%；水泥工业占7.6%；橡胶制品工业占6.4%；其他占9.3%。20世纪70年代石油工业在马来西亚国民经济中占有重要地位，占制造业出口额的31.9%，80年代中期下降至11.6%，到90年代只占5%。

马来西亚是个农业国。1978年，农业产值占国内总产值的27%，农产品出口额占出口总额的51.8%；农村人口约占全国总人口的70%。粮食作物、经济作物及林业都有较大的发展。马来西亚农业受经济转型和工业化过程的影响，农业劳动力大量外流，导致劳动力供给短缺，影响了农业的持续稳定发展。1986年，农业劳动力在总就业人口中的比重为31.7%，农产品出口额占出口总额的29.4%；1995年，农业劳动力在总就业人口中的比重减少到22.9%，农产品出口额占出口总额的比重降至11.1%。

2.菲律宾

菲律宾独立后，于1946—1950年进行了经济恢复工作，并在此基础上发展国民经济。菲律宾1960—1970年的国内生产总值年平均增长率为5.1%，1970—1976年为6.3%。1960—1976年，菲律宾人均国民生产总值的年平均增长率为2.4%。20世纪80年代初的经济衰退使菲律宾1980—1983年经济年均增长率仅为1.3%，1984年和1985年出现了负增长，分别为-6.8%和-3.8%。1987年开始，经济自由化改革和引入出口导向型的工业化发展战略使整个国民经济出现快速增长。1987—1992年国内生产年均增长率为3.8%，1997年达到5.2%。农业产值在国内净产值中所占的比重，从1946年的45.3%下降到1978年的30%；制造业产值所占的比重则从4.8%提高到19%。20世纪90年代，农业产值在国内净产值中所占的比重约为15%，制造业占菲律宾工业产出的71%左右，占国内生产总值的25%左右。

独立后，菲律宾的工业发展基本上是面向国内市场的替代进口工业部门。工业中发展较快的是纺织工业、金属制品工业、机器制造业、运输设备工业、食品加工工业和石油炼油工业等部门。20世纪60年代末，菲律宾政府开始注重在发展替代进口工业的同时，发展面向出口的工业。1986年之前的马科斯执政期间，政府推行的出口导向型工业化发展战略虽然在个别行业取得了一定进展，但对整个国民经济发展未收到多少成效。

农业在菲律宾的国民经济中占有重要地位。1978年，农业产值占国内净产值的30%，农产品的出口额占出口总额的49%，农业劳动力约占全国总劳动力的50%。1986年，农业劳动力在全国总劳动力中的比重为50%，农产品出口额占出口总额的25.8%；1995年，农业劳动力在全国总劳动力中的比重减少到42.2%，农产品出口额占出口总额的比重降至10.8%。种植业分为粮食作物和经济作物两大类，林业比较发达。

3. 新加坡

1961年，新加坡自治邦政府制订了第一个经济发展计划（1961—1965年），同时成立了经济发展局，负责执行经济发展计划。这一时期，新加坡大力开展基础设施建设，并积极发展替代进口、劳动力密集的轻工业，使经济有了较快的发展。

1965年8月，新加坡退出马来西亚联邦，成为独立国家，并开始实施第二个经济发展计划（1966—1970年）。由于新加坡国内市场狭小，政府便将原来鼓励发展进口替代工业的政策转变为以鼓励出口为目的的工业政策。1967年，政府通过了《经济扩展奖励法案》，对生产出口产品的制造业予以税收优惠，同时设立"国家生产力中心"，以促进生产力的提高和良好工业关系的建立。20世纪60年代中期以后，新加坡以出口为目的的制造工业，如炼油业、造船业和电子工业等蓬勃发展起来；同时，交通运输、贸易、旅游等部门也迅速发展。1968—1970年，国内生产总值的年增长率都在13%以上。

1971年，新加坡政府又推出十年经济发展计划（1971—1980年）。其产业政策也调整为鼓励高技术、高附加值以及具有广阔国际市场的工业的发展。1978年，新加坡按人口平均的国民生产总值为3 405美元，在东南亚居首位；在亚洲除了石油输出国外，仅次于日本而居第二位。

1980—1990年是新加坡经济进行重组的阶段。虽然新加坡在1980年获得

10.2%的经济增长率，但随后两年，因受第二次"石油危机"的影响，经济增长率有所下降。1983年以后，欧美经济复苏，新加坡经济随之反弹，增长率达7.3%。但是，从1984年开始，新加坡经济向下滑落，致使1985年出现了罕见的经济危机。可见，20世纪80年代上半期新加坡的经济发展并不顺利。为扭转不利的经济局面，80年代中期以后，新加坡政府开始重新调整经济政策。该国经济从1986年开始有了起色，国内生产总值增长率从1985年的-1.8%回升到1.9%。对外贸易和国外投资的增加，推动了新加坡的经济再度发展，国民生产总值增长率1987年为8.8%，1988年达到11%，1989年和1990年分别为9%和8.3%。

20世纪90年代，新加坡经济步入了新的阶段。这一时期，金融、贸易、商业、交通运输等服务业部门仍然是新加坡经济增长的核心产业，其增长速度继续位居国民经济各部门之首，成为经济增长的主要动力。20世纪90年代该国经济年增长率高达8.7%。1991年10月，新加坡政府推出《经济策略计划书》，开始着手实施新一轮的经济政策。1997年7月，东南亚爆发金融危机，受金融危机的影响，新加坡经济出现了短暂的倒退，经济增长率由1997年的8.5%下跌为1998年的-0.4%。但很快，新加坡又恢复了活力，在2000年，经济增长率又高达9.7%。新加坡经济发展之快为世界所瞩目，并被誉为发展中国家经济高速增长的典范。

三、泰国独立后的经济发展

泰国独立后，政府成立了"发展国家经济院"，专门负责制订和实施经济发展计划等工作。

第一个六年计划（1961—1966年）实施后，国民生产总值增长48.4%，年平均增长8.06%，其中，制造业年平均增长12.7%，农业年平均增长2.6%。

第二个五年计划（1967—1971年）实施后，国民生产总值增长32.0%，年平均增长6.4%，制造业年平均增长9.3%，农业年平均增长5.5%。

第三个五年计划（1972—1976年）实施后，国民生产总值增长35.9%，年平均增长7.1%，制造业年平均增长9.5%，农业年平均增长6.1%。

第四个五年计划（1977—1981年）实施后，国民生产总值年平均增长7%，制造业年平均增长9.6%，农业年平均增长5%。

顺利实施了四个经济发展计划，泰国的国民经济有显著发展，按人口平均的国民生产总值从1951年的69美元增加到1979年的603美元。1970年工业产值开始超过农业产值。工业产值在国内生产总值中所占的比重，从1951年的10%增长为1979年的28.3%。

第五个五年计划（1982—1986年）时期，由于受两次石油危机的影响，泰国调整了国内工业结构，注重发展重化工业，大力投资开发海上石油和天然气，以降低对外石油资源的依赖程度。

第六个五年计划（1987—1991年）实施后，国民生产总值年平均增长10%。到了1991年，由于通胀和投资过热问题的出现，泰国政府不得不控制经济增长速度，但仍保持8%的经济增长率。

第七个五年计划（1992—1996年）实施后，国民生产总值年平均增长率仍高达8%左右；制造业年平均增长11%；农业方面，虽然1995年遭遇了严重的水灾，但仍有较稳步增长。

第八个五年计划（1997—2001年）实施初，1997年泰国全面爆发金融危机。当年该国经济出现近半个世纪以来的首次负增长，为-1.4%。随后政府采取了一系列拯救措施，但泰国经济形势随着危机在东亚的扩散进一步恶化。1998年泰国经济增长率为-10.5%。1999年起，该国经济恢复增长，经济增长率为4.4%，2000年是4.6%。

农业在泰国国民经济和出口贸易中占有重要地位，农产品出口占出口总值的70%左右。泰国农业在世界上也占有重要地位，是世界主要粮食出口国之一。泰国政府注重发展农业生产，增加对农业的投资，兴建水利工程，增加灌溉面积，加强农业科技的推广等。在1961年以后的4个经济发展计划中，农业和水利方面的投资均占有相当的比重。泰国农业以种植业为主，稻谷是最重要的农作物，泰国常年有15%的稻米（约150万吨）用于出口，占世界稻米出口量的20%，仅次于美国而居世界第2位。20世纪初到50年代初期，泰国稻米出口额占出口总额的比重一直在50%以上，1953年达66%。20世纪60年代以后，随着农业逐步实行多元化，稻米地位有所下降，开始大面积种植的木薯成为泰国的重要出口产品。自80年代以后，泰国成为世界第二大木薯生产国和出口国。1990年，木薯产量达到2 100万吨，出口量达807万吨。据统计，2000年泰国的稻米和木薯的产量分别为2 495万吨和1 909万吨。

泰国经济作物中橡胶业最为重要，橡胶出口一直仅次于稻米而居第2位；其他重要的作物还有玉米、甘蔗等。林业在泰国国民经济中也占有重要地位。

复习与思考

1.在外国殖民政府的长期统治下，你认为印度尼西亚殖民化经济呈现出怎样的特点？

2.结合历史背景，试比较分析独立后的印度尼西亚各阶段经济发展计划的战略目标的制定。

[第十三章]
韩国经济史

第一节 中世纪朝鲜社会经济概况

一、新罗王朝时期的社会经济

4—7世纪，朝鲜半岛上高句丽、新罗、百济三国鼎立。6—7世纪，新罗联合中国唐朝进攻高句丽和百济，660年灭百济，668年灭高句丽。新罗统一大同江以南地区，大同江以北地区归唐朝管辖，唐朝在平壤设安东都护府，各地设九都督府、四十二州、一百县，直接统治朝鲜北部地区。676年唐朝安东都护府撤到辽东（今辽宁省辽阳市；翌年，迁至新城（今辽宁省抚顺市））。

统一前的新罗在三国中发展较晚，保留不少氏族制残余。6—7世纪，生产力逐步提高，土地私有制进一步发展，土地名义上属国家所有，但随着征服范围的扩大，军事、行政官员的食邑不断增多，佛教寺院也得到很多赐田。贵族往往将田地捐给寺院，借此规避租赋。到新罗统一前后，封建化过程加速。文武王统一半岛后，除赏赐有功者食邑外，还实施禄邑制，以禄代俸。佛教寺院赐田也有所增加，这些土地以后都变成僧俗封建地主的私地。722年，实行丁田制和租庸调制，16岁以上男子为丁，颁给土地，60岁归还。丁男承担租庸调。但贵族兼并，大土地私有制盛行。至9世纪，农民失地者日增，大量土地转到贵族手中，形成封建庄园。

新罗统一后，社会经济有所发展。国内筑堤开池，建设水利灌溉工程，农业生产逐渐发达。水田的种植面积增加；农作物的种类增多，除水稻外，小麦、大麦、粟、玉米、大豆、桑、麻等作物的栽培也很盛行。手工业虽尚未完全脱离农业，但为宫廷、贵族和寺院服务的手工业有较大的发展，其中以金银工艺、丝绸纺织和其他金属器制造最为著名。宫廷中设有管理各种手工业的专门机构。造船、武器制造、陶器、漆器等行业也有所发展。

新罗对外贸易相当活跃，首都庆州是内外贸易中心，大量租税实物和地方土特产品都集中到庆州。庆州以外的五小京和州治所在地也逐渐发展起来。中国是新罗主要的对外贸易伙伴。输往中国的有马匹、牛黄、人参、海豹皮、丝绸制品、金银制品等；从中国输入的有锦制袍带、文具、绫绢、书籍等。新罗对日本的贸易也很兴盛，商船经常往来于新罗和日本九州之间，转运中日的商品。

新罗王朝末年，农民起义此起彼伏，波及全国。以后，在百济和高句丽的旧土又建立了两个新王朝，没落的新罗则保有东南一隅，重新形成三国鼎立的局面，称为后三国。918年，后高句丽将领王建自立为王，改国号为高丽。高丽分别于935年灭新罗、936年灭后百济。高丽建国后即向北扩张，将统治范围扩大到鸭绿江下游东岸，统一了朝鲜半岛。

二、高丽王朝时期的社会经济

高丽王朝建立后，尽全力加强专制统治，巩固统一，并强化土地国有制。绝大部分土地归国家所有，耕种国有土地的农民要向国家缴纳赋税并服徭役。国王及王室成员直接占有大片土地，这些土地被称为"内庄田"。官吏以及大封建贵族也占有很多土地。寺院的占田享有免税特权。耕种这些土地的是依附农民和部分奴隶。依附农民须向领主纳租服役，也要缴纳国家赋税。

976年，国家颁布"田柴科"，登记所有耕地和山林，把文武官吏和兵士分成若干品，按品给田和山林，不得世袭。功臣和归顺的豪族则授以"功荫田柴"，准许世袭。受田柴者享受土地上的收税权，所得约当收获量的1/10，但对土地无所有权。此外的大部分土地是公田，即由国家征收租税的土地。"田柴科"实施后，国家基本上控制了全国的土地和农民，使大多数封建主不得不从属于国王。

高丽王朝初期，为巩固其经济基础，曾减赋役，给贷米，以恢复和发展农业生产。手工业和商业也有所发展，但多隶属官府，商品生产并不发达。首都开城设有店铺，地方上只有市集，交换中以米、布计值。与女真、契丹等外族也进行贸易，但受官府的控制。总之，当时商品货币关系不甚发达。

1216年，一支依附于蒙古势力的契丹军队造反失败后侵入高丽。1258年，高丽国王向元朝投降。元朝在开城设置征东行省，由"达鲁花赤"监督国政。高丽王朝每年向元朝纳贡，王室贵族与大蒙古国通婚，模仿蒙古语言和服饰。1368年中国农民起义推翻元朝统治，有利于高丽的独立。1392年，高丽将领李成桂废国王自立，迁都汉城（2005年后中译名改为"首尔"），改国号为朝鲜。高丽王朝灭亡。

三、李朝时期的社会经济

李氏朝鲜建国前夕，进行田制改革。1390年下令烧灭公私田籍，没收一切庄园。次年颁布"科田法"，登录全国土地。文武官吏按等级授给"科田"。科田主要在京畿一带。京畿以外的土地，另以"军田"分配给士兵。领科田者以地租代替俸禄。其他土地则由国家直接征收租税。根据科田法的规定，不论公田、私田，耕者都纳地租。科田法的实施，既阻止了大土地私有制的发展，也扩大了国家的税收和兵源，加强了李氏王朝的集权统治。

15世纪中叶，封建贵族世袭占有的功臣田、别赐田等大为增加，土地私有制日益发展。中央和地方封建主又极力侵夺官屯田、公衙田以及其他国有土地，同时也用强占、荫庇、开垦等办法兼并土地，扩展私田。封建贵族的大农庄日渐增加，王室的政治、经济势力则受到削弱。1466年，政府行"职田制"，以收租地分授现任官吏，但私有地的扩大仍然不能制止，政府不得不承认土地买卖合法，土地国有制无法维持。

16世纪末和17世纪初，朝鲜遭到日本和后金的侵略，社会经济受到严重破坏。17世纪前期，李朝政府曾采取一些措施恢复生产。1608年，国家颁布"大同法"，规定农民必须以米代替贡物，企图以此扩大谷物种植面积。当时，手工业工匠大部分已脱离官府，独立经营。17世纪前期，民间手工业中已有纺织、瓷器、漆器、金银器、木器等行业。定期市场也开始活跃。17世纪30年代以后，朝鲜与中国、日本的贸易频繁：大米、人参、烟草、皮货、棉布、金银饰品等是主要的出口商品；从中国和日本进口的商品有铜、硫黄、药材、丝绸和其他纺织品等。

从18世纪起，由于贵族、官吏、豪强等强占土地，国有土地制度日渐瓦解。土地开始买卖，新地主的土地占有面积也日益扩大。朝鲜的土地制度逐渐从封建国有制向地主私有制转变。

到19世纪，朝鲜的官工匠制度已经瓦解。除国家需要时仍须服徭役外，官工匠也直接为市场生产，手工业有了发展。丝织、造纸、瓷器等技术、生产和交换都发展起来。各地形成了一些著名的手工业行业和产品，如罗州、宁边等地的丝绸，韩山的夏布，全州、南原等地的纸，开城的铜器，广州等地的瓷器，江华的席，潭阳的扇等，有的行销全国或输往国外；但直到19世纪中期，尚未出现工场手工业。

朝鲜的商业也有了进一步的发展。农村中的定期集市成为商业组织的主要形式。"行商"特别发达，分为"褓商"和"负商"。褓商贩运绢、绸、麻布、铜等手工业品；负商贩运陶器、漆器、干鱼、海产品、盐、铁器等日常生活必需品。"坐商"有固定的商号，分为"客主"和"旅阁"两种组织。客主从事棉布、麻布、丝类、药材、纸张、扇子等手工业产品的批发业务。旅阁专事盐、海产品、米谷、烟草、果品等的批发业务。客主和旅阁还从事借贷、存款、汇兑等业务，资本较为雄厚。

19世纪30—40年代，英、法、美等国的军舰都曾侵扰朝鲜沿海。1871年，美国舰队进犯朝鲜，要求缔结条约，开放贸易口岸。朝鲜军队进行了激烈的抗击，击退了美舰的侵略。

第二节　日本统治时期朝鲜殖民地经济的形成和发展

一、朝鲜沦为日本的殖民地

19世纪70年代，日本开始侵略朝鲜。朝鲜逐步沦为日本的殖民地。

1876年2月，日本派军舰威逼朝鲜政府与之订立《朝日友好条约》（《江华条约》）。根据条约，朝鲜在釜山之外再开放仁川、元山两个港口；朝日"自由通商"；日本在汉城设立使馆，在各通商港口派驻领事；日本人在朝犯罪须按照日本法律裁判等。《朝日友好条约》的签订，标志着朝鲜开始沦为日本的半殖民地。继日本之后，美、英、德、俄、意、法、奥匈等欧美资本主义国家也先后与朝鲜签订了不平等条约。

1894年，中、日因朝鲜问题而爆发战争，即中日甲午战争。中国战败，日本从朝鲜排除了清朝势力，并将侵略范围扩大到中国东北。日俄战争后，日本将俄国势力又排挤出朝鲜，企图完全侵占朝鲜。1905年，日本迫使朝鲜政府签订了《乙巳保护条约》，承认朝鲜为日本的保护国。1906年，日本在汉城设立统监府，任命伊藤博文为第一任统监。日本统监掌握了朝鲜的内政、外交、军事、立法、司法等各方面的权力。

朝鲜沦为日本保护国后，一切最重要的和最有利的经济部门都掌握在日本人手中。他们垄断了捕鲸业，夺得了稷山、水原的金矿和开城的人参园，侵占了温阳的温泉，操纵了铁路和通信事业。日本在朝鲜设立朝鲜银行、东洋拓殖株式会社等，通过这些组织加强对朝鲜经济的控制和掠夺。

1910年，朝鲜政府被迫承认日本提出的《日韩合并条约》，朝鲜被日本吞并，完全成为日本的殖民地。

二、朝鲜殖民地经济的形成和发展

日本对朝鲜的殖民统治达36年。在这期间，它将朝鲜变为自己的商品市场、原料供应地、投资场所和进行侵略战争的军事基地。在日本的统治下，朝鲜的经济逐渐变成殖民地经济。

到第二次世界大战以前，朝鲜的工业生产有一定的发展，但完全被日本资本控制和垄断，民族资本极其微弱。1910—1919年，朝鲜的工厂数由151个增加到1 900个；同期工业产值增长10倍以上。这一时期日本在朝鲜主要发展采矿业，以及交通运输、邮电、金融等基础部门。20世纪20—30年代，日本以经济开发为名，开始向工业部门大规模投资。朝鲜工业生产的年平均增长率，20年代为10.4%，30年代为13.5%。1931—1943年，工业产值增长5.3倍。控制朝鲜工业部门的日本垄断资本主要有三井、三菱、日产、东拓、住友等财团。这些财团掌握的固定资本总额占朝鲜当时全部固定资本的74%，朝鲜人经营的企业固定资本只占18%。到1940年，在朝鲜工业资本总额中，日本资本占94%，朝鲜资本只占6%。重工业等重要工业部门都被日本资本所控制。

20世纪初，朝鲜的封建自然经济进一步瓦解，商品经济有了较大的发展。但是，日本为了加强对朝鲜农业的掠夺，竭力维护和利用封建地主经济，加强对农民的剥削，使农业生产长期停滞。大批日本人移民朝鲜，掠夺大量土地。这些日本地主在地位和数量上都超过朝鲜地主。据1927年的统计，占有100町步（1町步合0.0099平方千米）以上土地的地主总数中，日本人占62%。到20世纪40年代，农业人口占朝鲜总人口的73%，农业产值占国内生产总值的53%。朝鲜基本上仍是一个农业和手工业经济占主要地位的半封建国家。

日本将朝鲜作为其工业品市场，同时从朝鲜掠去大量粮食和原料资源。日本从1920年开始在朝鲜推行"产米增殖计划"，从朝鲜输往日本的粮食年年剧增，到30年代初，日本从朝鲜进口的粮食总量已占朝鲜粮食总产量的42%以上。在整个30年代，日本进口大米中有67.6%来自朝鲜。1939年，朝鲜对日本出口的商品中，农产品占40.4%，矿产品占21.7%，工业品占23.9%。朝鲜从日本进口的商品主要是棉织品等工业消费品和机器设备等生产资料。

1940年，朝鲜的生产力布局具有"北工南农"的特点。在工业总产值中，北部占53%，南部占47%；在重工业产值中，北部占79%，南部占21%；在轻工业产值中，北部占30%，南部占70%。主要粮食作物大部分分布在南部。

三、第二次世界大战结束初期的韩国经济

1945年8月，朝鲜摆脱了日本的统治而独立。第二次世界大战后，根据苏美协议，朝鲜以北纬38°线为界，分别驻扎美苏两国军队。1948年，朝鲜的南部和北部分别建立政权，分称为大韩民国（简称韩国）和朝鲜民主主义人民共和国（简称朝鲜）。从1945年美国军队在南部登陆，到1953年朝鲜战争结束，这一时期南部经济是在美国直接控制下发展的。

第二次世界大战后，韩国经济濒于崩溃。美国从其全球战略考虑，为恢复

韩国经济，采取一系列措施。

第一，提供"占领地区政府救济基金"。这是美国1945—1949年对被德、日等国占领的国家或地区提供的一种紧急救济性质的援助。战后初期美国对韩国的这项援助，总额为4.34亿美元，大部分属于农产品及其他消费品的无偿援助。

第二，接收和处理日本的企业和财产。美国军政当局没收了日本在韩国的所有财产，占当时韩国总财产的80%，包括工矿企业、耕地、森林、商店、住宅、船舶、地产等。1948年，李承晚政府成立，美国与之签订了《关于财政和财产的最后协定》，将所接收的日本财产归还给韩国政府处理。

第三，实行对农民的减租政策，限制封建地主势力。1945年，美国军政当局发布法令，规定将农民向地主缴纳的地租减少到总收获量的33%；1948年又宣布把"新韩公司"的一部分土地有偿地分给农民耕种；1949—1951年，又推行了"农地改革"，进一步削弱了封建地主经济，促进农村经济的恢复和发展。

1948年10月，韩国政府与美国签订《韩美经济援助协定》。根据这项协定，美国向韩国提供新的经济援助。从1949年到1953年，美国向韩国提供的各项援助总额为6.372亿美元。

从1947年到1949年，南部的工农业生产得到了比较快的恢复，但整个经济尚未恢复到第二次世界大战前最高水平。朝鲜战争期间，韩国直接经济损失达30亿美元，电力、交通、通信等基础设施几乎完全遭到破坏，1951年的工业产值比1949年减少48%。

第三节　朝鲜战争以后韩国经济的发展

一、停战以后到20世纪50年代末韩国经济的恢复和发展

1953—1960年，韩国经济年平均增长率为5.1%，其中1954年、1955年的经济增长率分别达到6.7%和5.9%；工业总产值年平均增长率为10.8%，其中1954年、1955年的增长率分别高达19.7%和20.9%；国民生产总值增长了1.4倍。1958年工业结构中轻、重工业的比例为74.7∶25.3。这一时期，韩国的工业仍然以传统的纺织工业和食品加工业为主，大部分原材料和机器设备依靠进口，工业基础仍较薄弱。

在农业生产方面，韩国政府连续实施了两个农业增产五年计划（1953—1957年；1958—1962年）。第一个五年计划主要致力于改善耕种方法，扩大耕地面积，改良种子，增施化肥等，粮食生产渐趋好转。第二个五年计划继续进

行扩大水利建设、增施化肥、改良种子、防治病虫害、改进耕作方法等工作，使农业生产进一步恢复。1957年公布了农业合作化法、农业教育法，成立了农业试验研究机构。1958年设立了农业银行，并在美国的援助下开展了农业地区开发事业。这些政策措施都对农业生产的发展起了促进作用。

韩国的经济恢复与美国的经济援助有一定的联系。20世纪50年代，美国根据《共同安全法》以及通过"联合国支援韩国重建团"，向韩国提供了各种形式的经济援助。1953年，美国与韩国政府签订了《合作经济委员会关于重建经济和稳定财政计划的协定》；1954年签订了《大韩民国和联合国支援韩国重建团关于经济援助计划的协定》；1954年，美国制定了《农产品贸易发展和援助法》，1955年又签订《韩美剩余农产品协定》，向韩国推销或赠予剩余农产品。根据这些协定，1953—1961年，美国共向韩国提供了总价值约20亿美元的经济援助。韩国政府接受美援之后，便将这些援助物资在国内市场出售，成为政府收入的重要来源。这项资金在当时韩国财政收入中一般占30%～40%，有时甚至达到50%以上。这项资金由"韩美共同经济委员会"管理。1955—1961年，在韩国的投资总额中，美国的援助资金占2/3。

二、20世纪60—70年代韩国经济的高速增长

20世纪50年代，韩国经济虽有一定的恢复和发展，但整个社会生产水平仍十分低下，1960年人均国民生产总值仅为87美元。1961年5月，以朴正熙为首的少壮派军人集团发动军事政变，推翻了李承晚政权。朴正熙政府制定了以经济现代化为目标的一整套经济政策，主要包括以下几方面的内容：

第一，提出将经济建设作为"至上课题"，认为"胜共统一"的基础是实现经济现代化，因此坚持将经济建设作为中心环节。

第二，建立"由政府指导的资本主义体制"，加强政府对经济生活的干预，实施中长期经济计划。

第三，扩大对外经济开放，发展同美国、日本及资本主义世界的"经济协力"，大量引进外国资本和技术，不断扩大对外贸易。

第四，实行重点投资的产业政策。在第一个五年计划（1962—1966年）时期，重点发展替代进口产品的工业部门，以提高工业品的自给能力，减少从外国进口工业品。第二个五年计划（1967—1971年）重点发展以轻纺工业为中心的出口工业，扩大出口贸易。第三个五年计划（1972—1976年）和第四个五年计划（1977—1981年），重点发展"十大战略工业"，即钢铁、有色金属、机械、造船、汽车、电子、石油化工、水泥、陶瓷和纺织工业。政府对一些战略产业重点投资，以带动整个国民经济的迅速发展。

第五，根据韩国资本不足、自然资源缺乏、劳动力充裕的特点，重视发展

劳动密集型产业。

韩国从1962年开始实施经济开发五年计划。"一五"计划期间，国民生产总值年平均增长7.9%，超过了发达工业国家平均的年增长率7.1%和东南亚国家平均的年增长率5.5%。"二五"计划期间，国民生产总值年平均增长9.8%，明显高于发达资本主义国家平均的年增长率5.3%和东南亚国家平均的年增长率6.7%。"三五"计划期间，国民生产总值年平均增长率为10.2%；"四五"计划期间为10%。1979年，韩国人均国民生产总值为1 640美元。

三、20世纪80—90年代韩国经济的稳速增长

20世纪60年代以来，韩国经济取得突飞猛进的增长。但1979年以后，由于第二次石油危机和社会不稳定等原因，韩国经济陷入困境。当时的经济困境被看作经过20多年的经济开发，韩国经济到了应该转变原有经济运营方式的阶段。于是，韩国政府决定选择新的发展目标和战略。

1982年开始实施第五个五年计划（1982—1986年）。这一时期的经济发展战略是"民间主导，稳定为主，自由竞争"。经济发展战略的转变使韩国经济在第五个五年计划期间取得了令人瞩目的成果。这一期间的年均经济增长率达到9.8%。从各行业的情况看，农、林、渔业的年均增长率为3.8%，工矿业为11.8%。1986年，人均国民生产总值达2 503美元。

第六个五年计划（1987—1991年）是在第五个五年计划的延长线上制订出来的。计划的基本目标是"实现以效率和公平为基础的先进经济，增进国民福利"。这一计划特别强调物价的稳定。物价的稳定被看作在国民经济增长、国际收支与收入分配方面维持"良性循环"的基本条件，是实现先进经济的基本前提。第六个五年计划期间，年均经济增长率达到10%，1991年人均国民生产总值达到6 518美元。1990年和1991年的零售物价分别上涨8.6%和9.7%（1980年和1981年批发物价上涨率为38.9%和20.4%），以工业品为中心的批发物价仍保持稳定，年上涨率只有3.3%。

从1962年起实施经济开发五年计划以来，经过30年左右的努力，到20世纪90年代初，韩国经济总量增大了，但困难和问题也不少，如企业的效率不高，竞争力不强；不同经济部门、不同阶层、不同地区之间经济发展不均衡等。第七个五年计划（1992—1996年）正是在这种情况下制订出来的。这一计划的基本目标是"面向21世纪，力求实现先进的经济社会，促进民族统一"。第七个五年计划达到了稳定经济的目标，这一期间的年均经济增长率为7.5%。

1993年韩国政坛发生重大变化，结束了1961年以来长达32年的军人执政历史，重新由文人执政，金泳三就任总统。考虑到20世纪90年代初韩国经济

景气下降和政治上的需要，政府决定制订"新经济五年计划（1993—1997年）"。这一计划更加重视经济稳定，并取得显著成效。1995年，韩国国内生产总值达到4560亿美元，居世界第11位；人均国内生产总值达到10163美元，居世界第32位；经济增长率高达9.5%。

1997年由于东南亚金融危机波及韩国，韩国经济被推向了崩溃的边缘。1997年12月，韩国不得不向国际货币基金组织申请580亿美元的紧急贷款挽救国民经济。1998年，韩国的经济增长率下降到–6.9%，但1999年，韩国经济增长率就上升到9.5%，2000年为8.5%。通过韩国政府和国民的共同努力，韩国从1997年的金融危机开始，仅花了3年多的时间就全部付清了所有债务，克服了金融危机，推进经济又一次腾飞。

复习与思考

1.试对中世纪韩国土地制度的演变进行分析总结。

2.朝鲜战争结束后，韩国政府陆续制订了哪些经济增长计划？如何评价各计划的战略目标及取得的成就？

第十四章

欧洲共同体及欧洲联盟经济史

第一节　欧洲共同体的成立

一、欧洲共同体成立的经济基础

1957年3月25日，法国、联邦德国、意大利、荷兰、比利时和卢森堡6国在意大利首都罗马签署了《欧洲经济共同体条约》。1958年1月1日，欧洲经济共同体正式成立。欧洲经济共同体的形成是第二次世界大战后国家垄断资本主义向地区经济一体化发展的一种新形式，也是欧洲国家走向经济–政治联合的集中表现。

1.欧洲经济共同体是在生产力发展的一般规律和国际分工深化的基础上产生的

第二次世界大战期间及以后出现的以原子能、电子、空间技术为标志的第三次科技革命先是从美国开始，然后，欧洲国家也出现了新兴工业的创建和发展、旧工业的改造和革新的热潮。特别是自20世纪50年代起，欧洲化学工业迅速发展，核子、电子工业部门兴起；钢铁工业生产过程转向自动化；石油开始逐步取代煤成为主要能源；欧洲农业开始按工业经营方式进行结构改革，实现农业机械化、电气化和化肥化；在交通运输方面，除了铁路实现现代化之外，汽车和飞机广泛使用，逐步取代铁路成为主要交通工具，并使国与国之间的距离大大缩短。在科技革命推动下，生产力进一步发展，促进了生产专业化和国际分工的深化，使经济生活进一步国际化。而欧洲一些国家的国内市场狭小，它们的社会再生产过程越来越依赖于国外市场，依赖于它们所参加的国际分工。欧洲经济共同体成立时，6国对外贸易占国内生产总值的比重平均为1/3左右。按照资本主义生产和竞争的一般规律，一种重要工业发展越晚，它所需要的生产规模及与其相应的市场就越大。汽车工业就是这样，如果没有欧洲共同市场，就没有欧洲的汽车工业。因此，把欧洲变成一个统一的商品、资本和劳动力可以自由流通、无国界限制的广阔市场，是欧洲6国为解决迅速增长的生产力与相对狭小的国内市场之间矛盾日益尖锐化的需要。

2.欧洲经济共同体的成立是资本主义经济政治发展不平衡的结果

第二次世界大战后初期，美国曾在资本主义世界的工业生产、贸易、黄金外汇储备中占据绝对优势地位。但好景不长，美国在1948—1958年接连发生了三次经济危机，使美国的经济实力相对减弱。与此同时，联邦德国、法国、意大利等欧洲国家的经济恢复和发展的速度却一直较快。在这种情况下，美国和欧洲6国的力量对比发生了明显的变化（见表14-1）。

表14-1 美国和欧洲6国经济实力的对比

（以资本主义世界为100）

项 目	工业生产		出口贸易		黄金和外汇储备	
	1948	1957	1949	1957	1949	1958
美国	56.4	48.6	32.5	20.9	56.2	36.4
欧洲6国	13.5[①]	20.8[②]	10.4	22.7	7.4	20.4
其中：联邦德国	4.3	9.9	0.5	8.7	0.5	9.7
法国	4.1	5.0	4.0	5.1	1.8	1.9
意大利	2.1	3.6	1.4	2.6	2.1	3.7

注：①②不包括卢森堡。

资料来源 ［1］工业生产和出口贸易参见：苏联科学院世界经济与国际关系研究所. 第二次世界大战后资本主义国家经济情况（统计汇编）［M］. 北京：世界知识出版社，1962：58，479.［2］黄金和外汇储备根据联合国《统计月报》《国际金融统计》有关年份的数字计算。

由表14-1可以看出，从20世纪40年代后期到50年代欧洲经济共同体成立时，在资本主义世界中，美国在工业生产、出口贸易、黄金和外汇储备中所占的比重都显著下降，而欧洲6国，特别是联邦德国所占的比重却有很大增长。

当欧洲6国在资本主义世界的经济地位相对增强后，它们就不愿再仰人鼻息，而要求同它们实力增长相适应的国际地位。但是，单凭一国的实力，即使是联邦德国和法国那样的国家，也难以同美苏两个大国相抗衡。因而，它们需要联合起来，在欧洲形成一支统一的集团力量，这样才能抗衡超级大国的控制和干涉。

3.欧洲经济共同体是欧洲6国同美国对欧洲市场进行控制和反控制斗争激化的产物

欧洲6国与美国在经济上对外依赖程度大不相同。1956年，欧洲6国的国内生产总值约为美国的1/3，而对外贸易占国民生产总值的比例都比美国高约4倍。[①]1955—1957年欧洲经济共同体酝酿时期，美国向欧洲国家的出口额约占美国出口总额的1/3，而其中近一半是出口到欧洲6国的；美国从欧洲国家的进口额占美国进口总额的1/5，其中从欧洲6国的进口额占一半。欧洲6国之间的相互贸易占这些国家的对外贸易总额平均为30.9%[②]。美国要进一步占领欧洲6国市场，欧洲6国则要保护和扩大市场以维护和发展本国经济，从而使双方矛盾激化。美国商品由于技术先进，企业规模巨大，劳动生产率高，成本低，在与欧洲6国市场的竞争中处于有利地位。欧洲6国决定通过建立"共同市场"，对外筑起统一的关税壁垒，抵制美国商品的倾销；对内逐步取消关税和贸易限额，扩大欧洲6国之间的贸易，以求促进欧洲6国经济的发展。

4.欧洲经济共同体是欧洲国家出于维护它们在非洲的传统利益、确保原料和能源供应与扩大海外市场的需要

在上述欧洲6国中，法国、比利时、意大利和荷兰都拥有自己的殖民地和托管地。这些地区是它们重要的原料和能源基地以及输出商品和资本的场所。20世纪50年代以来，由于民族解放运动的不断高涨，一些亚非国家先后取得独立，旧的殖民体系趋于瓦解。美国利用新殖民主义的掠夺方式，加紧对非洲进行政治和经济的渗透，排挤法、比等国在非洲的势力。苏联也在1956年通过苏伊士运河事件，插手中东。中东是关系到整个西欧的重要石油基地，又是欧洲东南部和地中海地区的战略要地。欧洲6国眼看中东和非洲的利益受到严重威胁，于是谋求加强联合，首先通过经济一体化，在欧洲经济共同体内建立与海外领地的联系制度，来共同"开发"这些地区的资源和加强彼此经济贸易关系，以抗衡美苏两国的渗透和扩张。

除此以外，欧洲6国经济发展水平相近，经济结构相似，地理疆域上邻近，这些都为经济一体化的实施提供了有利的客观条件。

二、欧洲经济共同体的筹建和《罗马条约》的主要内容

（一）欧洲经济共同体的筹建

时任荷兰外长的约翰·威廉·拜恩在1953年曾经提出过欧洲煤钢共同体6

[①]　根据联邦德国《德意志银行：欧洲经济共同体》1958年发表的数字计算。1956年的国民生产总值，美国为4 120亿美元，对外贸易总额为313亿美元，占7.6%；欧洲6国为1 360亿美元，对外贸易总额为426亿美元，占31.3%。
[②]　联合国欧洲经济委员会1955年的《国际贸易统计年鉴》。

国实行经济联盟的计划，他认为"要建立一个政治共同体，就必须采取一些具体的步骤，以便融合这些国家在经济领域内的利益。这种融合将逐渐地进行。它必须适用于整个国民经济，而不是国民经济中个别的独立部门"。这就是欧洲经济共同体的建议。1955年4月，拜恩认为重提这一计划的时机已经成熟，他同比利时和卢森堡两国外长进行磋商后，于5月20日，以他的原计划为基础拟了一份荷、比、卢3国备忘录，递交欧洲煤钢共同体6国外长会议讨论。备忘录的主要内容是，6国实施电力、原子能、运输等部门的一体化，并成立全面关税同盟。

1955年6月2日，欧洲煤钢共同体的6国外长在意大利墨西拿举行会议。墨西拿会议是6国谈判建立欧洲经济共同体的重要步骤。在这次会上，6国确定了建立欧洲共同市场的基本设想和目标。墨西拿会议决议明确宣布：6国政府认为，"在建设欧洲的道路上进入一个新阶段的时刻已经到来。它们主张首先要从经济方面做到这一点。它们认为，通过扩大共同机构，有步骤地联结各国的民族经济，建立一个共同市场和逐步协调它们的社会政策，这对创造统一的欧洲是必要的"。

墨西拿会议就分阶段建立欧洲共同市场提出应进一步研究下列问题：（1）对逐步消除参加国之间的贸易限制以及采取对第三方逐步统一关税制度的相应措施进行处理和协调；（2）成员的财政、经济、社会方面一般性政策的协调措施；（3）成员货币政策的协调措施，使建立共同市场成为可能；（4）贸易保护性条款问题；（5）共同基金的筹集和作用；（6）逐步实现劳动力的自由流动；（7）制定保证在共同市场范围内竞争活动的条例，特别要杜绝任何形式的国别歧视；（8）发挥共同市场作用的适当机构形式。

墨西拿会议还决定成立由各国政府代表和专家组成的筹备委员会，任命时任比利时外长的斯巴克主持筹备委员会的工作。会议还提出邀请英国参加筹备工作。但是，英国对筹建欧洲共同市场仍抱袖手旁观的态度。1955年11月19日，英国政府拒绝了这项邀请。

在筹建欧洲经济共同体的那段时期，法国由于国内政局动荡，内阁更迭频繁，当时富尔和摩勒两届内阁自顾不暇，要他们出来主持筹建工作是不可能的。联邦德国阿登纳政府虽然是建立共同市场的积极倡导者，但是，由于它的战败国地位而不便出面。实际上，筹建工作是在阿登纳幕后积极支持下，由比利时外长斯巴克出面活动，协调各国矛盾和利害得失关系而促成的。

在墨西拿决议通过后不久，1955年7月，成立了一个由斯巴克领导的政府间专家委员会（后称斯巴克委员会），负责拟制欧洲经济共同体和欧洲原子能共同体计划。同年10月，斯巴克决定改组起草小组成员，由6国代表团团长组成，以扩大起草小组的权限，这就大大加速了工作的进度，1956年4月即制定出一份经6国代表一致同意的《斯巴克报告》。

（二）6国对筹建欧洲经济共同体的态度和利害关系

6国对建立共同市场这个总目标基本上是一致的，但对共同市场应包括的内容、原则和步骤等一系列具体问题，由于各国的经济实力、经济和贸易结构的差异以及所处政治地位的不同，因而提出种种不同要求。

1.联邦德国

联邦德国是6国中人口最多、经济实力最强的国家。在6国的工业生产中，1956年，联邦德国占42.8%，法国占26%，意大利占15.7%，比利时占7.5%，荷兰占6.3%，卢森堡占0.3%。在出口贸易方面，1957年联邦德国占38%，法国占23%，意大利占11%，荷、比、卢3国共占28%。在欧洲市场上，联邦德国出口额在1950年和1951年分别超过法国和英国，1953年以后又超过美国而居第1位。联邦德国工业由于设备新、劳动生产率高、产品成本低、价格便宜、竞争力强，为其他欧洲国家所不及，因此，联邦德国对欧洲其他国家的贸易一直保持顺差。联邦德国因竞争能力强而一直主张自由贸易，实行低关税制。从许多方面来说，建立欧洲经济共同体对联邦德国是最有利的。同时，如果欧洲经济共同体各国对外执行统一的关税率，有利于联邦德国对付其在欧洲的主要对手英国和最大的资本主义国家美国的经济竞争，当然也为联邦德国工业创造更为有利的条件。在政治上，联邦德国是战败国，和约尚未签订，若干问题还有待解决。联邦德国政府极想通过欧洲联合来消除欧洲国家对它的旧嫌，从而实现经济复兴、国土重新统一。因此，联邦德国是欧洲经济共同体最热心的倡导者和组织者。

2.法国

法国的情况就不同了。法国的经济力量各方面都比联邦德国弱得多。1948—1956年，联邦德国工业生产指数增加247%，仅增加68%。法国在技术设备和劳动生产率方面都不及联邦德国，工业产品在国际市场上的价格平均比联邦德国高10%～15%，竞争能力不如联邦德国；法国是依靠高关税保护的国家，关税平均较联邦德国高40%～60%。因此，法国垄断资本在西欧共同市场中的竞争地位是不利的。

那么，法国为什么也要组织欧洲共同市场呢？法国垄断资产阶级鉴于当时的国际形势和欧洲力量的格局，仰仗其是6国中唯一的战胜国大国的地位，想通过建立欧洲集团，借助于联邦德国的经济力量，重振法国地位；同时，在一体化组织中可以牵制联邦德国，把欧洲的领导权掌握在它的手中。当然，法国在经济上也有打算。共同市场国家占法国出口总额的24%，法国在欧洲投资占其对外投资总额的一半，而其中大部分又投在联邦德国，法国同联邦德国资本关系密切。法国还想通过共同市场增加其农产品输出；通过欧洲原子能共同体利用联邦德国的资金与技术来发展法国的原子能工业，从而增强其在原子能方面的优势地位。尽管如此，法国经济实力毕竟薄弱，因此在谈判过程中，法国与联邦德国矛盾最多。联邦德国在农业共同市场和联系制度等方面对法国作出种种让步，使法国得到特别优惠条件，并在条约中增加了许多保留条款之后，法国才同意建立欧洲经济共同体。

3. 意大利

意大利总的说来财力单薄，技术落后。战后工业生产虽有相当的发展，但在6国中，它的相互间贸易比例较小，在农业上与法国的利益有相似之处。意大利期望通过加入欧洲共同市场，在资金和技术上得到更多的资助，扩大工农业产品市场，促进经济发展。同时，它要求将人力的交流作为共同利用资源的一个重要手段，想通过共同市场输出劳动力，减少国内失业。

4. 荷、比、卢3国

至于荷兰、比利时和卢森堡3国，它们的出口贸易有60%~70%是在欧洲，其中6国又占其大部分；它们历来是低关税国家。3国在1948年已筹建"荷、比、卢经济联盟"①。因此，它们积极主张建立欧洲经济共同体，希望从这一更大范围的联合中寻求进一步扩大贸易和发展经济的机会。

6国代表经过激烈讨价还价的各级谈判之后，终于在1957年2月通过了《斯巴克报告》，制订了建立欧洲经济共同体的条约草案。条约草案兼顾了6国的主要利益，对不同要求进行调和、折中。在建立关税同盟和共同市场方面，它主要吸收了荷、比、卢3国的建议；采纳了法国坚决要求把农产品包括在共同市场内的主张，以及法国、比利时的把成员的海外领地和属地纳入条约建立联系制度的提议；接受了意大利提出的关于逐步协调社会政策，充分利用欧洲资源，设立欧洲投资基金，开发欧洲经济共同体内经济萧条地区的具体建议等。

（三）《罗马条约》的主要内容

1957年3月25日，法国、联邦德国、意大利、荷兰、比利时和卢森堡6国签署《欧洲经济共同体条约》《欧洲原子能共同体条约》，这两个条约被统称为《罗马条约》。同年7月19日到12月4日，6国议会先后批准了《罗马条约》，条约于1958年1月1日生效，欧洲经济共同体正式成立。

《罗马条约》共有6大部分248条，并附有11份议定书和3个专约，以及若

---

① 荷、比、卢经济联盟在1948年商定，于1958年正式批准建立。

干清单。①

《罗马条约》在序言中开宗明义地强调它的目的是："消除分裂欧洲的各种障碍""加强各成员经济的联结，保证它们的协调发展""在欧洲各国之间建立更加紧密的联盟的基础"等。

与一般国际条约不同，《罗马条约》欧洲经济是无期限的，而且没有规定退出条约的程序，却有欢迎其他欧洲国家参加欧洲经济共同体的条文。这表明欧洲经济共同体的倡导者要把6国看作一个更加广泛的欧洲一体化进程的基础和起点。

《罗马条约》涉及的内容极其广泛，其中心内容是建立关税同盟和农业共同市场，要求逐步协调经济和社会政策，实现商品、人员、劳务和资本的自由流通。

1.关税同盟

关于工业品关税同盟，条约规定在12年过渡时期内分3个阶段，逐步取消成员的现有一切关税和贸易限额。根据法国和意大利的要求，条约也规定了对一些特殊商品允许采取例外措施，制定了保护条款，同意发生国际收支不平衡的成员，可以对第三方，甚至在较小程度上对成员实行贸易限制，或者对那些有经济困难的部门或地区实施保护性措施。

2.农业共同市场

关于农业共同市场，在草拟条约时分歧很大，争吵激烈。最后，为达成协议，条约规定共同市场应扩大到农业和农产品的贸易，但对共同农业政策，只是规定了一些原则，要求在过渡时期结束前制定这项政策；至于具体细则规定在条约实施后两年内再草拟。

3.经济和社会政策

条约还规定，在过渡时期结束前应实现人员、劳务和资本的自由流通，又对如何使运输政策、贸易政策、经济发展政策、国际收支政策接近和一致，对国内税率、竞争规则、财政收入等作了规定。

在社会政策方面，条约提到各成员之间在社会问题上密切合作，决定设立欧洲社会基金，作为欧洲经济共同体的社会政策的一部分，旨在改进欧洲经济共同体内工人就业的机会和帮助工人在地域和职业上的流动。

4.欧洲投资银行

条约还决定设立欧洲投资银行，其主要任务是开发萧条地区的经济与促进工业企业的现代化和改造，以及对单独一国不易举办的新工业企业提供资金。该银行是个独立的自治实体，它对自己的理事会（由成员财政部长组成）和董事会（主要由企业家和银行家组成）负责。欧洲投资银行资金为10亿美元，

---

① 本书编写组. 西欧共同市场［M］. 上海：上海人民出版社，1973：附录.

由各成员分担：法国和联邦德国各3亿美元，意大利2.4亿美元，比利时8 650万美元，荷兰7 150万美元，卢森堡200万美元。

5.联系专约

条约就欧洲经济共同体和成员的海外附属国和领地加强联系作了规定，拟订了联系专约，规定了双方建立联系制度的细则和程序，并设立了5.81亿美元的发展援助基金。

6.欧洲经济共同体机构

《罗马条约》与一般只规定成员的权利和义务的国际条约不一样，它规定建立一个拥有一定独立权力的缔约方联合组成的共同体，设置一整套具有一定权限的共同体机构。这套机构是实现条约规定的目标和各项政策措施的组织保证，也提供了欧洲经济共同体所特有的政治发展的可能性。正因为如此，欧洲经济共同体的一整套机构已超出了经济一体化的需要，它具有明显的政治联合的因素。

《罗马条约》确定的欧洲经济共同体主要机构有：

（1）部长理事会。其负责协调各成员的一般经济政策，并拥有管理欧洲经济共同体的决策权力。部长理事会由成员政府各派一名部长级代表组成（通常由外交部部长代表，举行会议时各国派遣的部长则视讨论的问题性质而定）。部长理事会主席由成员按国名字母顺序轮流担任，每届任期为半年。部长理事会会议根据执委会所提交的提案，作出最后决定。部长理事会的表决方式视所审议的问题的性质和重要程度，根据条约规定有一致通过、简单多数和特定多数三种。一致通过的程序是每个国家1票。而在简单多数和特定多数表决时，各国拥有的投票权不一，大国拥有票数多，小国拥有票数少。各国票数分配比例是：联邦德国、法国、意大利各为4票，荷兰、比利时各为2票，卢森堡为1票，共17票。简单多数表决方式需9票，特定多数表决方式需12票，并必须包括4个国家的票数，以防大国操纵。一致通过表决方式不受缺席和弃权的影响，任何一国都有否决权，只要一国反对，就不得作出决定。部长理事会批准通过的决议、法规，对所有成员及其公民都有约束力。

（2）执行委员会。其负责《罗马条约》的实施和欧洲经济共同体机构决策的执行，拟订或提供有关条约所涉及的各种事项的建议，向部长理事会提出应采取行动的具体提案，向欧洲经济共同体议会提交欧洲经济共同体活动的年度工作报告，代表欧洲经济共同体与第三方和各种国际组织联系与进行谈判，管理欧洲经济共同体的财务和日常工作等。执委会由9人组成，每个国家不得超过2名，经成员推荐并经协商一致同意后任命，任期为4年，可连任。执委会设主席1人、副主席3人，委员分工负责各项欧洲经济共同体事务。执委会以简单多数表决方式通过决议，决议必须得到部长理事会批准才能生效。修改或取消这些决议，又必须由部长理事会一致通过才行。执委会成员的工作只对欧洲经济共同体负责，不接受各国政府的指令。

（3）议会。议会与欧洲煤钢共同体和欧洲原子能共同体合一，1962年3月被正式命名为欧洲议会。它负责欧洲经济共同体的评议和监督工作，无立法权，有权以2/3多数的不信任票迫令执委会辞职。议会下设外贸、农业、政治等13个常设委员会。议员暂由各国议会推选，条件成熟时将由各国公民直接普选产生。

（4）法院。法院也是与其他两个共同体合一的，负责解释《罗马条约》和欧洲经济共同体机构所作出的决定，仲裁各成员之间、欧洲经济共同体各机构之间、欧洲经济共同体与各成员之间、各法人公司之间以及个人之间涉及欧洲经济共同体事务的纠纷。法院有法官7名（每个成员方至少1名）和检察官2名，都由成员方政府协商一致后任命，任期为6年，每3年部分改选一次；法院院长在法官中推选，任期为3年。

条约还规定设置一系列附属机构和专门机构，有经济和社会委员会、经济政策委员会、预算委员会、运输委员会、货币委员会等，以利于开展欧洲经济共同体各方面的工作。

欧洲经济共同体是各成员在共同的经济和政治利益基础上的产物，又是它们之间各种不同利益的结合体。这就决定了只要这些共同的经济和政治利益存在，欧洲经济共同体就能通过不断地调整和协调各成员之间的不同利益而得到巩固和发展。

1965年，法国、联邦德国、意大利、比利时、荷兰、卢森堡6国签署了《布鲁塞尔条约》，决定将欧洲煤钢共同体、欧洲原子能共同体和欧洲经济共同体的主要机构合并，统称为欧洲共同体，简称为欧共体。条约于1967年7月1日生效。欧共体总部设在比利时布鲁塞尔。

三、欧洲共同体从6国扩展至12国

（一）英国、爱尔兰、丹麦加入欧洲共同体

第二次世界大战严重地削弱了英国的实力。战后，大英帝国殖民体系分崩离析，它的国际地位急剧下降。但是，英国并不甘心衰落，它企图以英美特殊关系为基轴，竭力维持英联邦的传统联系，同时利用欧洲大陆各国之间的矛盾来控制欧洲，从而保持英国的世界大国地位。因此，当20世纪50年代初6国酝酿筹建欧洲经济共同体时，英国采取超然的"不介入"态度。以后眼看六国关系日益紧密，欧洲经济共同体成立在即，英国担心被排挤在外，丧失其在欧洲的特殊地位和欧洲大陆市场，于是在1956年11月提出建立包括"欧洲经济

合作组织"全部成员在内的欧洲"大自由贸易区"。这一计划的中心内容是建立一个松散的工业品自由贸易区,对内互减关税,对外关税由各国自由决定,而且农产品不包括在集团内部"自由流通"范围之内。但这一计划提出后,即遭到6国特别是法国的反对。随着欧洲经济共同体的成立,"大自由贸易区"的谈判即告破产。

欧洲经济共同体成立后,英国为了增强自身贸易力量和向欧洲经济共同体施加压力,于1960年1月联合瑞士、瑞典、丹麦、挪威、奥地利和葡萄牙等国,签订了《斯德哥尔摩公约》,建立了欧洲自由贸易联盟,于是欧洲正式分裂为"6国"与"7国"两个经济集团。

欧洲自由贸易联盟(又称"小自由贸易区")基本上是按照"大自由贸易区"计划的原则建立的,它只是一个工业品关税贸易的组合。在这一经济集团中,除了英国之外,其余6国都是小国,在地理上又不像欧洲经济共同体6国那样连成一片,因此7国的经济实力远不及6国。从经济发展速度看,1959—1961年,6国工业增长26%,出口贸易增长42%,而7国仅分别增长14%和20%。从集团内部贸易关系看,6国内部相互间贸易占对外贸易总额的1/3,而7国只占1/6到1/5。此外,7国对6国的贸易依赖度较强,7国对6国的出口额占其出口总额的24%。1960年,英国对"小自由贸易区"的出口额占其出口总额的11.9%,而对共同市场的出口额占其出口总额的15.4%。所以,英国从7国相互减税所得到的利益,并不能抵偿它与6国进行贸易时所受的损失。经过权衡利弊后,英国于1961年8月正式申请加入欧洲经济共同体。与此同时,爱尔兰(1961年7月)、丹麦(1961年8月)和挪威(1962年4月)也相继提出申请加入欧洲经济共同体。欧洲经济共同体部长理事会决定对这4个国家采取同时谈判、一起接纳的办法。

接纳上述国家加入欧洲经济共同体的谈判长期而又曲折。直至1972年1月22日,欧洲共同体6国才同英国、爱尔兰、丹麦和挪威在布鲁塞尔签署了加入欧共体的条约。由于挪威于1972年9月举行的公民投票否决了政府关于加入欧共体的提案,因此挪威最终未加入欧共体。

(二)希腊、葡萄牙、西班牙加入欧共体

欧洲经济共同体成立后不久,希腊就在1959年6月提出签订联系协定的申请。1961年7月9日,欧洲经济共同体与希腊签订了联系协定,次年11月1日协定正式生效,希腊成为欧洲经济共同体在欧洲的第一个"联系国"。协定的主要内容是:逐步消除关税壁垒,建立关税联盟;在农业、运输、税收、竞争和工人自由流动等方面发展共同行动,协调政策;对希腊提供财政援助以促进经济增长;建立"联系理事会"和"议会混合委员会"等共同机构以保证协定

的实施。

欧洲经济共同体和希腊的贸易关系在联系协定生效后有很大发展。自1968年7月1日起，希腊向欧共体出口的全部工业品和90%的农产品，开始享受相当于欧共体成员的待遇，可以免税进入欧共体。1962—1972年，希腊与欧洲经济共同体的贸易年平均增长率为13.1%，而1952—1962年年平均增长率只有6.8%。希腊对欧洲经济共同体的出口增长尤其快，1962—1972年年平均增长率达15.2%，而前10年仅4.2%。欧洲经济共同体在希腊出口总额中所占的比重也相应上升，1961年不到32%，1972年已达42%，1976年达50%。希腊与欧洲经济共同体的关系朝着联系协定所规定的目标前进，这就为希腊加入欧共体奠定了良好的基础。

葡萄牙是欧洲自由贸易联盟的成员，20世纪60年代初曾追随英国申请加入欧洲经济共同体，但被欧洲经济共同体以独裁政体和经济发展太落后为理由而拒绝。在英国等加入欧共体的谈判达成协议后，1972年7月葡萄牙同欧洲自由贸易联盟其他成员分别与欧共体签订了自由贸易协定，建立起欧洲17国工业品自由贸易区，分5个阶段彼此逐步实行关税减免。到1977年7月，葡萄牙向欧共体出口的工业品已享有完全免税的优惠，限额亦于1980年取消；1977年起葡萄牙也开始对欧共体成员部分工业品进口免税，同时欧共体对葡萄牙部分农产品也予以减税优惠。1970—1978年，葡萄牙对欧共体的进出口额都增长了2倍以上。

西班牙由于长期处在佛朗哥独裁统治下，虽然它有意与欧共体建立联系关系，但未能被欧共体接受。双方在1970年6月签订了一项贸易协定，规定在为期6年的第一阶段中，自1973年起西班牙向欧共体出口的全部工业品可以享受40%~60%的关税减免，50%的农产品享受25%~60%的关税减免；自1977年起西班牙对欧共体的部分工业品进口也减免25%的关税。贸易协定实施后，双方的贸易往来有了很大增长，1970—1977年西班牙对欧共体的出口增长了3.2倍，进口增长了2倍。1977年欧共体在西班牙的进出口总值中所占的比重分别为34.6%和46.3%。

由此可见，欧共体在希腊、葡萄牙、西班牙3国的对外贸易中的地位越来越重要，成为3国最主要的贸易伙伴。除贸易外，3国在投资、旅游、移民等方面也都同欧共体成员有密切的关系。如果3国加入欧共体，彼此间的经济联系更加密切，必能进一步促进相互贸易的发展。

希腊于1975年6月正式提出加入欧共体的申请，1979年5月在雅典举行了希腊加入欧洲共同体条约的签字仪式。葡萄牙和西班牙分别在1977年3月和7月正式提出加入欧共体的申请，并于1984年成为欧共体的成员。

第二节　关税同盟

关税同盟是欧洲经济共同体的重要支柱。它不仅是欧洲共同市场的基础，也是欧共体经济一体化的起点。欧洲经济共同体实施《罗马条约》，第一步便是建立关税同盟。《罗马条约》第9条载明：欧洲经济共同体应以关税同盟为基础。关税同盟适用于全部商品的交易，禁止在成员之间征收进出口关税以及与关税具有相同作用的任何捐税。对欧洲经济共同体外部第三方统一实施共同对外税则。由于成员间取消了关税和进口限额，在关税同盟内，成员之间联成一个单一的共同市场，成员产品可以在共同市场内自由流通，这就有利于加强成员生产分工的专业化、协作化，为进一步经济一体化开辟了道路。同时，由于对非成员实施统一关税率，第三方的产品在缴纳关税和捐税后，方可进入任何一个成员市场，从而抵制了外部进口产品的倾销，保护了成员工业。关税同盟作为共同市场保护其经济利益和促进成员生产的工具，成为共同市场赖以建立和发展的基石。

一、关税同盟的建立

西欧是资本主义世界的工业发达地区，是世界上最大的贸易进出口市场。欧洲经济共同体各成员经济依赖对外贸易的程度较高，出口贸易在国内生产总值中占据重要地位。第二次世界大战后，美国趁欧洲经济尚未恢复之机，对之进行大规模经济渗透，欧洲市场有相当大的一部分为美国商品所占据。随着各国经济的恢复和发展，尤其是随着1957—1958年资本主义世界经济危机的爆发，帝国主义国家对西欧市场争夺加剧，而欧洲经济共同体6个创始国各自的经济力量有限，无论如何是不能与美国相匹敌的。因此，加强联合，在原有的6国煤钢联营和荷、比、卢关税和经济同盟的基础上结成6国关税同盟，建立共同市场，扩大共同市场内部贸易，保护成员工业，排挤和抵制美国商品倾销，显然是唯一的出路。但由于成员间经济发展的不平衡，劳动生产率不一，自然经济条件有差异，再加上关税率不同，各国垄断资本集团与关税同盟的利害关系也不同，因此，各国政府虽然都有意在它们间建立一个关税同盟，但在具体制定规则时，态度上却有所不同。

1.联邦德国

成员中联邦德国经济实力最强，由于劳动生产率较高，产品成本低，出口竞争力也就较强（见表14-2）。20世纪50年代，国民生产总值年平均增长率达7.8%，工业生产年平均增长率达到9.6%，劳动生产率年平均增长5.7%，比其他成员都高。1958年，联邦德国在欧洲经济共同体6国经济中所占比重是：国内生产总值占36.2%，工业生产占47.3%，钢产量占45.3%，电力产量占41.3%，均居首位；出口额占29.3%，连年贸易顺差，黄金和外汇储备接近6国黄金和外汇储备总额的一半。

表14-2 　欧洲经济共同体6国在资本主义世界经济中的地位（1958年）

项　　目	在资本主义世界工业中的比重（%）①	在资本主义世界出口总额中的比重（%）②	在资本主义世界黄金和外汇储备总额中的比重（%）③	经济增长率（%）
欧洲经济共同体6国	19.0	21.7	21.1	
联邦德国	8.5	8.5	10.2	7.8
法国	5.4	5.0	1.8	4.8
意大利	2.9	2.4	3.8	5.5
荷兰		3.0	2.7	
比利时、卢森堡		2.8	2.7	
英国	9.9	8.2	5.4	2.7
美国	45.9	16.5	39.0	3.2

　　资料来源　［1］《联合国统计年鉴》1962年。［2］《联合国统计月报》1963年8月。［3］《联合国统计月报》1966年4月。

　　联邦德国经济由于商品竞争能力强和严重依赖国外市场，所以在对外贸易上采取低关税政策，以换取别国的对等待遇，扩大出口。欧洲经济共同体建立前，联邦德国关税总额中有79.5%的税率都是10%以下的低税率，高税率（15%以上）仅占1.9%（而法国、意大利的低税率仅占23.8%和16.2%，高税率却占61.3%和63.9%）（见表14-3）。建立关税同盟，实行共同对外税率，联邦德国受益大于其他成员，故对建立关税同盟最为积极。联邦德国联邦议院在成员中率先于1957年7月批准了《罗马条约》。

表14-3 　　　　　欧洲经济共同体建立前各国的关税率（%）

（1957年1月1日在工业品关税总额中所占比重）

税率（占商品价值比重）	意大利	法国	荷、比、卢	联邦德国
10以下	16.2	23.8	59.0	79.5
10～15	19.9	14.9	18.0	18.6
15以上	63.9	61.3	23.0	1.9

　　资料来源　余开祥，洪文达. 欧洲共同体：体制·政策·趋势［M］. 上海：复旦大学出版社，1989：65.

2.法国

法国的经济实力和出口竞争力都不如联邦德国。1958年工业生产和钢产量只比联邦德国的一半多一些，出口增长率也较低。一方面，由于工业品竞争力弱，故法国一直采用高关税保护本国市场。关税同盟建立前，法国关税率平均高出联邦德国40%～60%。降低和取消内部关税，法国减税的幅度大于联邦德国等其他成员，势必扩大贸易收支和国际收支赤字，影响法郎地位。另一方面，法国工业结构改革后，重、化工业中的新兴工业部门发展迅速，也要求扩大国外销售市场，削减内部关税有利于向成员市场扩大出口。此外，在《罗马条约》中包括了制定和执行共同农业政策，规定了建立联系国制度，使法国在农产品出口及开发非洲法属殖民地方面得到不少好处作为补偿。作为欧洲经济共同体主要发起国，法国在政治上还需利用成员特别是联邦德国的经济实力支持自己取得在欧洲的领导地位。在制定关税同盟的具体规定时，其他成员也对法国作了让步。例如，法国可以暂时保留出口补贴和进口附加税；在国际收支困难时，可以暂停削减关税或恢复进口限额等。这样，经过权衡利弊，法国同意参加关税同盟，批准了《罗马条约》。

3.意大利

意大利经济实力比法国还要薄弱得多，原来也实行高关税保护国内市场。削减内部关税和拉平对外关税率对意大利也是不利的。但意大利垄断资本通过压低工资水平、扩大固定资本投资、采用新技术等办法，使某些工业如汽车、化学产品、合成纤维、水泥等在欧洲市场的竞争地位有较大改善。同时由于资金不足，劳动力过剩，意大利希望通过共同市场吸引成员资本，开发南部落后地区和输出劳动力，因而也同意参加关税同盟。

4.荷、比、卢3国

荷兰、比利时、卢森堡3国，国家很小，自然资源不足，国民经济依赖对外贸易的程度更大。1958年，3国国民生产总值只占欧洲经济共同体6个创始国总额的13.3%，工业生产只占11.9%，但出口额却占6国出口总额的26.7%，其中一半是对成员出口。3国在1948年就建立了关税同盟，取消了3国间关税和贸易限额；1954年7月和1956年2月又分别签订了关于资本自由流通和劳动力自由移动的条约，协调对外贸易政策；1958年建立了经济联盟。由于3国一直采取低关税政策，建立关税同盟，消除共同体内部的关税，对它们当然很有利，故荷、比、卢3国对欧洲经济共同体关税同盟是积极支持的。

尽管各成员间经济利害关系不同，法国、意大利同联邦德国、荷兰、比利时、卢森堡对建立关税同盟存在矛盾，但是，战后欧洲国家在恢复经济的基础上，进一步发展现代化大生产需要广阔的市场。6国建立共同市场，就可以保护和促进成员的工农业发展，免受其他国家主要是美国廉价商品的竞争，在这方面6国利益是一致的。共同体的关税同盟就是在此基础上，通过讨价还价、相互妥协，终于建立起来。

根据《罗马条约》，关税同盟应从1958年1月1日起经过12年过渡期，分3个阶段，每个阶段4年，到1970年1月1日建成（见表14-4）。《罗马条约》实施一年多以后，为了加速增强成员在内部市场对大肆倾销的美国商品的竞争能力，共同体部长理事会在1960年5月决定加快削减内部关税的步伐，分别在第一阶段的1960年12月31日增加削减10%；第二阶段的1962年7月1日增加削减10%，因此，在第二阶段结束时（1966年1月），内部关税的削减幅度从原规定的60%增加到80%，余下的20%在第三阶段中，分别在1967年7月削减5%和1968年7月削减15%。整个削减内部关税于1968年7月全部完成。这比原计划的进程提前了一年半，而贸易限额则早在1961年年底即全部取消。

表14-4　　　　　　　**欧共体6国关税同盟统一关税进程**

项　目		内部关税下降率（%）		对外关税率（%）	
		条约规定	实际削减幅度	条约规定	实际升降幅度
第一阶段	1959.1.1	10	10		
	1960.7.1	20	29		
	1961.1.1		30		30
	1962.1.1	30	40	30	
第二阶段	1962.7.1		50		
	1963.7.1	40	60		60
	1965.1.1	50	70		
	1966.1.1	60	80	60	
第三阶段	1967.7.1		85		100
	1968.7.1		100		
	1970.1.1	100		100	

欧洲共同体从1973年1月1日起，成员从6国扩大为9国。在扩大的欧共体中，英国、丹麦、爱尔兰3个新成员之间，以及3国与原6国之间的关税，自1973年4月起分期削减，每年削减20%，最后于1977年7月1日完全取消3国与6国之间的内部关税，建成9国的关税同盟（见表14-5）。

表14-5　　　**英国、丹麦、爱尔兰与欧共体原6国实现关税同盟情况**

时　间	内部关税	数量限制	向共同对外关税靠拢
1973.1.1	—	大部分商品取消限额	—
1973.4.1	削减20%	—	—
1974.1.1	削减20%	—	40%
1975.1.1	削减20%	取消敏感商品限额	20%
1976.1.1	削减20%		20%
1977.7.1	削减20%		20%

在对外税率方面，由于成员间劳动生产率水平的差异，各国所采取的关税保护程度很不一致，如果各国仍保持不同的对外税率，则非成员产品势必通过荷、比、卢3国和联邦德国，然后利用内部免税流通的条件，再流入法国和意大利市场。因此，《罗马条约》规定逐步实行共同对外税率。然而，对共同对外税率怎么定产生了矛盾和分歧，各国都希望按本国现行税率来制定。如果采用法国、意大利的高税率，就对联邦德国和荷、比、卢3国不利，从而影响联邦德国和荷、比、卢3国对第三方的贸易。反之，如果采用联邦德国和荷、比、卢3国的低税率，就对法国和意大利的国内生产不利。《罗马条约》规定的共同对外税率反映了成员间的妥协，具体的规定是：把法国、意大利、联邦德国和荷、比、卢3国分为4个关税区，统一对外关税率，定为4个关税区在1957年1月1日实际实施的关税率的算术平均数，1958年1月1日所实行的共同对外关税率就是4个关税区的算术平均数。

但在实际计算中，有些国家以高于1957年1月1日的税率作计算基础，所以总的共同关税率高于实际的算术平均数。因为《罗马条约》用以计算算术平均数的法国、意大利的某些项目，采用"法定的"或"许可的"税率，比实际征收的税率高。如法国塑料原料赛璐珞关税率为20%，而在计算算术平均数的清单（一）中列为30%；钢琴关税率为24.4%，清单（一）中变为30%。类似商品有化学、纸张、纺织和机器制造等约50个项目。荷、比、卢3国化学品关税率约为3%，为了把上述项目的共同关税率规定为25%，在清单（五）中把3国化学品关税率提高为12%。此外，实行低关税的联邦德国以及荷、比、卢3国的进口额，就占去了原6国进口总额的60%。共同关税率不采用加权平均数而采用算术平均数显然也是有利于法国、意大利这样的高关税率国家的。

成员1958年1月1日的平均关税率为法国22%，意大利18%，联邦德国11%，荷、比、卢3国9%；按商品分类的平均税率为农副产品14.8%、工业半制成品5.9%、原料0.3%、机器设备13.6%、各类货物7.4%。如图14-1所示，法国、意大利两国原来的关税率比平均关税率高，便分阶段逐步调低；联邦德国和荷、比、卢3国原来的关税税率低于平均关税率，则分阶段逐步提高。关税率分3个阶段拉平，在第1阶段和第2阶段内，将各自的关税率与统一关税率间的差距各缩小30%，共为60%，余下的40%于1968年7月1日拉平。统一对外关税率比《罗马条约》规定的期限提前一年半实现。

欧洲经济共同体作为成员的统一体也获准参加关贸总协定的减税谈判。欧洲经济共同体的共同对外关税率在狄龙回合谈判后降低20%。1964年开始的肯尼迪回合谈判使共同关税率在1968—1972年又降低了35%。1972年1月1日，在肯尼迪回合第5次互减关税完成时，共同市场平均关税率为6%，美国为 7%，当时尚未加入共同市场的英国为 7.6%。

1979 年年底正式签署的东京回合国际贸易协议规定，从 1980 年起的 8 年内，工业品关税再平均削减 1/3，共同体平均削减 1/4，美国削减 1/3，日本削减 1/2。这次减税实现后，各国关税水平差距将进一步缩小。

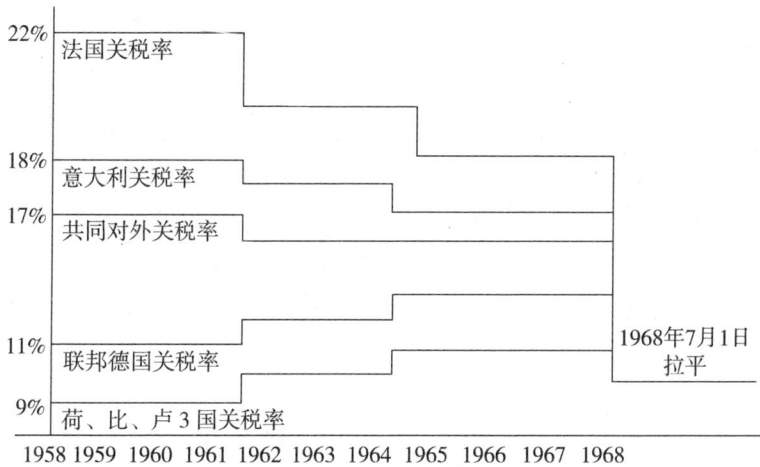

图 14-1　欧洲共同市场共同对外关税率建立示意图

二、欧洲共同体的共同对外关税

关税同盟建立后，各成员对从第三方进口的商品，均按共同对外关税（CET）征税，亦即所有成员都征收同样关税率。大部分原料、材料免税或低税率，半制成品和食品税率较高，制成品特别是消费品税率最高。进口产品均采用布鲁塞尔税则目录（Brussels Tariff Nomenclature，BTN）（1974 年后改称为海关合作理事会税则目录（Customs Cooperation Council Nomenclature，CCCN））。CCCN 第 3 次修订本将所有商品分成两大类，共 99 章：一类（第 1～24 章）为农产品，另一类（第 25～99 章）为工业品，共有 1 100 个税目和 2 500 个子目，均采用复式税率（多栏税率），即对同一商品依据其出口国与欧共体的不同关系采用不同税率。这种区别对待的对外税制，包括特惠税率、协定税率、普遍优惠税率、最惠国税率和普通税率等。

1.特惠税率

特惠税率是共同市场最优惠的税率，适用于原来《雅温得协定》《阿鲁沙协定》的联系国、现在《洛美协定》的签字国。《罗马条约》第 4 部分曾规定将成员所属海外领地、附属国作为联系成员，给予同成员基本相同的关税待遇。《洛美协定》规定非洲、加勒比海和太平洋地区国家出口的全部工业品和 96% 的农产品（余下 4% 优惠待遇）可以免税进入共同市场。

此外，适用特惠税率的还有土耳其、未加入共同体前的希腊、阿尔及利亚、突尼斯、摩洛哥、马耳他、塞浦路斯。欧共体同这些国家都订有联系协定或工业品自由贸易和农产品优惠合作协定，还规定同土耳其、希腊、马耳他、塞浦路斯这些欧洲地区联系国逐步结成关税同盟的目标。

所有这类优惠贸易协定的受惠国，并不要求相应地给予欧共体9国以互惠待遇，一般只需给予"最惠国待遇"。

2.协定税率

协定税率比特惠税率稍高，适用于与欧共体签订互惠贸易协定的各类国家，互相给予优惠关税待遇，如欧洲自由贸易联盟成员、地中海沿岸国家等。但自1977年7月起，欧共体和欧洲自由贸易联盟的奥地利、瑞士、瑞典、芬兰、挪威、冰岛、葡萄牙以及列支敦士登之间实现工业品贸易全部免税，部分农产品相互优待，结成17国自由贸易区。不过，以上8国保留各自对第三方的对外关税制度，实行产品原产地规则，只有自由贸易区生产的产品方可享受优惠待遇。

地中海沿岸国家，包括西班牙、以色列、埃及、黎巴嫩、约旦及叙利亚的工业品进口税也得到大幅度削减。现在，这些国家所享受的协定税率与《洛美协定》国家所享受的特惠税率之间的区别已基本上消失。

3.普遍优惠税率

联合国贸易与发展会议在1969年通过决议：发展中国家向发达国家出口制成品和半制成品，应给予免税或减税的优惠待遇。会议一致赞成早日建立一个彼此可以接受的非互惠的有利于发展中国家的普遍优惠制（General System of Preference，GSP）。这种普惠制的特点是：所有发展中国家都同样享受，并且是非互惠的。欧共体是西方经济体中第一个响应联合国贸发会议要求实行普惠制的。

凡列入欧共体成员受惠商品清单的商品，可以受惠；未列入的不能受惠。

工业品在一定限额内实行免税。对一些竞争激烈的所谓敏感性商品，如纺织品、鞋类、服装等采用关税配额（tariff quota）。欧共体规定一个总的限额，然后在各成员间按比例分配（9国分配比例大致为：联邦德国27.5%，荷、比、卢3国10.5%，法国19%，意大利15%，丹麦5%，爱尔兰1%，英国22%），在规定配额内进口免税，配额以外的进口征收普通关税。非敏感性商品受共同市场的最高限额约束，受惠国享受每种产品免税优惠待遇的最大数额不能超过共同市场最高限额的50%，有的产品的最大数额只有20%或30%；最高限额不在成员间进行分配，而由欧共体执委会统一管理。如果从各个受惠国进口的某种产品总和超过共同市场最高限额，或从受惠国的进口超过其最大数额，执委会可根据市场情况随时对超出部分征收普通关税。

农产品方面，根据欧共体第3026/76号条例规定，对285项农产品进口实行减税，减税幅度相当于最惠国税率的20%、10%直至全部免税；对304项加工农产品进口的减税幅度相当于最惠国税率的4%，无数量限制。该条例规定有例外条款，即安全条款。例外条款规定，凡享受普遍优惠待遇进口的产品，如其数量或价格严重危害或可能危害共同市场同类产品或直接竞争产品的生产者，可全部恢复或部分恢复普通关税。这样，共同市场随时可利用这项条款不履行自己所承担的普惠制中的有关义务。

享受普遍优惠关税待遇的产品必须附有原产地证明书，由海关查验，据以实施差别关税和查核输入货物是否在其国别配额之内。例如，1976年法国规定中国对法出口的纺织品配额中，真丝绸为121万法郎，地毯为142万法郎，毛料为357吨，棉布为900吨，我国对法输出这些商品每批均须有原产地证明书。

我国是一个发展中的社会主义国家，在国际贸易中也应享受普惠制关税优惠待遇。经过谈判，欧共体决定从1980年1月1日起正式给予我国普惠制待遇，范围包括770个税号产品（其中工业品680个、农产品89个）和纺织品1 000多吨。这将有助于我国同欧共体贸易关系的发展。

4.最惠国税率

最惠国税率高于前3种税率，低于普通税率，适用于关贸总协定的成员以及与欧共体签有双边最惠国待遇协定的国家。肯尼迪回合后，1972年制成品的最惠国税率平均约7.6%，比1958年共同市场成立时的税率（14.3%）几乎降低一半。

5.普通税率

对不属于上述各类国别的产品进口，采用普通税率（即最高税率）。税率幅度随货物品种而异，从百分之零点几至20%～30%。以比利时1972年的关税率项目为例，甘草汁普通税率比普惠税率高4%，比特惠税率高21%；蜡烛的特惠税率与普惠税率均为0，普通税率为9.6%；棉布的普通税率比国际纺织品协定国税率高15%；照相机的普通税率比普惠税率高10.5%。

从以上看出，欧共体采用差别关税，对发展中国家实行优惠税率，体现了它谋求改善和加强同发展中国家的关系，扩大出口市场，并使原料、能源进口来源多元化的对外政策。虽然在工业品方面因欧共体成员的竞争能力较强，关税优惠幅度较大，但对农产品实行的仍是保护关税政策，即使对发展中国家和签有优惠贸易协议成员的农产品，特别是农产品加工品，也普遍征收关税。对来自这些经济体的那些未包括在普惠制范围的农产品实行的税率与对第三方实行的普通税率相差不多。例如，牛肉进口的普惠税率、协定国税率以及对土耳其实行的特惠税率与对第三方实行的普通税率均同为24%，蜂蜜同为27%，蘑菇（人工培植）同为16%，桐油同为3%。

三、欧洲共同体的非关税壁垒

自欧共体于1968年7月建成6国共同市场，于1977年7月实现9国共同市场后，成员间取消关税和进口限额，以及对第三方建立统一税则。在关税同盟内，成员之间已经联成一个统一市场，成员产品可以在统一市场内自由流通，成员间贸易显著扩大。从1958年到1972年，6个成员间相互贸易增加了724%，相互贸易在它们贸易总额中的比重从1958年的30%增为1977年的50%。成员经济迅速发展，共同体范围内生产专业化、协作化的国际分工逐步形成，从而为经济一体化进程迈开了重要一步。

然而，在欧共体内部并未做到商品完全自由流通。贸易的关税壁垒取消后，非关税壁垒不仅未消失，各成员为保护本国工业，反而在不同程度上增设了各种非关税壁垒，使有些商品不能在共同市场自由流通，还常常引起成员间发生摩擦和争吵。

非关税壁垒主要是指一些不是通过征收关税，而是通过法律、政策等措施形成的限制进口的贸易壁垒。非关税壁垒名目繁多，据关贸总协定估计，资本主义国家的非关税壁垒现有800多种，其中许多都属税收、金融及行政措施。欧共体成员不仅对第三方采用非关税壁垒，而且在成员间也存在大量非关税壁垒，这已成为影响成员间加强经济交流与贸易联系，从而影响共同市场巩固、发展的不利因素。这里着重研讨欧共体内部非关税壁垒的现状及发展趋势。

欧共体成员采用的非关税壁垒大致可归纳为以下几种：

1.限制进口数量

规定进口限额，是非关税壁垒的一种常见形式。进口限额在同第三方的纺织品贸易中采用最广。纺织品的世界性过剩，迫使共同市场对纺织品实行进口限额。根据1973年《国际纺织品贸易协议》，33个国家在1974年缔结自动限制出口协定，限制第三方纺织品向共同市场出口，并规定实行出口方输往欧共体9国的总配额和分别输往各成员的国别配额的双重配额制。当某一成员的配额用完时，即使其他成员的配额尚有剩余也不得自由调用。这就实际上起了进一步压低总配额水平的作用。

限制进口数量，一般采用进口许可证。凡不属于欧共体成员贸易自由化商品清单列出的商品，进口都需要申请许可证。

有时虽不规定进口限额，但采取了加征特别进口税的办法，实际上也具有限制进口数量的作用。例如，1961年6月，共同市场6国间冰箱进口限额取消后，意大利冰箱由于售价比法国低20%，大量涌进法国，占法国冰箱产量的22.5%，严重影响法国冰箱生产和法国厂商的利益，法国便采取对意大利冰箱征收特别进口税的办法来限制进口。当然，意大利也援用了同样办法保护其铅、锌、硫黄和丝织工业，以示报复。

　　显然，用规定进口数量的措施限制进口与关税措施同样明显，容易引起外国指责，有关成员可向欧洲法院（有关第三方可向关贸总协定）提出控告，要求取消这种限制或者向限制进口国家直接提出抗议直至实行报复。

　　2.不同的国内税收制度

　　共同市场的许多非关税壁垒，是由于各国利用不同的课税制度和不同税率相互倾轧所造成的。各国取消内部关税后，仍然征收各种直接税、间接税。直接税的高低影响出口商品成本和出口竞争力，与形成非关税壁垒无直接联系。间接税（营业税、货物税等）在产品进口时计征，出口时退税，通过提高进口商品价格限制外国商品进口。这是比关税更为灵活和具有伪装性的限制进口的手段。表面上看来，国内捐税是为国内产品制定的，属各国政府权限范围内的事，因而不受贸易协定和国际法规约束。实际上，虽都同样征收营业税，但由于计税方法和税率不一，本国产品营业税按出厂价计征，而进口商品营业税以进口价加关税和附加税的总额计征，所以进口商品缴纳的营业税明显高于本国相同产品的营业税。这种营业税一类的间接税，已在欧共体成员间筑起了一道保护本国市场的所谓"财政边界"。

　　为了协调成员的间接税，欧共体部长理事会决定，从1970年起普遍实行增值税，以代替各成员原来实行的营业税，并作为9国撤除"财政边界"的第一步。

　　3.不同的技术标准

　　各成员制定的各种各样的技术标准、法律和规章，也对欧共体内部贸易设置了种种技术障碍。在实施这些标准的过程中，外国产品总是比本国产品处于不利的地位。政府规定的新技术标准，其目的往往就是刁难与排斥进口商品。此外，销路以本国市场为主的厂商，本已具备条例规定的各种条件，自然比较容易调整生产，使其适应本国所规定的各项标准。但是，如果英国企业为了在法国市场销售汽车，或者法国企业希望在英国市场销售电器用具，就必须使这些产品不断变化和调整，以适应各国市场的不同规定；否则，就无法进入他国市场。而采取这些措施，势必要增加成本，提高出口价格。技术标准的执行程序也影响商品进口，为了达到限制进口的目的，往往对外国商品借故刁难，故意少发、缓发或拒发商品合格证。

第三节　共同农业政策

一、共同农业政策的主要内容

　　共同农业政策是欧洲共同体组织农业共同市场和推行农业一体化的计划和

政策。共同农业政策通常与关税同盟并列为欧共体经济一体化的两大支柱，是欧共体活动中非常重要的内容。

根据已取得的协议，欧共体共同农业政策的主要内容是：建立一个欧共体范围的农产品单一市场，对外受到关税和税收制度的保护，内部通过价格管理政策使之稳定，并辅以一些结构改革措施；为在财政上保证共同农业政策的实施，还建立了一项共同农业基金。

由于欧共体农业的特殊性，共同农业政策采取了不同于工业品关税同盟的方式。其主要内容和实施情况可大致归纳如下：

（一）建立农业共同市场组织，实行统一的农产品价格管理

从1962年1月欧洲经济共同体部长理事会通过规则建立谷物的共同市场组织起，至今这类市场组织已几乎包括了所有重要的农产品。共同农业政策将欧共体各成员生产的农产品划分成若干大类，每一类农产品由一个市场组织管理。到20世纪80年代初，这样的共同市场组织有20余个。

每个市场组织设有一个管理委员会。管理委员会由各成员派代表组成，由执委会的一名官员主持。委员会内采取与部长理事会一样的表决程序。管理委员会讨论执委会提出的实施提案：如果管理委员会以特定多数表示赞同，或者赞成与反对均未达到特定多数，执委会可以作出决定；如果管理委员会以特定多数表示反对，则执委会或是撤回提案进行修改，或是将有争议的提案交理事会去决定。

欧共体的农产品共同市场与工业品共同市场不一样。后者是一种自由的市场，即价格基本上是由市场因素决定的；前者是一种受到价格管理制度统制的市场，农产品的价格只能在有限的范围内波动。在各类农产品的生产年度开始前，部长理事会根据执委会的建议，为该产品制定了用来管理市场的一系列共同价格。这些价格视产品市场的不同而在名称上有所不同，但它们的基本作用是相同的。其中最主要的有下述三种：

1.目标价格

目标价格（或指导价格、基本价格）是共同体农业生产者希望得到的价格，在一定程度上还起着保护消费者利益的作用。该价格由部长理事会每年决定一次。

2.干预价格

干预价格，也叫支持价格，是生产者保证可以得到的最低价格，即当生产者不能从市场上获得满意的价格时，至少可以从干预机构得到的价格。它由部长理事会每年规定一次。

3.门槛价格

这是欧共体外部农产品到达欧共体港口时的最低进口价格。它由执委会每年估算一次。

这些价格均是以计算单位来确定的，各国将它们换算成各自货币表示的价格，予以实施。这就是所谓的共同价格。

（二）协调成员的农业结构改革政策，提高农业劳动生产率

要完全实现《罗马条约》为共同农业政策所规定的目标，仅仅采取上述价格管理制度和关税壁垒措施，显然是不够的，还必须把旨在提高农业劳动生产率、协调和改善国家和地区间发展不平衡的农业结构改革提上议事日程。这本应是共同农业政策中具有战略意义的重要环节，但是，由于各国的农业结构差异很大，各自的政策意图也不一样，在协调各国的结构改革政策和制定共同的结构政策方面，矛盾和阻力一直很大。

早在1958年探讨制定共同农业政策的斯特雷扎会议上，就提出了改革农业结构的问题，并要求执委会就这方面通过协商提出措施。1960年执委会建议改善欧洲经济共同体各成员的农业结构，消灭不盈利的中小农户，使成员的农业成本逐步趋于接近。在其后的若干年中，执委会又曾提出过一系列关于改进农业结构的建议。但在整个20世纪60年代，欧洲经济共同体在农业方面几乎把全部精力都花在制定价格、管理和建立市场组织上了，在改进结构方面进展极少。

到1967年和1968年，欧共体在谷物、食糖和乳制品方面出现了大量的过剩，用于支持价格的费用激增。同时，由于执行了价格政策，生产效率高的大农场主与生产效率较低的小农户之间的收入差距进一步扩大了。在这种情况下，加快农业结构改革的步伐，显得急迫起来。1968年年底，欧共体执委会负责农业的执委曼斯霍尔特，提出了一份《关于欧洲经济共同体农业改革的备忘录》（通称"曼斯霍尔特计划"）。这是一项改进农业结构的10年计划。计划建议到1980年，将农场的平均规模由当时的12公顷扩大到80～120公顷；减少500万公顷农业用地；通过转业或提前退休，将1 000万名左右的农业就业人口减少一半。1971年3月，部长理事会通过一项关于共同农业新方针的协议，确定了农业结构政策的原则。1972年，迈出了推进共同农业结构政策的重要一步，通过了第一批关于结构改革方面的3项指令：关于农场现代化的指令；关于鼓励农民放弃经营农业和从改进结构方面考虑分配农业土地的指令；关于为从事农业的人员提供社会、经济情报和职业训练的指令。其后，在1975年1月通过决议建立"欧洲地区发展基金"；同年4月通过了支持山区农场的指令；在1977年又通过了改善农产品加工和销售条件的规则。欧共体的

农业结构改革工作开始有了实际的内容。

这些指令和规则所涉及的农业结构改革工作，主要有下述一些方面：

1.促进农场现代化

那些收入低于当地非农业人口的农场主，只要符合4个条件（以农业为主要职业、具有足够的职业专长、同意建立会计账目、制订出发展计划并得到本国有关当局的批准），就可以获得低息贷款来推进农场的现代化，还可以在建立会计账目、购买和租用农业土地以及进行土地合并和水利工程等方面得到资助。对这些促进农场现代化的援助，25%由共同农业基金开支，其余由本国政府提供。

2.减少农业就业人口，扩大农场规模

对愿意放弃务农的年龄在60～65岁之间的农民（在那些农业人口占总就业人口15%以上的国家，年龄范围可放宽至55～65岁），如果愿意将土地出售或出租（至少12年）给其他农民或者转作植林、娱乐及公共设施等非农业用途，可以获得退休补贴，已婚的每年900欧洲计算单位，单身的每年600欧洲计算单位，同时还可以视放弃土地的大小，取得一笔酬金。

另外，对联合经营的农场，进行直接援助，鼓励扩大农场规模。

对这方面的开支，由共同农业基金开支的部分原则上也是25%，但在那些农业就业人口比例高于欧共体平均水平和人均国内生产总值低于欧共体平均水平的地区，比例可提高到65%。

3.提供社会、经济情报和职业训练

各成员根据欧共体指令，在本国建立和发展情报服务机构，为从事农业的人员提供改善其经济状况和经营方法的情报和咨询；同时，还为农民和农业雇佣人员提供教育和职业训练，使他们获得新的和先进的职业技能。在这方面，欧共体的社会基金有义务为这些措施提供部分资金，同时各成员还建立起一种制度，在训练期间对接受训练的人员提供特别援助，以保证他们的收入。

4.援助山区等经营困难的农业地区

对那些因地形、气候等条件经营农业比较困难，而又必须维持生产以保持最低居住人口的地区（占欧共体农业面积的1/4左右，占欧共体农业产量的10%左右），由欧共体提供直接援助。援助的方式是多种多样的，可以根据农场的规模（如根据农场面积或饲养牲畜的头数等）支付，也可以以特惠的资金贷款或利息回扣等方式进行。各成员用于这方面的资金，也由共同农业基金支付其中的25%。

5.改善农产品的加工和销售条件

欧共体的指令规定对那些有利于农产品贮存、加工和销售的项目，如建造仓库、冷库、屠宰场、市场等，提供援助。在这些费用中，共同农业基金一般提供其中的25%，但在某些困难地区可提高到30%～50%；从1978年起的5年内，共同农业基金为这类项目每年提供1.22亿欧洲计算单位。

此外，欧共体还在1975年建立了"欧洲地区发展基金"，用来援助开发那些经济不发达的地区。由于这类地区有很大一部分是以农业经济为主的，这些援助也或多或少地与这些地区的农业结构改革相联系。按照部长理事会的决定，在头3年（1975—1977年），欧洲地区发展基金开支分别为3亿、5亿和5亿欧洲计算单位；1978—1980年，分别为5.8亿、6.2亿和6.5亿欧洲计算单位（但实际开支一般都低于这些数字，如1978年和1979年分别是5.25亿和4.99亿欧洲计算单位）。

从上述措施来看，欧共体农业结构改革方面的工作，主要还是由各成员来进行的，欧共体所起的作用是协调各成员的政策和提供部分资金。由于推行了结构改革政策，欧共体的农业结构发生了一些变化，主要表现为：

（1）农业就业人口大大减少。按9国计算，1958年欧共体成员的农业就业人口约为1 900万，相当于总就业人口的20%左右；到1979年农业就业人口已下降至790万左右，约占总就业人口的7.7%。

（2）农场的规模普遍扩大。1960年，欧共体各成员的农场平均面积一般都低于10公顷，法国和卢森堡稍高些，也只有17公顷和13.4公顷。到1970年，欧共体6国的农场平均规模除意大利外，已扩大到13公顷左右。到1977年，欧共体9国的农场平均规模为17公顷，其中，意大利最低，为7公顷；联邦德国、比利时和荷兰在13～14.2公顷；丹麦、法国和爱尔兰为22～23公顷；英国最高，达62公顷。[①]可以看出，农场规模的扩大，主要是20世纪70年代欧共体推行了一系列结构改革指令后发生的。

（3）农业机械化程度提高。欧共体各成员的农业技术装备情况的改善，在农业机械数量的增加上有所反映。以9国计算，农用拖拉机的台数由1961—1965年的321万台增至1975年的496.8万台，同期收割机由28.3万台增至48.3万台。[②]考虑到在此期间农用土地面积的减少（9国的耕地和牧场面积由1961—1965年的1.0143亿公顷减少至1976年的9 390万公顷[③]），欧共体成员农业机械装备的密集度有了较显著的提高。此外，在建立欧共体范围的经济情报设施和对农业生产者提供职业训练、推广先进农业技术和良种方面，也都取得一定效果。例如由于"欧罗巴"良种乳牛的普遍推广，以及强化饲料的应用、机械化程度的提高和兽医学的进步，共同体每头乳牛的牛奶年平均产量，已由

---

① 欧洲共同体执委会的《共同农业政策》（1977年12月）第9页。
② 联合国粮农生产组织的《生产年鉴》（1977年）。
③ 联合国粮农生产组织的《生产年鉴》（1977年）。

1960年的 3 000 千克，提高到1970年的3 400千克和20世纪90年代的4 000千克以上。

二、建立欧洲农业指导和保证基金

根据1962年1月14日部长理事会通过的规则而建立起来的"欧洲农业指导和保证基金"（简称为"共同农业基金"），是专门为实施共同农业政策提供财政保证的。基金由执委会根据部长理事会的委托进行管理。各成员派代表组成了一个基金委员会，在执委会代表主持下协助经营有关基金的事务。

共同农业基金的开支分为"保证部分"和"指导部分"。

保证部分主要用于农产品的干预收购（包括贮存、处理和转售等费用）、出口补贴以及由货币汇率波动而引起的货币补偿金额等。这部分开支在1967年7月之前，是由各成员和共同农业基金共同分担的，其中由基金分担的部分自1962—1963年起从1/6、3/6、6/10和7/10逐年增加，从1967年7月开始，则由共同农业基金单独负担全部开支。

保证部分的开支办法，最初是由各成员先行垫付，然后向共同农业基金"报销"；从1964年开始，采取了由各成员设立账户，同时记载应向共同农业基金缴付的款项和应由共同农业基金偿付的款项，在结算时多退少补。由于这种办法的结算往往要拖很长时间，在1967年又采用了一种预先付款的办法，即由共同农业基金根据将各成员的这部分开支的估计数作为部分预先付款，以后再作结算偿付。从1971年起，随着共同农业基金纳入欧共体预算，又改为由欧共体直接支付的办法，由各成员分阶段向执委会提出财政状况和各支付机构的预测开支，执委会与基金委员会会商后，在一个月内向各成员作预期支付，由各成员分配给各支付机构来支付保证部分的费用；结算时由成员汇总账目和必要的单据，执委会与基金委员会审核后进行决算。

共同农业基金的指导部分主要用于下述三个方面：

1.改进生产设施和农产品销售的工程

前者如土地改造工程、水利和灌溉工程、造林工程等，后者如商场、屠宰场、酒窖、仓库等建造工程。这类工程可通过本国政府向执委会申请，由执委会与基金委员会及农业结构常设委员会协商后作出决定，提供部分资金。

2.部长理事会决定的特别开支

这类开支系部长理事会决定采取的一些特别措施所产生的，如援助修复自然灾害所造成的破坏、资助农场联合经营、对屠宰乳牛和乳制品非商业用进行补贴等。

3.共同措施

这主要是指旨在进行农业结构改革的活动，如关于农场现代化、减少农业就业人口、提供经济情报和职业训练等方面的措施，它是指导部分的主要开支项目。这类措施一般由欧共体以指令的形式提出，由各成员根据本国的立法来实施，共同农业基金提供部分资金（如前所述，一般是25%，特别情况下可高达65%）。

按最初的规定，指导部分的开支最高可达保证部分的1/3，但实际上从未达到过这样的比例。1966年以后部长理事会重新规定了这部分开支的最高限额（最初是每年2.85亿欧洲计算单位，1973年扩大后增至3.25亿欧洲计算单位，1979年又决定从1980年起提高至7.2亿欧洲计算单位）。可是由于保证部分开支从20世纪70年代末开始急剧上升，指导部分的限额虽然几经提高，它在共同农业基金中占的比重却继续趋于下降。例如在1978年和1979年，保证部分的开支（包括货币补偿金额开支）分别为92.8亿和104.3亿欧洲计算单位，而指导部分只有3.24亿和4.03亿欧洲计算单位，后者只相当于前者的3.5%和3.86%。

第四节　经济和货币联盟

一、经济和货币联盟的制定

欧洲经济共同体工业品关税同盟提前建成和共同农业政策基本实现以后，为促使成员之间贸易的进一步发展，共同体面临稳定各成员之间的货币汇率、解决国际收支困难，以及在成员货币汇率发生变动时如何保持农产品的共同价格等一系列新问题。为了巩固和继续推进经济一体化，1969年12月欧共体国家首脑会议正式提出把建立经济和货币联盟（Economic and Monetary Union，EMU）作为欧洲共同体的一项重要目标。

根据《罗马条约》第105条，1958年6月，欧洲经济共同体成立了一个咨询性的货币委员会。1960年3月，经部长理事会同意，建立了短期经济政策委员会。尽管按照《罗马条约》，欧洲经济共同体机构在促进成员货币政策、国际收支的调整政策的协调、对外措施和为赤字筹措资金方面负有责任，但是，各成员在汇率变化和国际信贷方面采取行动之前，从未同货币委员会打过招呼。例如，1961年3月联邦德国马克和荷兰盾升值、1964年3月意大利里拉发生危机向国际货币基金组织和美国求援，都没有事先通知货币委员会。而意大利的行动，正反映出欧洲经济共同体本身缺乏在成员国际收支失调时为其提供信贷方面的手段。

1962年10月，执委会在向部长理事会提交关税同盟第二阶段行动计划的草案中，曾就加强成员经济政策的协调和缩小成员之间汇率波动的幅度提出建议，但是未获部长理事会同意而被搁在一旁。1964年里拉危机后，该建议又被重新提到部长理事会议程。6国决定在执委会下增设中央银行行长委员会、预算委员会和中期经济政策委员会等机构，还规定汇率变动必须事先进行通报和协商。但是，实际上这些机构仅在收集和了解成员的经济和货币情况方面起了一些作用，并不能对成员的有关事务施加影响和进行协调。例如，法国政府在1969年8月8日宣布法郎贬值，而直到8月10日才通知欧共体有关机构，仍然没有做到事先协商。因此，直到20世纪60年代末，欧共体在货币一体化方面没有取得实质性进展。

欧洲共同体执委会在1968年2月向部长理事会提交了一份关于慎重处理欧共体在货币方面行动的备忘录，并提议中央银行行长委员会和货币委员会就下述题目进行"研究"：

（1）只有通过共同协议才能改变汇率；

（2）成员的货币之间消除被动幅度，而对非成员应用同样的波动幅度；

（3）根据《罗马条约》第108和109条，建立一种信贷互助的安排；

（4）规定用于联合行动的欧洲计算单位。

1969年2月，执委会副主席巴雷提出建立经济和货币联盟的最初建议。这项建议经过不断修改和补充，被称为"巴雷计划"。它的主要内容是：第1期到1971年年末为预备期，6国在此期间须协调经济政策，避免通货膨胀率过大的差别。第2期实现经济政策的合作，使之最后趋于统一，各国货币的浮动幅度规定为现行水平2%（指布雷顿森林协定规定的波动幅度）以下。第3期从1978年起建立统一货币，最主要的一点是集中各成员的储备作为共同基金；实行固定汇率；取消成员之间资金流动的限制；各成员实行共同的财政政策。部长理事会对该建议略作修改，即把1期由原计划的1年延长到1973年年末，并规定货币联盟的目标是"在国际货币体系内形成一个独立的货币单元"，逐步缩小欧共体各成员货币的波动幅度直至重新回到固定汇率，最后对所有成员发行一种货币，称为"Europe"。部长理事会把这些意见交给一个由卢森堡首相皮埃尔·维尔纳领导的专家小组（后来被称为维尔纳小组），要求拟出具体方案。

1970年10月8日，维尔纳小组向部长理事会正式提出《关于在共同体内分阶段实现经济和货币联盟的报告》（《维尔纳报告》）。

《维尔纳报告》主张，欧洲经济和货币联盟在10年内（1971—1980年）分为3个阶段实现。第1个阶段从1971年年初至1973年年末，主要目标是缩小成员货币兑换率的波动幅度，着手建立货币合作基金，以支援稳定汇率的活动，加强有关经济政策和货币政策的协调。第2个阶段从1974年1月1日至1976年年末，主要目标是使成员的经济和货币政策趋于一致（特别强调使成员的平价变化政策趋于一致，使成员不能自行决定平价变动），各国货币间的汇率进一步稳定甚至固定下来，集中成员的部分外汇储备，由合作基金转变为共同外汇储备基金，资本流动逐步自由化。第3个阶段从1977年至1980年年末，欧共体将成为一个商品、劳务、人员和资本自由流动的经济统一体，固定汇率制向发行统一货币发展，共同外汇储备基金向建立联合中央银行发展。

报告中建议成立一个具有超国家权力的决策中心和成立发行统一货币、具有共同储备基金的共同体中央银行体系。

但是，报告中关于建立一个超国家权力的决策中心的建议遭到法国的反对，因此，《维尔纳报告》经过执委会的审定后，作为正式文件递交部长理事会时，已把成立超国家的决策中心的内容全部删掉，货币联盟的规划也只侧重于近期需要，对于前景的规划则是非常笼统的。1971年2月，各成员在此基础上达成最后协议。其中就第一阶段（1971年1月1日到1973年12月31日）作了较为具体的规定，其要点是：

（1）缩小欧洲共同体各成员货币的汇率波动幅度，6国的中央银行为使它们的货币保持在规定的上下限范围内，在货币市场上共同采取干预行动；

（2）建立货币合作基金，以便为成员稳定汇率提供贷款；

（3）加强货币和信贷政策的协调；

（4）逐步开放欧共体内部的资本市场；

（5）协调6国的预算政策，主要是协调预算赤字的数额；

（6）统一实行增值税和公司税；

（7）在国际货币问题上，逐步采取共同立场。

建立一个有效的情报系统，一年进行3次一般情况调查，以作为商定中期经济政策、短期经济政策、预算政策和货币政策的基础。

二、经济和货币联盟计划的执行

欧洲共同体的经济和货币联盟计划自1971年开始执行，到1978年3月提出建立欧洲货币体系，历时8年之久。关于计划执行的情况，大致可归纳为以下几点：

（一）从缩小汇率波动幅度到建立联合浮动制

根据《维尔纳报告》所设想的货币一体化计划，主要是通过逐渐缩小汇率波动幅度的途径，达到完全的固定汇率，并在此基础上产生欧洲统一货币。这反映了欧共体的某些货币专家的观点，试图通过缩小汇率波动的幅度，达到固定平价，以使成员的货币和资本在欧共体内部自由流通。

但是，实际情况表明，货币问题极其复杂，它受到欧共体内外各种因素的影响，特别是受到以美元为中心的国际货币体系从动摇到崩溃的严重影响。与20世纪60年代相比，各成员货币汇率的波动幅度不是逐步缩小，而是越来越大、越来越不稳定了。在稳定汇率关系方面所采取的共同措施，前后变化过程如下：

1.缩小汇率波动幅度

在执行计划之前，西欧各国货币按照布雷顿森林会议的规定，实行与美元保持固定比价的制度，各国货币同美元比价之间只允许有上下波动各1%的幅度。在波动幅度超过1%时，有关国家的中央银行就要干预货币市场，使汇率波动回复到规定的标准。1958年欧洲经济共同体6国已把它们的货币与美元的比价波动幅度缩小为上下各0.75%，共1.5%。

1971年3月，部长理事会为贯彻经济和货币联盟计划，作出了从当年6月起，欧共体内部的汇率上下波动幅度从1.5%缩小为1.2%的决定。但是，该决定还未执行，5月和7月就连续发生两次美元危机。尼克松政府为了转嫁危机，在8月宣布所谓"新经济政策"，除了对内采取冻结工资和物价等措施外，对外停止外国政府用美元向美国兑换黄金和征收10%的进口附加税。6国为对付美元危机，都从维护本国利益出发，各行其是，联邦德国继续使马克浮动，意大利里拉继之，法国实行双重汇率制，并加强外汇管制，荷、比、卢3国实行联合浮动。

2."蛇行于洞"制

在尼克松政府表示经济问题要跟防务问题联系起来讨论的威胁下，西方"10国集团"经过4个月的激烈争论，在1971年12月达成了《史密森协议》[①]。协议重新调整了主要国家货币的汇率，规定各国货币对美元的比价波动幅度上下限由原来各1%扩大为各2.25%，即总波幅为4.5%。

1972年3月，部长理事会根据《史密森协议》，决定欧共体实行"可以调整的中心汇率制"，把成员货币相互间汇率的波动幅度，从1971年12月《史密森协议》所允许的固定比价上下波动总幅度4.5%缩小一半，即6国货币相互间的双边比价只能在固定比价2.25%的总幅度内波动（上下波动幅度各为1.125%），这一规定从1972年4月开始实行。

西方把各种货币都与美元挂钩，对美元汇价的波动限于固定比价上下各2.25%的大幅度，称为"洞"，而把欧共体6国货币的汇率波动幅度缩小一半（1.125%），叫作"蛇"，这就是"蛇行于洞"（The Snake in the Tunnel）制的来历。为了保证"蛇行于洞"制的运行，欧共体6国和英国等申请国同意在干预外汇市场时，只用彼此的货币，而不使用美元，以逐步摆脱对美元的依赖和削

---

① 该协议是在华盛顿的史密森氏研究所举行的资本主义国家金融货币会议上达成的，以此得名。

弱美元在欧洲货币市场上的作用。

1972年4月，"蛇行于洞"制开始实行，参加的是欧共体的6个成员，即联邦德国、法国、意大利、荷兰、比利时和卢森堡。5月，当时已签订加入欧共体条约的英国、丹麦、爱尔兰和挪威也参加了进来。6月，英国、丹麦和爱尔兰又宣告退出。10月，丹麦重新加入。1973年2月，意大利宣布退出。至此，参加"蛇行于洞"制的有欧共体成员联邦德国、法国、丹麦、荷兰、比利时、卢森堡以及后来没有加入欧共体的挪威。

3.联合浮动制

欧洲共同体的"蛇行于洞"制继续受到美元危机的干扰。西方货币市场在1971年12月美元贬值后仍不稳定。由于美国政府不恢复美元兑换黄金，听任美元大量外流，而且它的国际收支逆差有增无减，以致1972年6月、1973年1月和3月又连续3次发生美元危机。《史密森协议》在1973年3月崩溃了，从而也标志以美元为中心的布雷顿森林体系的彻底崩溃。此后，各国货币不是单独浮动，就是联合浮动，4.5%的波动幅度已没有哪个国家再遵守了。这时，欧共体成员的"蛇"还在，只是"洞"已没有了，变成"离洞之蛇"（The Snake Leaves the Tunnel）。

在蛇形联合浮动制下，内部联合浮动的幅度虽说是固定的，却是可以调整的。由于欧共体9国经济发展不平衡，联合浮动制仍然需要不断进行调整。1973年3月，联邦德国马克就升值3%，作为对美元及其他货币实行联合自由浮动的先决条件。同年6月，联邦德国马克对联合浮动的其他货币再升值5.5%。9月，荷兰盾对其他浮动货币升值5%。1974年1月，法国宣布法郎暂时退出联合浮动，到1975年7月重新加入联合浮动。但于1976年3月，法郎又因受到投机风潮的袭击，再次退出联合浮动。10月，联合浮动受到外来投机冲击，结果，联邦德国马克对荷兰盾、比利时法郎和卢森堡法郎升值2%，对丹麦克朗升值6%。1977年4月，丹麦克朗贬值3%，8月又贬值5%。1978年，联邦德国马克又对丹麦克朗和挪威克朗的比价升值4%，对荷兰盾、比利时法郎、卢森堡法郎的比价升值2%。联合浮动制历时不过5年，参加的国家却像走马灯似的，法国法郎二进二出，联邦德国马克一再升值，其他货币升贬都有；英镑、里拉和爱尔兰镑退出后，一直保持单独浮动。

在1978年筹建欧洲货币体系时，参加联合浮动制的国家只剩下联邦德国、荷兰、比利时、卢森堡、丹麦和挪威。

由此可见，联合浮动制只是一种国家间自由结合的货币体制，远未达到经济和货币联盟计划所规定的目标。

（二）建立欧洲货币合作基金

欧共体经济和货币联盟计划第一阶段的最大进展，是在1973年4月正式建立欧洲货币合作基金组织。

1972年9月，欧共体6国加上英国、爱尔兰、丹麦在罗马召开部长理事会，具体讨论了执委会提出的关于欧洲货币合作基金集中储备和扩大信贷的一揽子方案。

9国对集中储备问题意见分歧很大。这是因为各成员政府和中央银行都不愿轻易放弃对它们储备资产的控制。集中储备同扩大信贷相联系，持有大量储备的可能债权国同储备较少的可能债务国之间的利益截然相反。可能的债权国对双边协议比多边协议（即通过欧洲货币合作基金组织）更感兴趣。1973年欧共体9国持有的黄金和外汇储备情况如表14-6所示。

表14-6　　　　　**1973年欧洲共同体各成员官方储备额和构成**　单位：百万欧洲计算单位

成员	储备总额		黄金或与黄金有关的储备			外汇储备		
	金额	占总额比重（%）	金额	占本国储备比重（%）	占欧共体储备比重（%）	金额	占本国储备比重（%）	占欧共体储备比重（%）
比利时、卢森堡	4 037	7.1	2 512	62.3	11.7	1 552	37.7	4.3
丹麦	892	1.6	200	22.5	0.9	692	77.5	2.0
联邦德国	26 255	46.5	6 034	23.0	28.1	20 221	77.0	57.8
法国	9 269	16.4	4 558	49.2	21.2	4 711	50.8	13.5
爱尔兰	867	1.5	91	10.5	0.4	776	89.5	2.2
意大利	5 182	9.2	3 554	68.6	16.5	1 628	31.4	4.7
荷兰	4 995	8.8	3 093	61.9	14.4	1 902	38.1	5.4
英国	5 003	8.9	1 467	29.3	6.8	3 536	70.7	10.1
欧共体9国合计	56 497	100.0	21 509	38.1	100.0	34 988	61.9	100.0

资料来源　TSOUKALIS L. The politics and economics of European monetary integration ［M］. London: Macmillan Press Ltd., 1977: 149.

从表14-6可见，9国持有的黄金和外汇储备相差甚大。联邦德国的储备比法国、英国和意大利3国总和还多，几乎占9国的一半。而其中黄金储备和外汇储备的构成也不同，所以在讨论中分歧和争论很多。9国中持有黄金储备比重高的有法国、意大利、荷兰、比利时、卢森堡。法国一向要求调整黄金价格，因为以美元为中心的国际货币制度崩溃以来，黄金的官方价格和自由市场价格相差很多；若不调整黄金价格，法国等是不会同意按当时的官方价格折算黄金储备的。联邦德国是9国中的大财主，主张不要把欧洲货币合作基金作为金融信贷工具，办成地区性国际货币基金，而应办成一个使各国经济政策趋于一致的机构。意大利和英国则赞成逐步合并储备，大大扩大信贷机构和黄金在外汇市场上的积极作用。

最后，9国就基金的最低限度解决办法达成了一项原则协议，即在蛇形货币浮动安排下，成员向基金缴纳按比例规定的份额；成员在结算债务时，债务国的中央银行可向基金申请短期货币支持。

部长理事会决定到1973年4月1日正式成立基金组织。在筹备基金组织时，虽受到美元第二次贬值的干扰，但9国表示争取建立经济和货币联盟的决心毫不动摇，从而使基金组织得以按期成立。

欧洲货币合作基金成立时，基金总额定为14亿欧洲计算单位，每单位的价值与1971年贬值前的美元相等。部长理事会审定的欧洲货币合作基金准备阶段的职责是：在成员发生支付困难时，提供短期货币支持；使共同体内汇率制度顺利进行；在外汇市场上对欧共体各成员货币进行干预；在成员的中央银行之间进行调节，使储备逐渐集中。基金还有一项作用，即作为成员之间进行协商和清算债务的中心，它的日常业务活动受欧共体中央银行行长委员会监督，遇有重大问题则递交欧共体部长理事会决定。基金组织的地址暂设在卢森堡。

显然，只能提供14亿欧洲计算单位作为短期货币支持的货币基金，是不足以解决成员的国际收支困难的。1973年部长理事会决定，按各成员分摊份额来扩大信贷便利，修改短期货币支持。调整后的信贷差额为28.75亿欧洲计算单位，比原来14亿欧洲计算单位增加了1倍以上。

但是，刚成立的欧洲货币合作基金又受到石油危机的冲击。1974年3月，意大利因进口石油涨价而造成30多亿美元的国际收支逆差，一下子破例向基金组织借了20亿美元；但还不能解决它的国际收支危机，又于9月向联邦德国借了双边贷款20亿美元。1974年10月，部长理事会鉴于石油危机给各成员造成国际收支困难的情况，决定增加30亿美元的石油信贷资金。而这对各成员1975年达200亿美元的庞大石油赤字来说，仅是一种微小的补给而已。在这种情况下，1977年4月，9国财政部长会议同意另设立140亿美元的特殊基金，以帮助解决成员中发生国际收支的困难。可见，当时的欧洲货币合作基金的信贷资金有限，在成员发生较严重的国际收支危机时只是怀水车薪。因此，扩大信贷、增强欧洲货币合作基金是稳定9国货币合作的重要前提。

（三）确定欧洲计算单位

欧洲计算单位（European Unit of Account，EUA）是欧洲共同体用来记账、计价、承担共同费用、统计和结算的尺度。欧洲计算单位的构成和使用的范围有一个发展过程。

到1971年为止，欧共体使用的是一种建立在金平价基础上的计算单位，其价值相当于纯金0.88867088克，称为金平价计算单位。它与贬值前的1美元同值。这种计算单位被用于欧共体的预算。各成员用金平价计算单位分摊预算额，然后再折合成本国货币支付。它还用于欧共体的其他方面，如规定的共同承担款项或计算共同价格、共同关税方面的特别税和对违反竞争政策征收的罚款等。

还有一种用于计算农产品共同价格的计算单位，正式定值与金平价计算单位相同，叫作农业计算单位。后来在换算共同价格时，逐渐用具有代表性的汇率代替金平价汇率来换算成各成员货币表示的价格。这些具有代表性的汇率就是众所周知的"绿色"英镑、"绿色"里拉等，即9国货币的"绿色"汇率，现在仍用于农产品计价。绿色货币比价与实际货币比价的差额就是农产品货币补偿金额。

1974年7月1日开始，欧共体改用欧洲货币计算单位（European Monetary Unit of Account，EMUA），它同0.88867088克纯金同值。根据《国际货币基金协定》第二部分第21条，把欧洲货币计算单位换算为各国货币的汇率，作为中心汇率。欧洲货币计算单位的定值与特别提款权的"篮子"货币相同。它用于欧洲货币合作基金在各中央银行之间的债权、债务结算和蛇形浮动制的货币业务。

西方金融货币危机的深化，美元汇价连年动荡不定，欧共体9国为了进一步摆脱美元的不利影响，1975年3月18日部长理事会决定，建立新的"欧洲计算单位"。

新的欧洲计算单位的构成是按照1969—1973年9国出口总额所占的比重来确定的。作为欧共体的记账和结算工具，它首先用于1975年欧共体同46个非洲、加勒比海和太平洋地区国家签订的《洛美协定》所规定的发展基金的计算。之后，欧洲货币合作基金、地区发展基金、社会基金和欧洲投资银行使用的金平价计算单位，也一律改为新欧洲计算单位，接着又扩大到农产品共同价格和共同预算。

这种新的欧洲计算单位后来成为欧洲货币体系确定欧洲货币单位的基础。

（四）协调经济政策，实现人员、劳务和资本自由流通

欧洲共同体的经济和货币联盟计划的另一个主要内容，就是协调各成员的

经济政策和采取共同的政策措施，以保证实现人员、劳务和资本的自由流通。

1.关于人员自由流通

1968年11月，欧共体部长理事会通过决议，规定凡欧共体成员公民在欧共体内可自由流动，在就业、居住、工资报酬、劳动条件、社会保险、职业教育、工会权利等方面享有同所在国公民平等的权利，不得予以歧视。

欧共体对劳动力的自由流动，虽然规定劳工可以自由地从一成员到另一成员去就业和居住，但重点放在采用共同社会政策和共同地区政策，设立欧洲社会基金和欧洲地区发展基金，提供劳工重新训练的机会，帮助在同一地区内的不同职业之间流动。欧洲社会基金成立于1960年，经过几次修改，其规模逐渐扩大。20世纪70年代以来，9国失业问题越来越严重，共同社会政策和社会基金不断加强，在为失业工人提供就业方面起了一定作用。

1975年3月，部长理事会就执委会关于设立欧洲地区发展基金和成立地区委员会的建议达成协议。

1975—1977年，欧洲共同体拨出地区发展基金13亿欧洲计算单位，用于欧共体内农业占优势的地区以及英国的工业生产下降、工业部门变化和结构性就业不足的地区。地区委员会协助执委会和部长理事会协调各成员的地区政策和创办欧共体的共同工程项目。地区发展基金分配如表14-7所示。

表14-7 　　　　　　　　　　**欧共体地区发展基金分配情况**

欧共体成员	在地区发展基金中所占比例 （%）	1975—1977年所获得的金额 （百万欧洲计算单位）
比利时	1.5	19.5
丹麦	1.3	16.9
法国	15.0	195.0
爱尔兰	6.0	78.0
意大利	40.0	520.0
卢森堡	0.1	1.3
荷兰	1.7	22.1
联邦德国	6.4	83.2
英国	28.0	364.0
合计	100.0	1 300.0

资料来源　欧洲共同体执行委员会.关于欧洲共同体活动的第12期总报告.1979（2）：146.

1978—1980年，欧共体又拨给地区发展基金26.7亿欧洲计算单位，对获利较少地区的经济发展和增加就业提供的资金援助不断增加。

2.关于劳务自由流通

欧共体也陆续发布指令，在批发、零售贸易、影片生产、矿业、天然气、电力生产、保险、运输、银行等行业取消国家的限制；在某些行业规定相互承认职业资格。如从1976年年末起，欧共体9国相互承认医生和医务人员的执照，允许在整个共同体内自由开业。律师也享有相似的权利。

3.关于资本的自由流动

根据《罗马条约》第67条，执委会经部长理事会批准，于1960年5月发出第一号指令，并于同年6月生效。这项指令规定如下：

（1）与商品贸易、劳务及人员流动自由化有关的资本和与自由开业有关的资本，应无条件地自由流动；

（2）对在欧共体的股票交易所上市的股票和证券买卖，实行无条件地自由流动；

（3）对资本市场发行和发出的股票和证券以及没有上市的股票和证券，实行有条件的自由流动。

然而，如果任何成员感到这些规定会妨碍它的经济政策的目标，可以维持或重新实行现有的限制。

1961—1962年，6国在欧洲经济共同体范围内已对许多资金流动取消了限制。

在建立经济和货币联盟的《维尔纳报告》中，1971—1973年第一阶段规定，取消残留的外汇管制制度，取消限制成员之间资本流通的各种歧视，协调有关资本市场的各项政策，由中央银行行长委员会加强货币政策的协商，使货币政策措施标准化。

但是，在20世纪70年代由于西方金融货币危机连绵不断，各成员的利率不同和对汇率变化的预测，大量投机资金从一国流到另一国，从而加重了各国货币的不稳定性。在这种情况下，各成员为了维护自身的经济发展，不仅未能在金融货币政策上达成一致，而且在外汇管制上采取越来越严格的措施。

联邦德国原是9国中极力主张资本自由流通的国家。联邦德国马克在20世纪60年代中期，基本上做到了在欧洲经济共同体6国内部可以自由兑换。但是，60年代后期和70年代初的西方金融货币危机，引起抢购联邦德国马克的风潮，大量投机资金流入联邦德国。联邦德国为了保护马克，也不得不加强外汇管制。联邦德国情况尚且如此，其余成员也就可想而知了。

4.关于经济政策的协调

部长理事会在1960年3月决定设立短期经济政策委员会，以加强成员之间经济政策的协商，规定当某成员准备采取的政策措施可能影响到其他成员的经济时，应该把计划通知欧洲经济共同体执委会（对那些需要保密才能贯彻执行的政策则例外），并呼吁各成员在制定经济目标方面尽力协调一致。但是这仅仅停留在字面上。执委会对第一阶段执行情况曾有这样的评价："短期经济政策的协调没有取得预期的结果。事先协商的原则始终得不到重视。就有关财政协商来说，进展也是缓慢的，单一项增值税制度在1973—1974年才陆续在共同体9国实施。"

1972年3月，为了使成员的经济政策得到进一步协调，部长理事会决定一年专门开会3次，负责制定对各成员经济政策年度报告的指导方针。此外，早在1964年，欧共体（1967年7月1日以前称为欧洲经济共同体）6国已协议成立了中期经济政策委员会，以后在1966年、1970年、1976年，先后编制了5年期的中期经济政策计划。这些"指导方针"和"计划"，在部长理事会上被讨论时就争论不休，文件通过后，各成员也并不照此执行。

1973年11月，欧共体执委会提出促进经济和货币联盟第二阶段的建议，指出：从1974年1月1日起，进入经济和货币联盟的第二阶段，时间为3年。这个时期的主要目标是：对付通货膨胀，实行一种适度的经济增长政策，以及对外保持欧共体相对的独立性。

20世纪70年代以来，欧共体内通货膨胀越来越严重，迫使9国把对付通货膨胀列为执行第二阶段计划共同面临的首要问题。欧共体执委会几乎年年提出对付通货膨胀的计划；在财政部长和中央银行行长的定期会议上，也几乎每次会议必把通货膨胀问题列入议事日程，但是，始终没有找到行之有效的办法。除联邦德国外，其余8国通货膨胀情况都很严重。

1974—1975年，欧共体9国先后发生了战后最严重的经济危机，各成员都从本国利益出发，采取各种经济措施来对付经济危机，致使9国之间协调经济发展政策更加困难。

三、欧洲货币体系的建立

（一）建立欧洲货币体系的原因

欧洲共同体为什么不继续执行原来的经济和货币联盟计划，而要另行发起建立欧洲货币体系呢？这是因为，原来的经济和货币联盟计划实际上在第一阶段结束时，已经停顿下来。在第一阶段所实行的联合浮动制，也不是如计划从缩小汇率波动幅度到固定汇率。欧共体在1974年名义上宣布向第二阶段过渡，但是，在协调经济政策方面的措施却是共同对付通货膨胀，这同原计划的内容和目标相差甚远。1974—1977年欧共体9国基本上都忙于对付经济危机和严重的滞胀问题，经济和货币联盟计划一直被束之高阁，无人问津。实际情况表明，经济和货币联盟计划已不适应欧洲经济形势变化的需要。如果 1978 年再重新拾起经济和货币联盟计划，也不会得到 9 国一致同意。实际上 9 国在筹建经济和货币联盟时，对第二阶段协调经济政策就未能取得一致意见。时至 70 年代后期，9 国在这方面也没有具备比当时更进一步的条件，甚至可以说，9 国在国内执行的经济政策比 70 年代初期更不一致，所以，按原计划规定的 3 个阶段、10 年完成的目标是不可能实现的。8 年的实践证明，在走向一体化方面，规定长期的较为壮观的目标也是不明智的。因此，联邦德国和法国在 1978 年 7 月根据实际需要，决定首先从稳定欧洲货币入手，向其他成员提出建立欧洲货币体系的建议，而不是重新拾起经济和货币联盟计划。

具体说，1978 年提出建立欧洲货币体系有如下几个原因：

第一，20 世纪 70 年代以来，美元危机越来越严重地影响欧洲货币的稳定性。频繁爆发的美元危机不但给欧洲外汇市场造成了沉重的压力，而且导致欧洲货币不断出现大幅度的波动。每次美元危机总是大量抛出美元，买进一种或几种被认为比其他货币较为稳定的欧洲货币。这就造成欧洲货币之间剧烈的汇率波动和差异的拉大。1977 年年中以来，美元节节下跌，在外汇市场上掀起一次又一次抛售美元、抢购联邦德国马克和其他硬通货的风潮。从 1977 年春到 1978 年 10 月底，美元对联邦德国马克下跌了 26%，对英镑和法国法郎下跌 19%。由于美元连续下跌，联邦德国马克不断升值，参加联合浮动制的其他货币不得不一再调整对联邦德国马克的原来比价，这就直接影响到联合浮动制的稳定和抵制美元波动冲击的作用。此外，在当时参加联合浮动制的欧共体成员只有 5 个，而法国、英国、意大利、爱尔兰 4 国则在外面保持单独自由浮动；如不采取相应的加强措施，联合浮动制也难以继续存在下去。因此，欧共体成员研究对策，决定建立欧洲货币体系，以摆脱美元激烈波动对它们经济的冲击。

第二，欧共体成员的相互贸易占其外贸总额的一半，它们在整个欧洲的贸易则要占外贸总额的 2/3 以上。对外贸易是促进 9 国经济增长的重要因素之一。后来，由于各成员经济呈现滞胀状态，贸易保护主义抬头，货币动荡不定，9 国相互贸易的比重有所下降，1973 年曾占 52.7%，1977 年已减少到 50.6%。值得注意的是，欧共体中外贸额最大、外贸能力最强的联邦德国，在 1978 年竟出现了战后第一次经济增长主要是靠国内消费增长的情况。因此，在欧洲建立一个稳定的货币区，促进欧洲各国之间的贸易发展，便成为欧共体成员推动经济回升的一项重要措施。

第三，1976 年以来，欧共体成员经济情况逐渐有了好转，也为建立欧洲货币体系创造了有利条件。尤其是在 1978 年，欧共体成员物价上涨率有了一定的减缓，9国平均通货膨胀率从1974年的13.4%下降到1978年的6.8%，各成员之间通货膨胀率的差距也有所缩小，1974年最高为英国的24.2%，最低是联邦德国的5.9%，差距为18.3%；1978年最高是意大利的12.1%，最低是联邦德国的2.6%，差距缩小为9.5%。国际收支状况也有不同程度的改善，法国转逆为顺，意大利和英国也都有了顺差。与此同时，联邦德国马克仍在高位上原地踏步，法国法郎和意大利里拉等弱币所受的压力有所减轻，这就使处于单独浮动的弱币国有可能参加欧洲货币体系。

（二）欧洲货币体系的主要内容

1.创建欧洲货币单位

这是欧洲货币体系的核心。在欧洲货币体系实行之初，欧洲货币单位（European Currency Unit，ECU）的比值与结构同欧洲计算单位（EUA）相同。英镑虽不参加欧洲货币体系，但在欧洲货币单位的构成中有英镑。欧洲货币单位在开始时的构成如表14-8所示。

表14-8　　　　　　　　　　欧洲货币单位的初始构成

货币名称	构成的加权数（%）	各国货币的单位值
联邦德国马克	33.0	0.828
法国法郎	19.8	1.15
英国英镑	13.3	0.0885
荷兰盾	10.5	2.86
意大利里拉	9.5	109.00
比利时法郎	9.2	3.66
卢森堡法郎	0.4	0.14
丹麦克朗	3.1	0.217
爱尔兰镑	1.1	0.00759

资料来源　EC. European Document. Brussels：EC，1979：12.

根据协议，9国货币所占的比重在欧洲货币体系实施后6个月内进行研究和调整一次，以后每隔5年研究或调整一次。在5年期间，如果某种货币（包括英镑）的加权数实际上发生了25%的变化，也可以要求进行调整。

欧洲货币单位的作用主要是：

（1）作为决定每一对货币的中心汇率的标准。

（2）用来衡量各国货币的强弱，作为各国货币的差异指示器。

（3）作为干预和信贷的计算标准。

（4）作为成员当局之间的结算工具。

2.扩大原来的欧洲货币的联合浮动体系，稳定欧洲货币之间的比价关系

规定在内部实行可调整的固定汇率，对美元等第三方货币实行联合浮动。所谓固定汇率，允许成员货币汇率之间波动幅度上下限各2.25%，对意大利里拉的波动幅度则允许扩大到上下限各6%。

欧洲货币体系规定的干预办法，比原联合浮动体系的"格子"体系（即平价网）有所改进。它采用了"格子"体系和"篮子"体系（是发现各成员货币汇率间升降差异的指示器）相结合的干预办法，使各成员货币汇率联系在一起。

这种办法首先确定成员货币之间每对货币的中心汇率和上下限干预点。在欧洲货币体系正式生效时，公布的各成员货币汇率上下限如表14-9所示。

表14-9　　　　　　**欧洲货币体系每对货币汇率间的上下限**

	联邦德国马克	法国法郎	荷兰盾	比利时法郎	意大利里拉	丹麦克朗	爱尔兰镑
1联邦德国马克	—	2.2582	1.0596	15.3665	430.698	2.7598	0.25806
		2.3621	1.10835	16.0740	485.576	2.8864	0.269937
10法国法郎	4.2335	—	4.5880	66.5375	1 864.9	11.9490	1.11739
	4.4285		4.7990	69.600	2 102.5	12.4985	1.16881
1荷兰盾	0.90225	2.0838	—	14.1800	397.434	2.5464	0.23813
	0.94375	2.1796		14.8325	448.074	2.6636	0.249089
100比利时法郎	6.2210	14.3680	6.7420	—	2 740.44	17.559	1.64198
	6.5080	15.0290	7.0520		3 089.61	18.367	1.71755
1 000意大利里拉	2.059	4.7560	2.23175	32.365	—	5.8130	0.543545
	2.322	5.3620	2.5160	36.490		6.5530	0.612801
10丹麦克朗	3.4645	8.0010	3.75425	54.445	1 526.05	—	0.914343
	3.6235	8.3690	3.9270	56.950	1 720.45		0.956424
1爱尔兰镑	3.7050	8.5555	4.0145	58.2225	1 631.85	10.4555	—
	3.8750	8.9495	4.1995	60.9020	1 839.78	10.9365	

资料来源　《欧洲共同体消息》1979年第4期。

各成员还要确定它们的货币对欧洲货币单位的法定比价。欧洲货币体系规定，如果某成员货币对欧洲货币单位的比价偏离其法定比价达到一定程度，即所谓差异界限（规定的差异界限为上下限2.25%的75%），该成员的货币当局就应当采取相应的措施。这就是欧洲货币体系在控制汇率波动方面所规定的一种带有预防性的措施。这种警报器作用被西方人称为"响尾蛇"。如果各成员都能利用差异指示器所表示的情况而采取措施，那么，两个成员之间汇率波动达到干预点的可能性就会事先排除，这对稳定各成员货币的汇率关系是有作用的。

欧洲货币体系成员货币对欧洲货币单位的法定比价及其差异界限如表14-10所示。

表14-10　　　　　　　　**以欧洲货币单位表示的法定比价**

	中心汇率	差异界限（%）*
联邦德国马克	2.151064	±1.1325
法国法郎	5.79831	±1.35
荷兰盾	2.72077	±1.5075
比利时法郎	39.4582	±1.53
意大利里拉	1 148.15	±4.0725
丹麦克朗	7.08592	±1.635
爱尔兰镑	0.662638	±1.665

注：*差异界限的计算公式是：75%×2.25%（1-各货币的权数）。

资料来源　《欧洲共同体消息》1979年第4期。

当某两个成员货币汇率波动达到规定的干预点时，有关货币当局就必须在外汇市场上进行干预，双方都卖出强币，买入弱币（不用美元进行干预，目的在于削弱美元在欧洲货币市场上的作用）。在弱币国干预市场感到困难时，可向欧洲货币合作基金申请信贷。如果经干预仍不能解决问题，弱币国就得考虑采取货币紧缩政策；与此同时，强币国则应考虑采取放宽货币政策。如果还不能解决问题，就只好修订中心汇率了。欧洲货币体系成员要改变其中心汇率，必须通过汇率机构和欧洲共同体执委会。就这点而论，成员对货币比价升降的决定权虽还没有交给欧共体这一级，但它必须通过欧共体，而不得自行决定改变汇率。

3.逐步设立欧洲货币基金

至20世纪70年代末，欧洲货币体系存在三种信贷机构：第一种是极短期的互惠信贷，在信贷双方的中央银行之间进行，没有数量上的限制。这种信贷按规定应在取得贷款之日起，在45天以后偿还。如果在这期间中心汇率有变动，损失由贷款国负担。能利用这种信贷者只限于参加欧洲货币体系的成员。第二种是短期货币支持贷款。这种信贷所有欧共体成员都可以得到，不限于欧洲货币体系的成员。这种信贷总额现在定为140亿欧洲计算单位，9国可得的信贷限额都比过去欧洲货币合作基金规定的扩大了。短期货币支持为期3至6个月，可延长至9个月。第三种是中期财政信贷。9国都可以取得这种信贷，该信贷总额定为110亿欧洲货币单位，贷款期限为2至5年。短期信贷和中期信贷加在一起共计250亿欧洲货币单位，比过去的欧洲货币合作基金多得多。这将加强干预货币市场和提供信贷的能力。

欧洲货币体系以2年为期建立欧洲货币基金（European Monetary Fund, EMF）。按照决议，1981年，各成员要将其20%的黄金和外汇储备交存欧洲货币基金，作为共同基金。根据协议规定，为了避免黄金和外汇转让所有权问题，将采取"周期性交换"形式，即某成员以其黄金和美元向欧洲货币基金换得欧洲货币单位，3个月后，再以欧洲货币单位向欧洲货币基金换回黄金和美元。

第五节　欧洲联盟及欧元区经济概况

一、欧洲共同体成员的进一步联盟阶段

尽管欧洲共同体成员在实现经济一体化上取得了一系列成就，如取消了内部关税、建立了欧洲货币体系，但在20世纪80年代初期，成员间的非关税贸易壁垒并未消除，制约着关税同盟的效果。真正统一市场的建立需要欧共体成员通过进一步的一体化建设彻底消除非关税贸易壁垒的影响。

为解除上述问题，欧共体执委会主席德洛尔于1985年1月再次提出建立欧洲统一市场的设想。"德洛尔计划"得到了欧共体的响应，欧共体执行委员会起草的《关于建立内部市场的白皮书》很快被成员接受。为使该项计划能取得实质性的进展并有法可依，1986年2月欧共体12国外长签署了《单一欧洲法令》，并于1987年7月经欧共体12国议会批准而正式生效。该法令的核心内容是消除市场障碍，实现内部市场。经过各成员的积极努力，欧共体于1992年年末初步建成了统一大市场。大市场的建立和完善在逐渐缩小成员之间经济发展水平差距的同时，使"欧洲观念"更加切实地渗透到经济和社会生活的每一个领域，为实现欧洲经济和货币联盟、欧洲政治联盟，使欧共体国家在经济、政治的更高程度上的联合奠定了坚实的基础。

1989年6月举行的第41届欧共体首脑马德里会议审议并通过了欧共体执行委员会主席德洛尔提出的《关于欧洲共同体经济和货币联盟报告》。报告决定从1990年7月1日起分3个阶段实现经济和货币联盟，最后建立欧洲中央银行和发行欧洲单一货币，以此代替各成员货币。1991年12月11日，欧共体首脑会议在荷兰马斯特里赫特召开，通过了对欧洲一体化进程具有划时代意义的《欧洲联盟条约》（《马约》）。这是欧盟的成文宪法。在各成员政府

积极努力下，《马约》于1993年11月1日正式生效，欧洲联盟（简称"欧盟"）正式成立，欧洲进入了欧洲经济和货币一体化、政治一体化的全面联盟阶段。

二、欧元区经济概况

欧盟成立后，经济和货币联盟建设快速发展。1994年1月1日，欧洲货币局正式成立。1995年12月，马德里首脑会议决定于1999年1月1日正式启动单一货币，并将统一货币定名为欧元（Euro）。1998年5月2日，布鲁塞尔首脑会议宣布德国、比利时、奥地利、荷兰、法国、意大利、西班牙、葡萄牙、卢森堡、爱尔兰、芬兰11国为首批欧元区。1999年1月1日，欧元正式启动；1月4日，欧元进入外汇市场交易。

欧洲经济和货币联盟进入实质性建设时期之后，从欧元区20世纪90年代后半期的经济发展指标来看，经济形势整体趋于好转（如表14-11所示）。

表14-11　　　　欧元区20世纪90年代后半期的经济发展指标

项目　　　国家	国内生产总值（亿美元）			国内生产总值增长率（%）		
	1997年	1998年	1999年	1997年	1998年	1999年
奥地利	2 431	2 501	2 555	2.5	3.3	2.2
比利时	2 883	2 960	3 036	3.0	2.7	2.5
芬兰	1 429	1 501	1 555	5.5	5.0	3.5
法国	16 018	16 552	17 038	2.3	3.2	2.9
德国	25 128	25 668	26 043	2.2	2.2	1.5
爱尔兰	784	855	929	9.8	8.9	9.8
意大利	11 293	11 466	11 630	1.5	1.5	1.4
卢森堡	202	212	228	4.7	5.0	4.9
荷兰	4 436	4 598	4 763	3.6	3.7	3.7
葡萄牙	1 140	1 184	1 219	3.7	3.9	3.0
西班牙	6 208	6 453	6 695	3.5	4.0	3.7
欧盟	89 515	91 940	94 101	2.7	2.9	3.4

资料来源　[1] OECD. Main economic indicators. August 2000. [2] OECD. Economic outlooks，No.67，June 2000. [3] GDP按1995年价格和汇率计算。

1998年欧盟整体经济增长了2.9%，这一成绩的取得主要靠扩大内需。因为当时在东亚和俄罗斯都出现了严重的金融危机，国际市场萎缩。1999年欧盟经济保持平稳增长，各成员保持了较低的通货膨胀率，其中通货膨胀率最高的爱尔兰也仅为4%；失业率也有所下降，居失业率榜首的西班牙也由1998年的18.8%的高失业率下降为1999年的15.9%。

到2000年，欧盟的经济增长率达到了3.4%，是实施经济和货币联盟后发展最快的一年；失业率也由1998年的9.9%降为2000年上半年的8.5%。从欧元区各成员的国别经济增长来看，爱尔兰增长最为显著。继1999年GDP增长率高达9.8%之后，2000年爱尔兰的经济增长率又达10%左右，成为欧元区经济发展速度最快的国家。经济的增长带动了就业，爱尔兰仅在2000年第一季度，总就业人数就达95 600人。同年7月，失业率由1998年的7.6%下降为4.7%。1999年爱尔兰实现贸易顺差177亿爱尔兰镑，占GDP的1/3，成为OECD国家中贸易盈余最多的一个国家。法国在2000年的经济增长率达到10年来的新高，达3.7%。同样，经济的增长拉动了就业的增加。从1999年3月到2000年3月，法国就业人数增长率已达5.3%，仅在1999年，法国商业、私营企业和国有企业就共创造了37.5万个就业机会。意大利在2000年的主要经济指标达到了5年来的最高水平。2000年意大利经济增长率达2.8%，仅当年1—7月份就新增劳动岗位42.1万个。

总之，欧盟15国（截至2000年的数据）整体和国别经济在20世纪末都有显著的增长。经济的增长离不开良好的环境和政策。欧盟及其成员在一体化的道路上付出了艰辛的努力，才取得了良好的成绩。

复习与思考

1.欧共体实现经济一体化的两大支柱是什么？如何理解二者对促进欧共体发展的意义？

2.结合本章内容思考，欧共体为什么不继续执行原来的经济和货币联盟计划，而要另行发起建立欧洲货币体系？

主要参考文献

[1] 琼图洛夫. 外国经济史 [M]. 孟援，译. 上海：上海人民出版社，1962.

[2] 克拉潘. 现代英国经济史：上卷 [M]. 姚曾廙，译. 北京：商务印书馆，1964.

[3] 克拉潘. 1815—1915年法国和德国的经济发展 [M]. 傅梦弼，译. 北京：商务印书馆，1965.

[4] 《战后日本经济》编写组. 战后日本经济 [M]. 上海：上海人民出版社，1973.

[5] 克拉潘. 现代英国经济史：中卷 [M]. 姚曾廙，译. 北京：商务印书馆，1975.

[6] 南开大学经济研究所世界经济研究室. 澳大利亚经济 [M]. 北京：人民出版社，1975.

[7] 克拉潘. 现代英国经济史：下卷 [M]. 姚曾廙. 译. 北京：商务印书馆：1977.

[8] 克拉潘. 简明不列颠经济史：从最早时期到一七五零年 [M]. 范定九，王祖廉，译. 上海：上海译文出版社，1980.

[9] 维贝尔. 世界经济通史 [M]. 姚曾廙，译. 上海：上海译文出版社，1981.

[10] 厦门大学南洋研究所. 东南亚五国经济 [M]. 北京：人民出版社，1981.

[11] 哈特. 苏联经济现状 [M]. 辽宁大学经济系翻译组，译. 北京：生活·读书·新知三联书店，1981.

[12] 冯恕，曾瑞兰. 欧洲共同体及其对外经济关系 [M]. 北京：中国财政经济出版社，1982.

[13] 李了文. 印度经济 [M]. 北京：人民出版社，1982.

[14] 罗志如，厉以宁. 二十世纪的英国经济："英国病"研究 [M]. 北京：人民出版社，1982.

［15］陈国庆. 战后澳大利亚经济［M］. 天津：天津人民出版社，1984.

［16］复旦大学世界经济研究所德意志联邦共和国经济研究室. 德意志联邦共和国经济［M］. 北京：人民出版社，1984.

［17］金挥，陆南泉，张康琴. 苏联经济概论［M］. 北京：中国财政经济出版社，1985.

［18］李延宁，文有仁. 苏联东欧纪实［M］. 北京：新华出版社，1984.

［19］阿格拉. 欧洲共同体经济学［M］. 戴炳然，伍贻康，周建平，等，译. 上海：上海译文出版社，1985.

［20］复旦大学世界经济研究所法国经济研究室. 法国经济［M］. 北京：人民出版社，1985.

［21］布瓦松纳. 中世纪欧洲生活和劳动：五至十五世纪［M］. 潘源来，译. 北京：商务印书馆，1985.

［22］中国非洲经济研究会. 非洲经济发展战略［M］. 北京：时事出版社，1986.

［23］车耳. 第三道路：法国经济计划化的理论与实践［M］. 沈阳：辽宁人民出版社，1987.

［24］刘淑兰. 主要资本主义国家近现代经济史［M］. 北京：中国人民大学出版社，1987.

［25］社会科学院西亚非洲研究所. 非洲经济［M］. 北京：人民出版社，1987.

［26］吴志生. 东南亚国家经济发展战略研究［M］. 北京：北京大学出版社，1987.

［27］徐世澄. 秘鲁经济［M］. 北京：社会科学文献出版社，1987.

［28］宋则行，樊亢. 世界经济史［M］. 北京：经济科学出版社，1989.

［29］沈仲菜. 澳大利亚经济［M］. 上海：华东师范大学出版社，1991.

［30］夏炎德. 欧美经济史［M］. 上海：上海三联出版社，1991.

［31］正村公宏. 战后日本经济政治史［M］. 上海社会科学院世界经济研究所日本经济研究室，译. 上海：上海人民出版社，1991.

［32］考特. 简明英国经济史：1750年至1939年［M］. 方廷钰，吴良建，简征勋，译. 北京：商务印书馆，1992.

［33］陈炳才，许江萍. 英国：从凯恩斯主义到货币主义［M］. 武汉：武汉出版社，1994.

［34］金波. 主要资本主义国家近现代经济发展史［M］. 北京：当代中国出版社，1994.

［35］宋丙洛. 韩国经济的崛起［M］. 张胜纪，吴壮，译. 北京：商务印

书馆，1994．

[36] 宋则行，樊亢．世界经济史 [M]．北京：经济科学出版社，1994．

[37] 马加力．东南亚国家市场经济 [M]．北京：时事出版社，1995．

[38] 复旦大学世界经济研究所．欧洲一体化研究 [M]．上海：复旦大学世界经济研究所，1996．

[39] 陈龙山．韩国经济发展论 [M]．北京：社会科学文献出版社，1997．

[40] 江时学．拉美国家的经济改革 [M]．北京：经济管理出版社，1998．

[41] 冯兴元．欧洲货币联盟与欧元：历史沿革现状前景和经验 [M]．北京：中国青年出版社，1999．

[42] 陈宗德，姚桂梅，范志书．非洲各国农业概况 [M]．北京：中国财政经济出版社，2000．

[43] 段锡平，杨微．走向澳洲市场：澳大利亚经济概览 [M]．上海：上海社会科学院出版社，2000．

[44] 李金珊．欧盟经济政策与一体化 [M]．北京：中国财政经济出版社，2000．

[45] 布尔默-托马斯．独立以来拉丁美洲的经济发展 [M]．张凡，吴宏英，韩琦，译．北京：中国经济出版社，2000．

[46] 布罗代尔．15至18世纪的物质文明、经济和资本主义 [M]．顾良，施康强，译．北京：三联书店，2002．

[47] 金德尔伯格．世界经济霸权（1500—1900）[M]．北京：商务印书馆，2003．

[48] 李世安．欧美资本主义发展史 [M]．北京：中国人民大学出版社，2004．

[49] 祝宝良．欧盟经济概况 [M]．北京：中国经济出版社，2004．

[50] 高德步，王珏．世界经济通史 [M]．北京：高等教育出版社，2005．

[51] 郭连成．俄罗斯：经济转轨与转轨时期经济论 [M]．北京：商务印书馆，2005．

[52] 穆良平．主要工业国家近现代经济史 [M]．成都：西南财经大学出版社，2005．

[53] 王珏．世界经济史 [M]．北京：高等教育出版社，2005．

[54] 池元吉．世界经济概论 [M]．北京：高等教育出版社，2006．

[55] 孙执中．荣衰论：战后日本经济史（1945—2004）[M]．北京：人

民出版社，2006．

　　［56］徐松．世界经济概论［M］．北京：机械工业出版社，2006．

　　［57］韦伯．世界经济史纲［M］．胡长明，译．北京：人民日报出版社，2007．

　　［58］萧国亮，隋福民．世界经济史［M］．北京：北京大学出版社，2007．

　　［59］拉尔．印度均衡：公元前1500—公元2000年的印度［M］．赵红军，主译．北京：北京大学出版社，2008．

　　［60］刘昌黎．现代日本经济概论［M］．大连：东北财经大学出版社，2008．

　　［61］曹宏苓．当代世界经济概论［M］．上海：上海外语教育出版社，2009．

　　［62］卡梅伦，尼尔．世界经济简史：从旧石器时代到20世纪末［M］．潘宁，译．上海：上海译文出版社，2009．

　　［63］汤普逊．中世纪晚期欧洲经济社会史［M］．徐家玲，等，译．北京：商务印书馆，2009．

　　［64］张季风．日本经济概论［M］．北京：中国社会科学出版社，2009．

　　［65］张力群．印度经济增长研究［M］．南京：东南大学出版社，2009．

　　［66］瑞德．东南亚的贸易时代：1450—1680年［M］．孙来臣，李塔娜，吴小安，译．北京：商务印书馆，2010．

　　［67］崔志鹰，朴昌根．当代韩国经济［M］．上海：同济大学出版社，2010．

　　［68］韩毅．外国近现代经济史［M］．北京：高等教育出版社，2010．

　　［69］马克垚．封建经济政治概论［M］．北京：人民出版社，2010．

　　［70］赵雪梅．拉丁美洲经济概论［M］．北京：对外经济贸易大学出版社，2010．

　　［71］韦伯．社会经济史［M］．郑太朴，译．北京：中国法制出版社，2011．

　　［72］波德．资本主义的历史：从1500年至2010年［M］．郑方磊，译．上海：上海辞书出版社，2011．

　　［73］世界银行1989年度报告．

　　［74］世界银行1991年度报告．

　　［75］世界银行1993年度报告．